U0665262

共产国际
与中国苏维埃政权

The Communist International and
Chinese Soviet Regime

耿显家 著

人民出版社

国家社科基金后期资助项目
出版说明

后期资助项目是国家社科基金项目主要类别之一，旨在鼓励广大人文社会科学工作者潜心治学，扎实研究，多出优秀成果，进一步发挥国家社科基金在繁荣发展哲学社会科学中的示范引导作用。后期资助项目主要资助已基本完成且尚未出版的人文社会科学基础研究的优秀学术成果，以资助学术专著为主，也资助少量学术价值较高的资料汇编和学术含量较高的工具书。为扩大后期资助项目的学术影响，促进成果转化，全国哲学社会科学规划办公室按照"统一设计、统一标识、统一版式、形成系列"的总体要求，组织出版国家社科基金后期资助项目成果。

全国哲学社会科学规划办公室

2014 年 7 月

目　录

绪　　论

　　"苏维埃"是俄文 Совет 的音译,意为"代表会议",源自 1905 年俄国革命。作为工人和士兵直接参与民主的一种体现,其代表的产生和替换都不受时间的限制,隐藏着巴黎公社政权的组织形式。1905 年俄国革命后,苏维埃被沙皇政府取缔,但疾风暴雨般的革命形势为苏维埃的苏醒提供了条件。1917 年 2—7 月,这一时期内的苏维埃与资产阶级临时政府同时存在,是工农联盟机关与工农政权机关的合体。4 月,列宁提出了著名的"一切政权归苏维埃"口号。自此,这一口号也成为俄国革命从资产阶级民主革命这一特性转换为无产阶级社会主义革命特性的纲领性政治口号。十月革命以后,苏维埃成为俄国新型政权的标志。在共产党的领导下,苏维埃作为议行合一的政权机关,不仅可以立法,还可以直接派生行政机构。从此,苏维埃成为俄国无产阶级专政的政权组织形式。十月革命胜利后,合并为工农兵代表苏维埃,成为各级国家的权力机关。1918 年 1 月 25 日,全俄苏维埃第三次代表大会宣布俄国为工兵农代表苏维埃共和国。同年 7 月 10 日,全俄苏维埃第五次代表大会通过《俄罗斯苏维埃联邦社会主义共和国宪法(根本法)》,确立了以苏维埃为基础的社会主义的政治制度。1922 年 12 月 30 日,《联盟条约》《联盟成立宣言》两个文件的颁布,标志着苏维埃社会主义共和国联盟的成立。在 1924 年 1 月 31 日召开的苏联苏维埃第二次代表大会上,以《苏维埃社会主义共和国联盟宪法》的审议通过为标志,正式确定了苏联是统一的苏维埃社会主义联盟国家。

　　无产阶级革命事业是国际性的,需要各国无产阶级相互支持。1917年,俄国十月革命建立了人类历史上第一个社会主义国家。为联合各国无产阶级进行世界革命,适应"国际世界革命在全世界已经开始并加强起来了"的需要,列宁领导创建了世界各国共产党和共产主义团体的国际联合组织——共产国际。共产国际是以"世界共产党"和"国际苏维埃共和国联盟"的组织载体来推进世界革命的。1919 年 1 月发出的《共产国际第一次代表大会的邀请书》明确提出:"当前世界形势要求各国革命的无产阶级之间保持最大限度的联系,要求社会主义革命已经取得胜利的国家之间实行全面的联合";共产国际第一次代表大会的主要任务是"提出建立共同战斗的机关,以保持经常的联系和对运动实行有计划的领导,共产国际中央应使每个国家的运动的利益服从国际范围内的革命的总利益"。① 1919 年 3 月，共产国际一大通过的《共产国际行动纲领》和《共产国际宣言》，把推翻国际资产阶级、在全世界建立国际苏维埃共和国作为自己的战略目标。共产国际二大通过的《共产国际章程》明确宣布："共产国际的目的在于利用一切可以利用的手段（包括武装斗争），为推翻国际资产阶级而进行斗争，为建立一个作为完全废除国家的过渡阶段的国际苏维埃而进行斗争。"②

"中国革命是世界革命的一部分"，中国共产党是在俄国十月革命背景下，经共产国际指导、支持而诞生的。在中国共产党建立初期，自身实力弱小，政治斗争和工作经验相对欠缺，理论思想和经验丰富的领导干部总体缺乏，自身工作环境和敌对势力十分险恶。在此情形下，受意识形态和理想信念的同根性影响，共产国际对中国革命的基本性质、基础理论、关键问题、重要战略和重大决策，以及党在民主革命时期的路线、纲领、政策等方面，都给予中国共产党弥足珍贵的理论与政策指导，满足了中国革命的"理论需要"。直到 1943 年共产国际解散，中国共产党和中国革命在曲折中发展、壮大，其间所经受的各种考验，虽然与当时中国经济社会发展的客观环境有着密切的关系，但客观而言，也同样受到了共产国际的影响。这期间，中共在处理与共产国际的关系问题上经历了从被动服从到基本实现独立自主的复杂过程。对于共产国际在中国革命中的重要地位与作用，中国共产党的第一代领导人毛泽东、周恩来等有过许多原则性的论述。他们认为："共产国际是列宁手创的"，是为全世界工人阶级谋解放的，"在它存在的整个历史时期中，在帮助各国建立真正革命的工人阶级政党上，在组织反法西斯斗争的伟大事业上，有其极巨大的功劳。"③对于共产国际对中国革命的作用，毛泽东强调："过去共产国际对中国无产阶级、中国人民有很大的帮助，帮助中国无产阶级创造了中国共产党"④"没有共产国际的成立和帮助，中国无产阶级的政党是不能有今天的。他们需要我们，我们也需要他们。"⑤当然，共产国际在指导

---

① 中国社会科学院近代史研究所翻译室编译：《共产国际有关中国革命的文献资料（1919—1928）》第一辑，中国社会科学出版社 1981 年版，第 5、7 页。
② 中共中央党史研究室第一研究部编：《共产国际、联共（布）与中国革命档案资料丛书》第 2 卷，北京图书馆出版社 1997 年版，第 148—149 页。
③ 《关于共产国际解散问题的报告》（1943 年 5 月 26 日），见《毛泽东文集》第三卷，人民出版社 1996 年版，第 19 页。
④ 《在中国共产党第七次全国代表大会上的结论》（1945 年 5 月 31 日），见《毛泽东文集》第三卷，人民出版社 1996 年版，第 418 页。
⑤ 《对〈关于若干历史问题的决议〉草案的说明》（1945 年 4 月 20 日），见《毛泽东文集》第三卷，人民出版社 1996 年版，第 283 页。

中国革命中,存在着"无法适应"中国"非常复杂而且变化迅速的情况"①,存在着"一般号召不与各国实践相结合,具体布置代替了原则的指导,变成了干涉各国党的内部事务"②等缺点。毛泽东、周恩来等从中总结出"正确的领导需要从仔细研究本国情况出发",我们应该"拿出完全的负责的态度与高度的创造力来"③等深刻结论。

自 1927 年第一个地方性苏维埃政权的出现,至 1931 年 11 月中华苏维埃共和国这一全国性苏维埃政权的建立,再到 1937 年 9 月苏维埃政权正式取消,中国共产党领导的苏维埃政权建设历经十年之久。中国苏维埃政权的产生,固然是中国革命运动发展的必然结果;但不容忽视的一个重大的推动因素,则来源于共产国际。中国苏维埃政权从建立、发展到转型无不和共产国际息息相关,中国共产党在这一问题上的计划和设想始终都受到共产国际的许多决议和指示的左右。准确地讲,"中国苏维埃政权在基本模式上曾是苏俄(联)苏维埃在一定程度上的移植"④。二者无论在国家权力机构体系、中央政权机构设置与职能划分,还是在整个政权机构的活动原则上都是基本相同的。共产国际、联共(布)指导中国共产党建立的苏维埃政权,和中国以往任何政权形式相比,是真正代表工农劳苦群众的新型的人民政权。从更深远的意义上看,这种新型的工农民主政权的建设,为新中国的人民民主专政奠定了雏形;苏区工农兵代表大会制度的建设,也为我国实行人民代表大会制度提供了丰富的实践经验。当然,照搬苏俄(联)苏维埃政权模式,给中国的苏维埃政权建设留下了一些沉痛的教训,如效仿苏联设立国家政治保卫局,导致苏区发生肃反扩大化的严重错误;照搬苏联的政党制度,造成苏区"党政不分""以党代政"的严重后果;照搬苏俄(联)联邦制国家结构形式,有可能加剧民族分裂活动;照搬苏俄(联)苏维埃政权的阶级关系模式,使民族资产阶级以及富农在很长时期被当作革命的对象;等等。这种照抄照搬对中国革命政权建设的危害,是毋庸讳言的。

这里,主要介绍本书的选题意义、研究现状、写作构思和主要研究方法,以及选题的创新之处和研究难点。

---

① 《关于共产国际解散问题的报告》(1943 年 5 月 26 日),见《毛泽东文集》第三卷,人民出版社 1996 年版,第 20 页。

② 《共产国际和中国共产党》(1960 年 7 月 14 日、15 日),见《周恩来选集》(下卷),人民出版社 1984 年版,第 301 页。

③ 《关于共产国际解散问题的报告》(1943 年 5 月 26 日),见《毛泽东文集》第三卷,人民出版社 1966 年版,第 20、22 页。

④ 王永祥:《中国现代宪政运动史》,人民出版社 1996 年版,第 206 页。

一、选题意义

本书以"共产国际与中国苏维埃政权"为题,运用新近解密的历史档案以及在此基础上产生的研究成果,对相关历史事件的本然和所以然进行系统的阐述和分析。在此基础上,力图对共产国际、联共(布)对中国苏维埃政权产生的深远影响、中国苏维埃政权建设的成功经验与失败教训作出全面总结和客观评价,从而发挥这段历史"以史为鉴,资政育人"的作用。

其一,本课题研究的学术价值。共产国际与中国苏维埃政权问题,对于共产国际和中国革命关系史这一研究领域而言,是一个不可忽视和回避的关键课题。然而在共产国际解散之后,受制于历史资料的不完整以及各个时期政治宣传工作的束缚,相关问题的研究一直未能深入开展。事实上,从1921年中共成立至1943年共产国际解散,中国共产党一直是共产国际的支部。直到共产国际解散后,中国共产党的这一支部身份才得以取消。相较于同期内相同社会发展形态国家的革命运动,中国革命的发展,毫无疑问受到共产国际更加深远的影响。所以,研究共产国际与中国共产党苏维埃政权建设思想发展演变的关系,对其进行系统的梳理,无疑是国际共产主义运动研究中一项历久弥新的重大课题。对深化共产国际与中国革命关系研究,深化中共党史、中国革命史的研究,具有重要的学术价值。

其二,本课题研究的理论价值。这一时期,共产国际对中国革命的指导有积极的一面,也有消极的一面,有功有过;这一时期,是中国共产党教条主义和盲从错误频繁,从幼年走向成熟的时期;这一时期,也是毛泽东思想同"左"或右的错误倾向作斗争,并在深刻总结正反两方面历史经验教训的过程中开始形成和发展的重要时期。受共产国际的影响,中国共产党苏维埃政权建设思想的发展变化过程,实质上也是一个马克思主义政权建设思想中国化的过程。这个过程的客观实践充分证明,在政权建设中,在学习国外优秀思想的同时,必须独立自主探索适合本国国情的政权建设道路。所以说,加强本课题的研究,不仅可以深化共产国际与中国革命关系问题的研究,而且可以更清楚地认识中国革命走过的极其艰难曲折的历程。这对深化中共党史、中国革命史的研究,正确认识毛泽东思想的形成和发展,具有重要的理论价值。

其三,本课题研究的现实意义。中国共产党领导的苏维埃政权建设实践,是中国人民政权建设史上的重要组成部分,是中国共产党执掌政权,领导和管理国家的伟大尝试,在中国革命的特殊时期发挥了至关重要的作用,特别是在动员人民、发展经济、壮大队伍、武装斗争、内外联络等方面积累了很多宝贵而丰富的经验。可这一过程并非一帆风顺,尽管共产国际给了了弥足珍贵的理论指导和大量的物资援助,但在经历了几千年的封建统治,经济、政治、文化极端落后的中国,创建人民当家作主的新政权,经历了全世界共产党都没有遇到过的艰难困苦;尽管可以学习、效仿全世界首个以社会主义国家——苏联的苏维埃政权模式,但一味地照搬照抄苏俄(联)革命模式,给中国苏维埃革命运动和政权建设造成了巨大损失,留下了沉痛教训。因此,从客观的历史角度出发,研究共产国际、联共(布)指导中国苏维埃政权建设的政策和策略,比较研究中苏苏维埃的政权模式,研究苏区政权建设中的各项民主制度……总结经验,吸取教训,对当前加强人民民主专政、改革和完善人民代表大会制度,对今天中国特色社会主义政治建设,都具有重大的现实意义。

二、研 究 综 述

中国苏维埃政权既是中国共产党在政权建设上的初步实践,也是共产国际在指导中国革命过程中所取得的一项重要成果。共产国际与中国苏维埃政权的关系问题,无疑是中共党史研究领域值得深入探讨的一个重要话题。但从整体来看,在共产国际与中国革命关系史的研究中,关于共产国际与中国苏维埃政权关系的研究仍是一个薄弱的环节,缺乏系统性的研究。

改革开放以来,特别是进入 21 世纪以来,学界依据"共产国际、联共(布)与中国革命档案资料丛书"等新近解密的档案资料以及《建党以来重要文献选编》等新近出版的文献资料,对共产国际与中国苏维埃政权建设之间的关系进行了新的解读和探讨,并取得了一些成果。① 从研究成果来看,主要涉及苏维埃政权的历史地位、选举、政治制度、党政关系、反腐倡廉、人权、法制建设、肃反和查田运动等问题。所有这些论文、专著,也都使笔者在本课题的研究中,受益匪浅。下面,对近年来学术界有争议或比

---

① 相关著作主要有:苏多寿主编:《江西苏区党的建设和政权建设》(上、下),江西人民出版社2006年版;蒋伯英、郭若平:《中央苏区政权建设史》,厦门大学出版社1999年版;余伯流、凌步机:《中国共产党苏区执政的历史经验》,中共党史出版社2010年版;余伯流、凌步机:《中央苏区史》,江西人民出版社2001年版;刘晓农:《中央苏区史话》,江西人民出版社2011年版;等等。相关论文主要有:文道贵:《共产国际和中国共产党关于中国苏维埃政权性质的认识轨迹》,《华中科技大学学报(社会科学版)》2003年第1期;胡厚荣、王萍:《共产国际的城市苏维埃理论与毛泽东的农村苏维埃战略》,《中南大学学报(社会科学版)》2004年第2期;唐国琪:《共产国际在中国苏维埃运动中的教条主义》,《社科纵横》2012年第8期;等等。

较关注的几个问题进行梳理和简要分析。

（一）研究新进展

1. 对中共选择和放弃苏维埃政权模式的主要原因有了更加全面的理解

关于中共对苏维埃政权认识的研究，主要涉及建党初期的认识、苏维埃政权建设过程中的认识以及瓦窑堡会议后的重新考量。无论是从中共对苏维埃的表述方式上看，还是从中共对苏维埃政权性质的认识方面看，中国苏维埃政权的建立和建设都与共产国际的影响有着非常密切的关系。其中，建党初期，中共对苏维埃政权的认识主要停留在理论倡导和宣传提纲等方面。年幼的中国共产党对如何实现这一目标以及要不要领导工农大众夺取政权等问题，尚缺乏十分清晰的认识。①

大革命失败后，由于共产国际对中国革命形势的错误判断，即资产阶级和小资产阶级上层已经完全背叛革命，中国革命只能由无产阶级领导农民阶级来完成。因此，新政权的构成不应再包括资产阶级和小资产阶级上层在内，只能实行工农民主专政的苏维埃制度。② 何友良认为，中国苏维埃制度来源并脱胎于苏联的苏维埃制度，但"由于制度蓝本与革命性质的不对应，导致了中国苏维埃制度深深的内在矛盾与弊端"。③

随着日本侵华战争的不断扩大，面对新的生存威胁和新的斗争形势，中共不得不放弃和取消苏维埃模式而作出新的制度选择。余伯流根据新近解密的共产国际档案资料和中共有关文献进行研究后提出："中共延安政权从苏维埃体制向抗日民主体制的转换，源于共产国际的指示，始于中共中央的决策，成于南京国民政府的认同。"④张兴亮认为，正因为充分认识到中国与苏联国情的差异，中国共产党才从照搬苏联的苏维埃模式中毅然走出来，最终创立了有中国特色的人民代表大会制度。⑤ 在后来实际的革命斗争中，中共开始认识到，在当时帝国主义瓜分中国、各派封建军阀割据而自身力量还十分单薄的情况下，建立苏维埃的政治制度只是一种美好的理想，难

---

① 游海华：《新革命史视野下的中国苏维埃运动》，《赣南师范学院学报》2014 年第 2 期。

② 于化民：《苏维埃革命：从宣传口号到行动纲领——以中共早期武装暴动和政权建设为中心的解析》，《近代史研究》2016 年第 1 期。

③ 何友良：《苏区制度、社会和民众研究》，社会科学文献出版社 2012 年版，第 110—121 页。

④ 余伯流：《共产国际与苏维埃共和国的体制转换》，《赣南师范学院学报》2010 年第 1 期。

⑤ 张兴亮：《早期马克思主义中国化语境中的"苏维埃"：话语演变及其反思》，《毛泽东思想研究》2011 年第 2 期。

以付之了实践。当然，在这样一种认识转换的过程中，共产国际的统一战线策略也发挥了重要作用。

2. 对共产国际在中国苏维埃政权建立过程中的积极作用有了更加客观的评价

传统观点虽然并不否认共产国际在中国苏维埃政权建立过程中所起的作用，但大多认为，这种作用"只是导向作用、促成作用，而不是带根本性、决定性的作用，决不能因为共产国际在其中的作用，得出'中华苏维埃共和国的成立，是中共贯彻执行共产国际指示的结果'的结论"①。有的甚至明确指出，中国苏维埃政权，是中国共产党根据共产国际的指示，结合中国革命的具体情况建立起来的。②

进入 21 世纪以来，不少专家学者通过翻检新近公布的档案资料，对共产国际在中国苏维埃政权建立过程中的独特作用作出了更加客观公正的评价。比如，曾朝夕认为，中国苏维埃政权的建立，在很大程度上受到共产国际和苏联的影响，从某种角度看，没有共产国际的指示，就没有中国历史上的苏维埃政权建立。③ 莫智群指出，共产国际对中国苏维埃政权建设所进行的理论和实践上的指导，对于尚在幼年的中国共产党而言是十分必要的，其作用应当予以充分肯定。④ 于化民认为，国民党新军阀突如其来的叛变，使一度道路坦途的大革命戛然而止，最终成为末路。对于这一突如其来的变故，中国共产党单独制定了以武力抗击国民党新军阀的政策，但并未考虑建立苏维埃政权，却在此期间经历了短暂的观望。之后经过革命暴动，继而决定建立苏维埃政权，而其中一个重要因素就是共产国际，建立苏维埃政权也正是在其主导下仓促作出的抉择。

中共自身并没有做好理论上和组织上的充分准备。有关苏维埃政权的许多重要问题，也只能在以后的实际斗争中逐步探索和解决。⑤ 有的学者则更加具体地指出了共产国际对中国苏维埃政权建设的作用。凌步机认为，共产国际、联共（布）中央对第一次全国苏维埃代表大会筹备、召开和苏维埃临时中央政府成立，自始至终给予了关心、支持和帮助。共产国际远东局最早

① 曹春荣：《试评共产国际在中华苏维埃共和国成立过程中的作用》，《上海党史与党建》2003 年第 1 期。
② 黄振位：《共产国际与中国苏维埃政权的建立》，《广东社会科学》2009 年第 2 期。
③ 曾朝夕：《共产国际与中华苏维埃共和国政权建设》，《西南交通大学学报（社会科学版）》2003 年第 1 期。
④ 莫智群：《共产国际与中国苏维埃政权建设》，《山西青年报》2014 年 3 月 9 日。
⑤ 于化民：《苏维埃革命：从宣传口号到行动纲领——以中共早期武装暴动和政权建设为中心的解析》，《近代史研究》2016 年第 1 期。

建议中共召开"一苏大会"。共产国际远东局直接起草"一苏大会"主要法律文件,审定批准中共提出的临时中央政府组成人员名单。共产国际要求各国共产党大力支持中华苏维埃第一次全国代表大会胜利召开。① 苗国强指出,共产国际不断地向中共中央发出提议、建议和指示,在中共因反"围剿"而将召开苏维埃代表大会一再推延的情况下,共产国际一方面"甚为不满"并不断催促,同时又利用这段时间,亲自指导并参与了对中国苏维埃政权的政权组织体系、运作模式等的设计,并参照苏联法律文本,起草宪法大纲等诸多重要法律文件,为中华苏维埃共和国的成立做了充分的前期准备工作。②

3. 对共产国际在中国苏维埃政权建设中的消极影响有了更加清醒的认识

由于种种原因,学界对共产国际在中国苏维埃政权建设中的消极影响,曾经在较长一个时期内一度讳莫如深。进入 21 世纪以来,学界对共产国际在指导中共苏维埃政权建设的过程中所产生的消极影响有了更加清醒的认识。比如,效仿苏联设立国家政治保卫局,导致苏区肃反扩大化;照搬苏联的政党制度,造成苏区"党政不分""以党代政"的严重后果;照搬苏联联邦制国家结构形式,有可能加剧民族分裂活动;等等。③ 罗重一、刘成婧认为,从总体上来看,共产国际在对中国苏维埃运动的认识上犯了定型化、模式化的错误。比如,用"以党建政"的模式指导苏维埃建设中的政权模式;用"城市中心暴动"的经验指导苏维埃建设中的武装斗争;用"土地国有"的政策指导苏维埃建设中的土地革命;用"党内斗争"的方法指导苏维埃政权中党政军的建设。④ 同时,鉴于当时中国苏维埃政权建设所面临的重重困难,有学者对这一过程中出现的一些问题也有了更加客观全面的认识。比如,苗国强认为,大革命失败后,中共"还来不及也没经验去构建系统的适合中国特色的苏维埃革命理论,照搬和移植苏俄政权模式是顺理成章、难以避免的,也是当时唯一的、最佳的选择"⑤。代先祥认为,虽然从各地苏维埃政权

---

① 凌步机:《共产国际与中华工农兵苏维埃第一次全国代表大会的召开》,《苏区研究》2015年第 3 期。
② 苗国强:《苏联因素对中华苏维埃政权的影响分析》,《洛阳理工学院学报(社会科学版)》2014 年第 2 期。
③ 杜菊辉:《中国红色政权照搬俄国苏维埃政权模式的教训》,《株洲师范高等专科学校学报》2006 年第 1 期。
④ 罗重一、刘成婧:《共产国际指导中共转向建立苏维埃政权中的失误》,《党政研究》2015 年第 2 期。
⑤ 苗国强:《苏联因素对中华苏维埃政权的影响分析》,《洛阳理工学院学报(社会科学版)》2014 年第 2 期。

的建立到统一的中华苏维埃共和国的出现,共产国际一直给予了高度的关
注和积极的指导,但不容否认的是,由于共产国际对中国国情缺乏深入了
解,导致共产国际在指导中华苏维埃建设过程中出现了严重失误,进而使中
国苏维埃运动屡遭挫折。① 曾成贵认为,以共产国际和斯大林对中国革命
"三阶段论"为指导的中国苏维埃革命运动,从宣传苏维埃到建立苏维埃,
从认同直接革命形势到承认革命的第一个高潮已经过去,从以城市暴动夺
取政权为中心到逐步重视农村革命根据地,从俄国苏维埃无产阶级专政的
模式转到中国苏维埃是工农民主专政,都体现了共产国际指导中的调适和
结合。但由于中国革命"三阶段论"本身的重大缺陷,造成中共中央的"左"
倾错误接连发生,有的甚至持续相当长的时间。②

4. 对中国苏维埃政权建设的创新有了更加深入的研究

在中国苏维埃政权建设这个问题上,长期以来,学界更多的是强调共产
国际的消极作用,甚至认为中共在苏维埃政权建设上存在照抄照搬的问题。
进入 21 世纪以来,一些学者开始挖掘中国苏维埃政权建设的创新点。

佟英明指出,建立和建设中国苏维埃政权的理论是从哪里来的? 是中
国共产党人自己创造的还是从俄国革命经验中搬来的? 总体上来说,有
"搬来",也有创造。一方面,它是来自列宁、斯大林关于苏维埃政权的理
论,自始至终是在共产国际指导下进行的;另一方面,也有中国共产党人结
合中国实际情况作出的新的创造、新的概括。③ 余伯流认为,中国的苏维埃
运动,虽然是从共产国际和联共(布)"移植"过来的,但也有中国共产党的
创新。其中,凝聚了毛泽东、周恩来等中国共产党人的智慧和心血。④ 苗国
强认为,由于基本国情及革命任务的不同,在照搬苏联政权模式的基础上,
中共也有着自己的改造和创新。主要表现在三个方面:一是在政权建立方
式上,苏联是先中央后地方,由城市到农村、自上而下的发展过程,呈现辐射
的发展方式;而中国则是以先农村后城市、自下而上的"聚集型"方式建立
起来的。二是在国家结构形式上,中国采用单一制,苏联则采用联邦制,这
也决定了二者在政权层次上的不同,中国分中央政权和地方政权两级,而苏

---

① 代先祥:《再论共产国际指导中国苏维埃运动的失误》,《郑州航空工业管理学院学报(社
　会科学版)》2011 年第 1 期。
② 曾成贵:《中国苏维埃革命的兴起与共产国际》,《中国井冈山干部学院学报》2011 年第
　6 期。
③ 佟英明:《关于中国苏维埃政权理论的几点思考》,《中国井冈山干部学院学报》2008 年第
　1 期。
④ 余伯流:《共产国际与中国苏维埃运动的"移植"及演进》,《江西社会科学》2010 年第
　7 期。

联则为中央、加盟共和国和地方三级政权组织机构。三是在政权性质上,苏联的苏维埃政权为社会主义性质,而中国的苏维埃政权为新民主主义性质。①

(二) 研 究 不 足

1. 微观研究相对比较薄弱

既有研究成果中,宏观研究相对比较多,而微观研究相对不足。比如,中共中央党史研究室著的《中国共产党历史》第一卷上册指出,苏维埃代表大会所通过的"宪法大纲、土地法令、劳动法和关于经济政策的决定"等文件"或是根据六届四中全会后的中央政治局指示制定的,或是由中央政治局和共产国际远东局共同起草并提交大会的",并"规定了许多过左的政策,这对于根据地的发展是有害无益的"。② 实际上,中国苏维埃运动和中国苏维埃政权建设是一个庞大的、复杂的系统工程。比如,梅黎明在《伟大预演:中华苏维埃共和国历史》一书中认为,中华苏维埃共和国在党的建设、政权建设、经济建设等方面的成功实践,是中国共产党人治国安民、执掌政权的伟大预演。③ 只有把共产国际在一些具体问题中所发挥的作用梳理清楚,才能在总体上客观评价共产国际对中国苏维埃政权建设的影响。

2. 政权建设的创新研究不足

毫无疑问,共产国际在中国苏维埃运动兴起、发展等各个阶段都发挥了重要作用。但是,中国的苏维埃政权建设是否完全照搬? 如果不是,到底在哪些方面通过自己的制度创设进行了创新? 关于这个问题,部分学者给予了关注。比如余伯流、凌步机认为,中国共产党领导建立的中华苏维埃共和国,无论国体还是政体,无论国家机器的设置还是机构的称谓和运转,基本上参照苏俄(联)的做法;苏维埃中央政府颁布的一些重要法律条文内容,基本上也是从苏俄(联)相关法律文本中原文照搬过来的。④ 如何把中国苏维埃政权建设中具体制度的创设和共产国际因素结合起来,深入挖掘中国苏维埃政权建设中的创新点,这依然是研究的一个薄弱点。从这一层面来

---

① 苗国强:《苏联因素对中华苏维埃政权的影响分析》,《洛阳理工学院学报(社会科学版)》2014 年第 2 期。

② 中共中央党史研究室:《中国共产党历史》第一卷(1921—1949)(上册),中共党史出版社2002 年版,第 328 页。

③ 梅黎明主编:《伟大预演:中华苏维埃共和国历史》(修订版),中国发展出版社 2014 年版,"前言"第 1 页。

④ 余伯流、凌步机:《中国共产党苏区执政的历史经验》,中共党史出版社 2010 年版,第 7 页。

看,学术界对中国苏维埃政权建设中的创新研究不足,与上述微观研究不够是密不可分的。

　　3.对地方苏维埃政权建设的关注不够

　　苏区鼎盛时期,中华苏维埃共和国除了中央苏区外,还下辖湘赣省、湘鄂赣省、赣东北(闽浙省、鄂豫皖省、川陕省、湘鄂西省)等各省级苏维埃政府以及琼崖、左右江、闽东、陕甘边、陕北等苏维埃政权。对于地方苏维埃政权建设的特色问题,何友良在《苏区制度、社会和民众研究》中略有涉及。在论及中国苏维埃的制度模式时,何友良认为苏区存在多种组织形式,有江西首推的制度文本,有闽西的组织法案,也有鄂豫皖特色的制度规定。① 然而,有关共产国际与中国苏维埃政权建设的关系问题,学术界更多的是从中央苏维埃政权建设的层面,分析共产国际与中国苏维埃政权建设的关系。实际上,愈是层级高,共产国际的影响可能会愈加明显。而且,在中央苏区,留苏党员或干部的比重较大,势必会使得中央苏维埃政权的建设更多地带有共产国际的痕迹。而我们要对共产国际与中国苏维埃政权建设的关系作出全面客观的研究,不能遗失任何一个层级苏维埃政权建设的研究。从目前的研究成果来看,通过对中央苏维埃政权和地方苏维埃政权建设的对比研究,来剖析中国苏维埃政权建设的创新,还是一个薄弱点。

三、写作思路与撰述方法

(一)写作思路

　　与俄国十月革命和苏维埃政权建设相比,由于国情不同,中国苏维埃政权建设有很多不同之处,有其特殊的含义。首先,中国苏维埃运动不像俄国苏维埃运动那样发生在城市,而是发生在各种社会条件和自然条件都劣于城市的农村。苏维埃运动没有工业大生产为其背景,工人阶级的力量极为有限,苏维埃运动只能以广大农民和农村手工业者为其基本的社会基础。其次,中国共产党在中国革命运动中,不同于列宁领导的布尔什维克党,有大批长期从事革命活动的职业革命家从事苏维埃政权建设。中国苏维埃运动中建立起来的各级政权,尤其是在村、乡一级政权中,政权组成人员大都来自农村。这些都是中国苏维埃政权建设中更为艰难的地方。也正是这些

---

①　参见何友良:《苏区制度、社会和民众研究》,社会科学文献出版社 2012 年版,第84—91 页。

艰难的地方,决定了中国苏维埃运动的独特之处:中国革命的主力军是农民,中国苏维埃运动的主体同样是农民;中国苏维埃运动必须首先在广大的农村建立稳固的政权,并在此基础上扩展红色区域,壮大革命力量,从而实现农村包围城市并最后夺取全国政权的目标。

作为一种全新的政权形态,苏维埃政权在中国的产生,既是中国近代特定历史条件下社会发展的必然结果,同时也与共产国际对中国革命的指导和帮助分不开。首先,中共对苏维埃政权的认识,与实际创建苏维埃政权之间有着曲折的过渡,而在这中间起到重要"桥梁"作用的就是共产国际有关政策的推动。尤其是在大革命失败后,幼年中国共产党一直处于激烈、动荡的斗争环境中,在没有成功或成熟政权建设经验的前提下,共产国际的指导和帮助,不仅推动了中国苏维埃运动的兴起,为中国苏维埃政权能迅速建立起一套比较完整的政权体系提供了可供效仿的榜样,而且也为创建中国特色的红色政权提供了借鉴。从某种意义上讲,没有共产国际的指导和帮助,就没有历史上1931年中华苏维埃共和国的建立。这些都是积极的。但是,这一时期,尤其是1926—1935年间,也是共产国际政治上全面"左"倾、组织制度日益集权的时期,马克思主义教条化盛行,共产国际指导中国革命的很多指示和决议并不是从中国具体实际出发来制定的,而是强行照搬俄国革命的"城市苏维埃"模式来指导中国革命政权的建设。这样,影响了中国苏维埃运动沿着正确的方向向前发展,有时甚至使中国革命遭受了极大挫折,一度陷于困境。所以,在共产国际指导中国苏维埃政权建设的过程中,正确与错误政策的斗争始终交织,教条主义与苏俄(联)民族主义时有交错。这是本书研究的主要方面之一。

步共产国际后尘,作为共产国际一个支部的中国共产党,在这一时期也日益走向"左"倾,把共产国际决议和苏俄(联)经验神圣化,教条主义和盲动主义错误频繁,这使在异常艰苦的条件下的苏维埃政权建设显得更加艰难。但从另一个角度看,错误也是一笔财富。一个政党只有善于总结,从错误中不断警醒,才能更快地成熟起来。当时,中国苏维埃政权建设取得突破性进展,就是发端于以毛泽东为代表的中国共产党人提出了在农村建立革命根据地的理论及其实践。在这一时期,中国共产党人开拓性地将共产国际苏维埃革命理论发扬光大,提出了党的领导、民主专政、土地革命等一系列正确的主张,对农村苏维埃的建设不断探索实践,并充分结合中国革命现实情况不断出台和完善相关政策,探索出了一条农村包围城市的独特的中国革命道路。毛泽东思想,也正是在这种特殊的环境下,在同各种错误倾向作斗争并深刻总结正反两方面的历史经验教训的过程中开始形成和发展起来的。"一个民族想要站在科学的最高峰,就一刻也不能没有理论思维。"[①]
毛泽东思想的开始形成和发展,也为中国共产党由幼年走向成熟奠定了坚
实的理论基础。这是推动中国苏维埃政权建设向前发展的最根本动力,也
是本书研究的另一主要方面。

在历经十年之久的中国苏维埃政权建设时期,以上两方面自始至终都
交织在一起,时有重合,时有分歧,其根本表现为正确思想与错误思想的斗
争,这也决定了这段历史的特殊性和复杂性。鉴于这一点,本书力求以实事
求是的科学态度,依据新近公布的档案材料,全方位地展现这一客观历史
过程。

(二) 研 究 创 新

1.本书把共产国际与中国苏维埃政权建设的研究放到大的历史背景
中,按照历史发展脉络,进行全面的系统研究。一方面对共产国际指导中
国苏维埃政权建设的政策及策略进行全面梳理,另一方面结合中国共产
党对共产国际的政策和策略的执行情况,研究这些政策策略出台、执行、
调整背后的历史背景、指导思想、现实依据等深层次原因,弄清来龙去脉,全
面、客观地反映历史的本来面目。在继承前人研究的基础上,力求做到有所
突破。

2.通过研究苏俄(联)苏维埃模式对中国红色政权建设产生的作用和
影响,总结中国红色政权建设效仿苏俄(联)苏维埃政权模式的经验教
训,力求对加强人民民主专政、改革和完善人民代表大会制度有所借鉴。

3.通过研究中国苏维埃政权建设所取得的伟大成就,全面分析中国共
产党人把马克思主义国家学说中国化、民族化的艰辛探索历程,总结历史经
验,把握历史规律,从而不断增强我们伟大的党在新时代开拓前进的勇气和
力量。

(三) 撰 述 方 法

本书的研究具有涉及面广、头绪较多、时间跨度较大等特点,在写作过
程中采用了以下几种研究方法。

1.坚持马克思辩证唯物主义和历史唯物主义的分析方法,注重史料
的搜集与整理,充分运用大量的文献、回忆录、传记等资料,让史料说话,
全面梳理共产国际与中国苏维埃政权建设的关系史,展现历史的本来

---

① 《马克思恩格斯选集》第3卷,人民出版社1972年版,第467页。

面目。

2．"共产国际与中国苏维埃政权"的研究是一个综合性课题，内容不仅仅局限于历史学的研究领域，还涉及政权机构设置、政治制度建设、法制建设等方面。因此，笔者在书稿撰写中综合运用了党史学、政治学、法学等相关学科的研究方法，从不同视角、不同维度对这一问题进行多层次、全方位的研究。

3．历史事件历来都不可能孤立存在，事件与事件之间相互关联，才能构成历史的整体。中国苏维埃政权的兴衰，既有来自共产国际、联共（布）等外部因素的影响，也是中国社会内部诸多因素发展的必然结果。本书力求用全面、联系的观点来考察这段历史，将中国新旧政权的性质、中苏两国苏维埃政权的基本形态进行比较研究，客观地评价共产国际指导下的中国苏维埃政权建设的历史地位及其得失，从而科学地总结经验教训。

（四）写 作 难 点

1．本书涉及政治学、法学等学科的基本知识和研究方法，笔者虽然平时也阅读了一些政治学、法学方面的著作，但并不能弥补这方面知识的缺陷，因此，如何恰当地把政治学、法学的知识和研究方法运用到本书的研究中来，是一个很大的挑战。

2．搜集资料的难度较大。在20世纪二三十年代中国苏维埃政权建设时期，中国共产党处于"非法"状态，尤其是在艰苦的斗争条件下，许多相关档案资料未能得以保存而遗失。目前，相关档案资料的开放程度也有限。这些客观原因使本书对这一问题进行深入研究受到一定制约。再加上许多能利用的资料散见于党的文件、会议记录，党和国家领导人的讲话、著作、回忆录，联共（布）中央政治局和共产国际执行委员会会议记录及发往中国的指示，共产国际代表发自中国的报告，联共（布）中央及共产国际领导人同中国国民党和中国共产党领导人的往来书信，以及共产国际执行委员会代表、外交官、政治军事顾问和苏联驻华机关工作人员的文件等文献资料中。对资料的搜集、鉴别、筛选、提炼工作量非常大，要最终理清线索，消化并提升到理论的高度则更难。

3．如何客观评价中华苏维埃共和国成立的必要性、历史地位及其政权建设的得失，也是本书研究的难点之一。要做到在全面准确评价这段政权建设史的基础上，从中得出有益的启示也绝非易事。

四、研　究　展　望

（一）丰富研究范式和研究视角

　　长期以来,中国近现代史的历史叙述几乎都是围绕着中共党史、中国革命史的范畴展开的。事实上,即是中共党史、中国革命史的研究,由于受研究视角和史料的诸多限制,其研究的深度和广度有待进一步提升。近些年来,在"新革命史"的研究范式下,中共党史研究取得了不少有价值的成果。李金铮的《再议"新革命史"的理念与方法》一文,对"新革命史"的概念进行了界定。他认为"新革命史不是一个新领域,其研究对象与传统革命史几乎无异,只是尝试使用新的理念和方法重新审视中共革命史,以揭示中共革命的艰难、曲折与复杂性,进而提出一套符合革命史实际的概念和理论……所有能够进一步推动革命史研究的视角和方法,皆可视之为'新革命史'"①。在此基础上,何友良的《苏区制度、社会和民众研究》,从"新革命史"的视角,从制度选择、社会变革与民众互动等方面拓展了中国苏维埃运动的讨论空间。② 应星的《红四军领导机构的演化与主力红军的组织形态》,以"新革命史"的角度论述了民主集中制在中共军队与地方党组织不同的体现形式和运作特点,分析了主力红军与从省委到特委的各级地方党组织之间复杂的关系。③

　　对于中国的苏维埃政权建设来说,以往的研究更多地专注于政权建设本身,并以此作出了一些得失的评价,极少采用国家与社会互动关系的视角,把苏维埃政权建设的历史和乡村史结合起来,从革命和社会、国家政权和民间社会双重互动的视角,用社会史学、心态史学、计量史学等多学科交叉的方法,对中国的苏维埃政权建设进行更深度的探讨,以至于过于简单地采用"政策—效果"模式,对中国苏维埃政权建设作出评价,既在无意中忽略了中国共产党遇到的困难、障碍和教训,也在客观上大大遮蔽了中国革命的复杂性和艰巨性。因此,在研究中国苏维埃政权建设的历史的同时,应该适当地丰富研究范式,在坚持主流研究范式的同时,以"新革命史"范式作为补充,把苏维埃制度、苏区社会与社会变革等基本问题结合起来,深入研

---

① 李金铮:《再议"新革命史"的理念与方法》,《中共党史研究》2016 年第 11 期。
② 何友良:《苏区制度、社会和民众研究》,社会科学文献出版社 2012 年版。
③ 应星:《红四军领导机构的演化与主力红军的组织形态》,《苏区研究》2016 年第 3 期。

究苏区民众对苏维埃政权建设的回应及其生存状态,苏区社会的危机及其面临的外部压力,苏维埃制度与政策绩效等问题,可以对共产国际与中国苏维埃政权建设之间的关系作出更加客观公正的评价。

要全面准确地理解中国苏维埃政权建设的历史,还要运用多维视角和思维,透视土地革命时期中共的制度选择与社会变革实践。长期以来,由于学科要求、学术旨趣等不同,人们往往只将苏区史作为中共党史或中国革命史的一部分,只是在党史、革命史的视域内考察苏区史,因而造成有形无形的学科鸿沟和学术壁垒。实际上,对中共党史和中国革命史的研究,也可以转换一种视角,从中华民国史的角度去考察其中的某个问题,或许也能取得一些研究成果。对苏区史研究者而言,会通民国史,从民国整体史的角度关注与研究苏区史,把苏区史放在民国史的大框架和国共两党发展中国的政略、道路构想的大视野中去系统研究,也可以对深化苏区史研究起到一定作用。正如王奇生所说:"对中国共产党革命的研究,不仅要注意中国共产党自身历史的连续性,更要将中国共产党革命放置在整个近代中国与世界历史的大变局中去观察,放置到近代中国革命和世界革命的大脉络中去讨论。中国共产党革命是国际共产主义运动的一部分,必须将其放在国际共运的大背景下考察,比较中国共产党革命与其他国家共产党革命的异同,才能发现中国共产党革命的特性与共性。另一方面,中国共产党革命是 20 世纪中国历史的一部分,只有将其放到 20 世纪乃至更长的历史视野中考察,才能给以适当的定位,也才能探寻其成因与历史影响。"①

(二) 重视具体制度的研究

过于夸大共产国际的因素,而看不到中共在苏维埃政权建设中的创新,与具体制度的研究相对薄弱存在一定关系。制度创设应该是中国苏维埃政权建设的核心内容。既有研究成果中,大多是对各项制度的综合研究。既然讲究综合、全面,那么对每一项具体制度的研究则不会太深入。近些年来,随着苏区史研究的不断深入,这个问题得到了一定程度的改善。比如,巡视制度、廉政制度等引起了一些学者的兴趣并取得了一些研究成果,但还远远不够,仍需要通过对新材料的不断挖掘,对更多的具体制度进行梳理和探讨。深化对这些具体制度的研究,不仅有助于从更加"具体"的层面上了解中共在苏维埃政权建设中制度的创新,而且还可以为今天的政权建设提

---

① 王奇生:《中国革命的连续性与中国当代史的"革命史"意义》,《社会科学》2015 年第 11 期。

供一些有益的经验借鉴。

（三）加强对地方苏维埃政权的研究

目前,不少有分量的研究成果多集中在对中央苏区和中央级苏维埃政权的研究上,而对中央苏区内的基层苏维埃政权以及其他地方苏维埃政权的研究略显薄弱。实际上,加强对地方各级苏维埃政权建设的研究,有助于呈现一个多样化的苏维埃建设图景,从而在多样化中找到中国特色和创新点。苏维埃革命发动以后,创建了多个苏区,构建了各级政权机构。研究苏区的基层(县、区、乡)政权状况,详细了解苏区基层政权的设置、构成、运行、特点,乡村社会组织的重建及其扮演的角色和功能,既可以明了国家权力深入乡村的程度,又可以明了底层民众政治参与和对政权认同的程度。这是评价中国苏维埃制度的重要标尺,较好地揭示了苏区基层政权面貌,改变了以往研究聚焦苏区中央和省级政权而相对忽视基层的不平衡局面。更为重要的是,对共产国际和中国苏维埃政权建设这个课题来说,通过这样一种研究,可以在"基层"和"地方"这两个维度上,找寻苏维埃政权建设的变化和创新,从而对共产国际和中国苏维埃政权建设的关系作出更加客观准确的评价。

第一章　共产国际与早期中国
苏维埃政权思想

苏维埃是 20 世纪政治史上的一个新现象。十月革命的胜利和俄国苏维埃政权的建立,标志着无产阶级领导的人民革命政权在这个世界的诞生。十月革命的胜利和俄国苏维埃政权的建立,震撼了世界,也震撼了中国。自此,马克思主义的思潮开始传入中国,对中国社会变革产生了深远影响。更为主要的是,1919 年由列宁领导的共产国际的成立,它直接指导了中国共产党的成立,并推动了马克思主义和俄国苏维埃政权理论在中国的广泛传播。

无产阶级夺取政权、掌握政权是无产阶级革命胜利的主要标志。中国共产党关于政权问题的观点,自成立伊始就完全接受了列宁以及共产国际关于苏维埃政权的理论,在第一次全国代表大会通过的《中国共产党第一个纲领》中明确指出:"本党承认苏维埃管理制度,把工农劳动者和士兵组织起来,并承认党的根本政治目的是实行社会革命"。① 表明中国共产党一开始就把建立苏维埃政权作为奋斗的一个重要目标,作为未来社会主义革命的组织形式。但必须指出,中共当时对苏维埃政权的认识,还只停留在字面上,仅仅是一种理论倡导和宣传提纲。由于中国是半殖民地半封建的国家,革命不会是共产主义性质的,殖民地革命运动的第一步应当是推翻外国资本主义和本国的封建制度,所以应当实行与资产阶级政党结成统一战线的策略,同时殖民地国家的革命运动发生在无产阶级世界革命的时代,所以无产阶级政党要争取实现领导权,以保证革命的共产主义的前途。

基于对中国国情的考虑,中国共产党在国家政权问题上则是主张以联邦制统一中国。即"民主政治当然由民主派掌握政权,但所谓民主派掌握政权,决不是在封建的军阀势力之下选一个民主派人物做总统或是选几个民主派的人物组成内阁",而是"由一个能建设新的政治组织应付世界的新环境之民主党或宗旨相近的数个党派之联合,用革命的手段完全打倒非民主的反动派官僚军阀,来掌握政权"。但在中国现存的各政党中,"只有国

---

① 《中国共产党第一个纲领》(1921 年 7 月),见中央档案馆编:《中共中央文件选集(一九二一——一九二五)》第一册,中共中央党校出版社 1989 年版,第 3 页。

民党比较是革命的民主派,比较是真的民主派"。① 因此,在中国共产党成立后不久,在共产国际来华代表的帮助下,中共接受了列宁关于民族和殖民地问题的理论,并没有把建设苏维埃政权作为中国民主革命初始阶段直接实践的目标,而是主张建立民主联合战线,进行资产阶级的民主革命,扫除帝国主义在华势力和推翻封建军阀的统治,建立真正的民主政治。为了实现这一目的,1924年中国共产党与中国国民党的首次合作形成,从此,在中国大地上开始了一场轰轰烈烈的反帝反封建的大革命。

随着革命的深入展开,在国民党内部阶级之间和派系之间的斗争不可避免地越来越尖锐起来。尤其在农民问题、土地问题等中国革命的根本问题上的分歧更是不可调和,最终冲破"党内合作"这一既有的合作框架几乎是必然的。因此,他们不断在"容共"问题上与共产国际来华代表发生分歧,并且发动了一次次排挤、打击中共的活动。由于过于拘泥于既定的中国民族民主革命大方针,过于拘泥于以苏俄(联)革命经验为蓝本的"三阶段论",共产国际来华代表和陈独秀等人在这一时期,虽然已经对国民党右派以及国民党的逐步右倾表示不满,但仍寄希望于对统一战线的维护来提升国民党左派的影响力,进而以此遏制国民党新右派的势力,抵制其分裂活动。但在这一过程中却忽略了中共自身独立性这一原则性问题,更没有坚决贯彻执行。1926年2月12日,中共中央在《中央通告第七十六号——国民党第二次全国代表大会后我们应做的工作》中指出:我们现在对于国民党的工作"仍当继续从前的政策,与左派结成密切的联盟而与大多数群众接近……竭力赞助左派对右派的斗争,竭力扩大左派的组织";"为对付目前的反动政局,为反对英日帝国主义勾结直奉军阀的联合进攻,为增强国民会议宣传的势力,我们应建筑一民众团体的联合战线,我们要在这个联合战线的策略中去减轻右派的反动力量,去拉住一部分较好右派首领,去取得右派下面的群众"。② 到了大革命的后期,共产国际在中国革命基本问题的认识上更是犯了公式化和定型化的错误,再加上受其东方战略和苏俄(联)外交政策转变的影响,他们不仅反对在中国建立苏维埃政权,甚至反对中共宣传苏维埃思想。正是受这种错误思想的影响,陈独秀等主要中共领导人并没有认识到夺取民主革命领导权的重要性,对民主革命领导权的认识和探

---

① 《中国共产党对于时局的主张》(1922年6月15日),见中共中央文献研究室、中央档案馆编:《建党以来重要文献选编》第一册,中央文献出版社2011年版,第90、91页。

② 《中央通告第七十六号——国民党第二次全国代表大会后我们应做的工作》(1926年2月12日),见中央档案馆编:《中共中央文件选集(一九二六)》第二册,中共中央党校出版社1989年版,第44页。

索出现了重大偏差,以至于放弃了无产阶级对于政权的要求,甚至怀疑或者否定中国建立苏维埃政权的可能性。这也是大革命遭到最终失败的主要原因。

一、共产国际与中共早期对苏维埃政权思想的初步探索

十月革命的胜利和俄国苏维埃政权的建立,震撼了世界,也震撼了中国。自此,中国的先进阶级也开始按照马克思主义的理论,按照十月革命指引的社会主义方向,开始了对中国社会的伟大变革。1919年,列宁领导的共产国际的成立对中国革命产生了更为重大的影响。它直接指导了中国共产党的成立,并推动了马克思主义和苏维埃政权理论在中国的广泛传播。

了解十月革命和苏俄(联)苏维埃政权,了解十月革命后共产国际与中国革命的那种特殊的关系,也就可以理解,中国苏维埃运动的兴起,中国苏维埃政权的建立和转变,乃至中国苏维埃政权的机构设置及其运作方式,都与共产国际和苏俄(联)有着密切的关系。

(一) 十月革命后苏维埃思想在中国的引入和传播

1. 俄国苏维埃与十月革命

"苏维埃"是俄文 Совет 的音译,意为"代表会议"。苏维埃是俄国工人阶级的革命创举,是俄国无产阶级在革命时期创造出来的领导人民群众开展革命斗争的一种组织方式。1905年5月12日,在俄国伊万诺沃—沃兹涅先斯基市爆发了纺织工人大罢工,参与人数达到了七万多人。为了领导罢工,一个车间选三名代表,组织了一个称为"全权代表会议"的机构,实际上这就是俄国历史上的第一个工人代表苏维埃。[①] 随着革命的发展,各地苏维埃组织也不断地建立,如在1905年10月15日,作为俄国重要城市的圣彼得堡便组建了苏维埃组织,其组织形式为每五百名工人中选举一人为代表,成立工人代表苏维埃为领导机构组织工人开展罢工。之后,苏维埃组织在莫斯科、基辅和巴库等俄国各地也相继产生过。据苏联史学家统计,在1905年的革命中,共出现过50个苏维埃组织。[②] 苏维埃这一组织形式被无

---

① [苏]安·米·潘克拉托娃主编:《苏联通史》第三卷,山东大学翻译组译,生活·读书·新知三联书店1980年版,第67页。
② [苏]明茨:《列宁苏维埃观点的发展》,《苏共历史问题》1960年第2期。

产阶级领袖列宁重视与肯定。早在 1905 年 11 月,列宁就全面评价了这一新型组织形式,将苏维埃这一组织形式明确定位为武装起义机构、初期的革命临时政府以及将来成立新型国家政权组织形式的一种探索。苏维埃肩负着推翻沙皇专制及解决俄国民主革命任务的历史使命。[①]

1917 年二月革命后,全俄布满了苏维埃。正如列宁所指出:"1917 年 2 月甚至任何一个政党都还没有来得及宣布这个口号以前,群众就已经建立了苏维埃。"[②]迅猛发展的革命形势是苏维埃复苏的前提,而苏维埃的重现又促进了俄国革命的迅速发展。1917 年 2—7 月,在这一时期苏维埃和资产阶级临时政府同时存在,是工农联盟机关和工农政权机关的合体。在此之后,1917 年 4 月,著名的"一切政权归苏维埃"口号被提出,这也成为俄国革命从资产阶级民主革命这一特性转换为无产阶级社会主义革命特性的纲领性政治口号。1917 年 11 月 7 日(俄历 10 月 25 日),俄国人民在以列宁为首的布尔什维克党的领导下,推翻了地主资产阶级政权,取得了十月革命的胜利。就在革命胜利的当日,便发布了《告工人、士兵和农民书》一文,在这份由列宁撰写的文件中明确指出全部政权归苏维埃,苏维埃也被确定为俄国无产阶级专政的政权组织形式。在十月革命之后,又合并为工农兵苏维埃,作为国家权力机关。在 1917 年 11 月至 1918 年 3 月这一时期,俄国各地陆续组建了自己的苏维埃。在 1918 年 1 月 25 日这一天,《被剥削劳动人民权利宣言》经全俄苏维埃第三次代表大会审议公布,正式表明俄国成为工兵农代表苏维埃共和国。同年 7 月 10 日,全俄苏维埃第五次代表大会通过《俄罗斯苏维埃联邦社会主义共和国宪法(根本法)》,确立以苏维埃为基础的社会主义的政治制度。1922 年 12 月 30 日,《联盟条约》《联盟成立宣言》两个文件的议定,正式表明苏维埃社会主义联盟的组建。1924 年 1 月 31 日,《苏维埃社会主义共和国联盟宪法》经苏维埃第二次代表大会议定,正式确定了苏联是统一的苏维埃社会主义联盟国家。

苏维埃作为一种全新的无产阶级政权的组织形式,其主要有以下几个特点:

其一,苏维埃是在俄国革命中创造出来的政权机关。苏维埃作为武装起义机构,是一种由广大劳动人民创造和直接夺取政权的体现,其对旧有的法规秩序概不承认,工农武装是其发展的基石。在俄国,资产阶级无法根除苏维埃且使其持续强盛,十月革命之所以能取得胜利,另一个重要原因是俄

---

① 章士嵘等编:《无产阶级专政学说史(1895—1952)》,吉林人民出版社 1981 年版,第 58 页。
② 《列宁全集》第 27 卷,人民出版社 1958 年版,第 78 页。

国工农群众及布尔什维克党始终没有放弃武装,武装起来的工农大众是各级苏维埃的主体。在艰苦的革命斗争中,列宁和布尔什维克党一向注重对武装力量的领导。正如他在《局外人的意见》的札记中所写:"政权转归苏维埃实际上就意味着武装起义。……现在拒绝武装起义,就等于背弃布尔什维主义的主要口号(全部政权归苏维埃),就等于完全背弃无产阶级的国际主义。"①在俄国,经过列宁本人及其领导的布尔什维克党的持续奋斗,大部分的苏维埃组织已经逐步布尔什维克化,成为以群众性为主要特点的武装起义机构。在1917年爆发的十月革命中,俄国各级苏维埃政权摇身一变成为武装起义的指挥部,军事委员会成为领导武装起义的中心,全俄各士兵委员会及赤卫队在它们的指挥下迅速行动,切实保障了革命的成功,而彼得格勒苏维埃执委会及其所领导的军事革命委员会,就成为整个俄国武装起义的指挥中心。正是有强大的工农武装为后盾,十月武装起义才能够得以成功。正如之后列宁分析总结俄国十月革命取得胜利的因素时,对苏维埃的作用给予了高度评价。列宁指出:"假如革命阶级的人民创造力没有建立起苏维埃,那么无产阶级革命在俄国就是没有希望的事情。"②列宁给予如此之高的赞赏,根源就在于苏维埃政权组织的核心就是广大革命群众。恰如列宁所言:"苏维埃是真正的人民群众的组织即工农的组织。苏维埃是真正的大多数人民的组织。"③人民群众的革命热情是苏维埃的生命力之所在。列宁和俄共(布)曾两次提出"全部政权归苏维埃"的口号,其真正内涵是用这个口号来动员群众、号召群众、教育群众。俄国是小资产阶级的汪洋大海,俄国革命成功与否关键就取决于无产阶级群众是否支持。这一口号在本质上就是对两个政权同时存在的终结和原有国家机器的破坏,进而创建完全不同于以往的、全新的苏维埃政权,"使大多数人民不但在选举代表方面,而且在管理国家、实现改革和改造方面,能够发挥创造性和主动性"。④ 因此,"全部政权归苏维埃"这一口号的提出,是俄共(布)组织发动十月革命的基础。布尔什维克党也是通过这一口号使群众接受教育更加团结,进而使革命更加深化。

　　其二,从权力来源看,苏维埃是无产阶级领导的革命政权机关。苏维埃是以工人为主体的人民群众的组织,是俄国民主革命和社会主义革命的基本力量。列宁多次强调革命的根本问题是政权问题。二月革命之后,俄国

---

① 《列宁选集》第3卷,人民出版社1972年版,第342页。
② 《列宁全集》第32卷,人民出版社1985年版,第298页。
③ 《列宁全集》第32卷,人民出版社1985年版,第54—55页。
④ 《列宁全集》第32卷,人民出版社1985年版,第160页。

革命形势出现较大变化,同时也有两个突出的问题亟待各政治势力解决,一是革命是否需要由民主革命变为社会主义革命;二是建立议会制共和国还是苏维埃共和国。在这些问题上特别是对于苏维埃性质、地位以及作用等方面,布尔什维克党和小资产阶级政党有着极大的差异。二月革命后,苏维埃既是武装起义的组织,又是一种执政机构。俄国广大人民群众正是在无产阶级的带领下促使革命持续深入。工人阶级依靠自身力量确定代表比例和执委会成员,并进一步起草了苏维埃章程。各级苏维埃所通过的数百项决议,提出了和平、土地、政治自由、八小时工作制等迫切问题,真正反映着劳动人民的利益与愿望。相对于临时政府,苏维埃尽管并未设立部长、内阁等一系列职位和机构,也未得到世界其他国家的认可和支援,然而它却是真正的实权和实力组织,依靠的是武装起来的人民群众。仅在 1917 年 3—6 月间,整个俄国组建的工会组织数量就有两千多个,会员数近二百多万人,其中仅莫斯科一地会员数就达到三十多万人。到 1917 年 10 月,全俄共成立了六万多个工厂委员会,几乎所有工会主席及厂委会主席都是苏维埃代表。[1] “如果没有苏维埃代表大会和全俄农民苏维埃的同意,这些部长一天也当不下去。”[2]到 1917 年 10 月,全俄多数苏维埃已经把政权掌握在自己的手中。可见,二月革命后苏维埃既是实际政权,也是各种群众组织的核心。苏维埃的成熟是全俄革命高潮到来的重要标志,也是革命成功的重要保证。

其三,权力运行。苏维埃主要的特点就是能将议会制和直接民主制的优点相连接,换而言之,就是能够将立法与执法两大职能通过被选举的人民代表相结合。相较于资产阶级议会制而言,这是世界民主进程中拥有历史性意义的一个重要进展。苏维埃依靠它的层层组织把广大劳动群众组织起来并卷入政治领域,“它为先锋队即被压迫工农阶级中最有觉悟、最有毅力、最先进的部分提供了组织形式,所以它是被压迫阶级的先锋队用来发动、教育、训练和领导这些阶级全体广大群众的机构”。[3] 在这一新型政权中,苏维埃不只拥有立法权和对执行机关的监督权,同时经苏维埃全体委员会这一组织形式可直接执行法律,便于之后逐步转为由全体劳动人民共同实行立法和治理国家的权利。也即是,苏维埃代表将自己制定并审议法律、执行自身议定的法律、检验法律法规具体执行情

①　[苏]明茨:《十月革命中的几个问题》,《苏共历史问题》1957 年第 2 期。
②　《列宁全集》第 30 卷,人民出版社 1985 年版,第 329 页。
③　《列宁全集》第 32 卷,人民出版社 1985 年版,第 297 页。

况、直接对自身的选民负责。这就是列宁所构思的苏维埃——是"工作机构"而非"清谈馆"。

苏维埃体制的主要特征之一是人民群众可直接参加国家治理，具体体现在以下几个方面：第一，国家最高权力为人民群众所有，代表由人民直接推选并可在任意时间替换；由代表构成单一的人民议会，也就是实行单一议院。第二，由全体人民的直接武装替换以往背弃人民的暴力机关，如常备军、警察等；社会秩序由工农武装依靠自身力量维护，其与人民群众关系密切。第三，官吏或者也由人民自己的直接政权取代，或者至少要接受特别的监督，变成不仅由人民选举产生，而且一经人民要求即可撤换的官吏。①

综上所述，苏维埃是俄国十月革命成功的政治条件。苏维埃是真正的人民群众的组织，是真正的大多数人民的组织。人民群众所具有的对革命的激情也正是苏维埃不断发展的生命力。同时苏维埃运动使得俄国广大人民群众懂得了怎样进行起义并治理国家。事实证明，苏维埃是对俄国十月革命开创性、革命性以及人民性的检验。

2. 苏维埃思想在中国的引入和传播

十月革命胜利后，俄国苏维埃政权的建立，标志着无产阶级领导的人民革命政权在这个世界诞生。俄国苏维埃政权的建立，是在推翻资本主义制度之后产生出来的一种完全新型的人民政权。十月革命的胜利，震撼了世界，也震撼了中国。中国先进的知识分子把原来向西方学习的目光，转向了俄国。

那么，苏维埃究竟何时引入中国？这个问题在学术界尚无定论，多数学者认为大革命迟滞了中共的"布尔什维克化"，苏维埃作为"布尔什维克化"的一部分，主要是在大革命失败后提出的。

应该说，中国驻共产国际代表发挥了将苏维埃传入中国的桥梁作用，他们是最早接触苏维埃，也是对苏维埃认知程度较高的一类群体，如刘绍周、张太雷等。刘绍周是最早参加共产国际活动的中国代表，中共建党前曾三次见列宁、两次参加共产国际大会，并曾被任命为彼得格勒市苏维埃委员。刘绍周这段身临其境的经历，必然为苏维埃传入中国发挥了中间作用。

而李大钊则为苏维埃的传入中国及其早期传播创造了良好的氛围，早在1918年他便连续刊发了《法俄革命之比较观》《庶民的胜利》《Bolshevism

---

① 参见《列宁全集》第29卷，人民出版社1985年版，第131页。

的胜利》等三篇文章，深入宣传十月革命的意义及其与马克思主义的关系。李大钊在文章中指出，十月革命"把资本家独占利益的生产制度打破"，建立"劳工联合的会议"，这一机关的职能极广，"什么事都归他们决定"；"他们是奉德国社会主义经济学家马客士（Marx）为宗主的"。① 1918 年底，李大钊和陈独秀共同创办了《每周评论》。这份杂志积极传播马克思主义著作理论思想与俄国十月革命取得的成果和重大意义，拥有更加强大的战斗性和号召力。1919 年，李大钊把他轮值主编的《新青年》第六卷第五号编为"马克思研究专号"，在该号和第六号上发表了他所写的《我的马克思主义观》一文。在这篇文章中李大钊对马克思主义三大原理，即马克思主义唯物史观、政治经济学和科学社会主义思想进行了全面深刻的阐述，将阶级斗争学说比作一条金线，把这些理论串联在了一起。在 1919 年秋胡汉民论历史唯物主义的文章发表之前，李大钊的这篇文章是中国所发表的关于马克思主义最系统的论述。可以看出，李大钊虽然未提到"苏维埃"一词，但他已经认识到苏维埃的核心问题，即它是代表工农的国家权力机关。

继俄国苏维埃政权建立之后，1919 年共产国际的成立也引起了中国具有初步共产主义思想的知识分子的关注。共产国际成立不久，《晨报》就最先把以列宁为首的共产国际成立的消息传到中国。1919 年 2 月，李大钊参与了《晨报》副刊的编辑工作，自此之后，《晨报》渐渐转变为传播各类新思想的主要期刊。

1919 年 3 月 27 日，《晨报》以《列宁之新位置——国际共产会议长》为题报道："国际共产党员本月在莫斯科开成立大会，各国党员均派代表列席，当场公举列宁氏为议长。列宁就席为慷慨淋漓之演说。"② 自 8 月 7 日起，在《世界新潮》栏目内，连载了署名为"毅"翻译的《新共产党宣言》③（即《共产国际宣言》。这个翻译现在看来，虽然过于简略且有许多不妥之处，但它是国内最早翻译介绍共产国际的重要文件——引者注）。

但经考证分析，在中国，最早提到中文"苏维埃"一词的是张君劢。1918 年 12 月 28 日，张君劢等一行 7 人以私人身份赴欧开展"国民外交"。旅欧期间，张君劢设法购得了苏俄政府于 1918 年公布的世界上第一部社会主义宪法，并将其译为中文并寄回国内发表。他在译文中第一

---

① 《李大钊选集》，人民出版社 1959 年版，第 114—115 页。
② 《晨报》1919 年 3 月 27 日。
③ 《晨报》1919 年 8 月 11 日。

次将俄文 Совет 音译为"苏维埃"。这一译名后来为中国人广泛使用。不仅如此,张君劢还对苏维埃进行了初步研究。在 1920 年 7 月 14 日出版的《解放与改造》第 2 卷第 14 号上,发表了一篇名为《中国之前途:德国乎? 俄国乎?》的文章。文章由三封信件组成,其中两封信件是张君劢旅欧期间写给张东荪的,一封是张东荪给张君劢的复信。这两位认同和提倡社会主义的知识分子对中国该实行"德国模式"还是"俄国模式"进行了探讨,并最终认为以国民会议为中心的德国模式更胜以苏维埃为中心的俄国模式。

在中国共产党内,最早使用"苏维埃"一词的是蔡和森。1920 年 8 月,蔡和森在致毛泽东的信中,指出苏维埃是"无产阶级革命后的政治组织",并且进一步指出,阶级斗争"就是把中产阶级那架机器打破(国会政府),而建设无产阶级那架机器——苏维埃"①。无产阶级革命就是推翻资产阶级的统治,建立无产阶级专政的政权——苏维埃。1920 年 9 月,蔡和森在给毛泽东的另一信中则谈到 1919 年在莫斯科成立的"万国共产党",即共产国际。蔡和森在信中写道,"无产阶级获得政权来改造社会"已经成为世界革命运动的大方向;"工人要得到完全解放,非先得政权不可";"无产阶级不获得政权,万不能得到经济的解放"。毛泽东读完此信后在给蔡和森的回信中表示:"这封信见地极当,我没有一个字不赞成。"无政府主义不要政府,政权是站不住脚的,是不能实现的。"非得到政权则不能发动革命,不能保护革命,不能完成革命"。② 同时他还分析道,"历史上凡是专制主义者,或帝国主义者,或军阀主义者,非等到人家来推倒,决没有自己肯收场的","资本主义是不能以些小教育之力推翻的"③,只有"急烈方法的共产主义,即所谓劳农主义,用阶级专政的方法,是可以预计效果的。故最宜采用"④。

此外,陈独秀、毛泽东、周恩来、李达等,也都先后开始了对马克思列宁主义的学习和宣传。南北各地,在北京、上海、广州、天津、长沙、济南等国内各主要城市,不断涌现出俄罗斯研究会、马克思学说研究会、社会主义研究会等多个先进组织和各类社会团体。

由此可见,尽管在当时艰苦的条件下,中国具有初步共产主义思想的知识分子对苏维埃的认识不够深刻,宣传也不够全面,但他们这些前期的研究

---

① 《蔡和森文集》(上),湖南人民出版社 1979 年版,第 23 页。
② 湖南省博物馆历史部校编:《新民学会文献汇编》,湖南人民出版社 1980 年版,第 116 页。
③ 湖南省博物馆历史部校编:《新民学会文献汇编》,湖南人民出版社 1980 年版,第 104 页。
④ 湖南省博物馆历史部校编:《新民学会文献汇编》,湖南人民出版社 1980 年版,第 141 页。

和宣传,不仅为苏维埃的传入和传播创造了良好的氛围,也为即将成立的中国共产党接受苏维埃做了思想准备。

(二)中共早期对苏维埃政权思想的初步探索

苏维埃的实践是新型民主的一次伟大尝试,其意义是深远的。上述这些宣传、研究马克思主义和俄国苏维埃政权的活动,不仅对当时中国具有初步共产主义思想的知识分子正确了解世界形势、划清真假马克思主义的界限有很大帮助,而且也为中国共产党的成立奠定了一定的理论基础。1921年7月,在俄共(布)和共产国际派来的专人(主要是维经斯基和马林)的具体帮助和指导下,中国共产党成立了。作为共产国际的一个支部,中共在一切重大方针与决策上都遵循于共产国际的指令。在政权问题上,也基本接受了列宁以及共产国际关于苏维埃政权的理论。

无产阶级夺取政权、掌握政权是无产阶级革命胜利的主要标志。列宁及其领导的共产国际一向十分重视苏维埃政权问题。共产国际还在筹备时,列宁在谈到什么样的政党和代表可以参加共产国际时就提出:凡是参加共产国际的政党和代表在政权问题上所应有的立场和态度必须是"赞成现在的社会主义革命和无产阶级专政";"原则上赞成'苏维埃政权',反对用资产阶级议会制限制我们的工作,反对服从资产阶级议会制,赞成苏维埃政权是更高级的和更接近于社会主义的政权类型"。[①] 在列宁看来,以苏维埃为代表的社会主义和无产阶级专政的政权类型,是与资产阶级议会制背道而驰、针锋相对的,凡是参加共产国际的共产党和工人党,必须明确表示对无产阶级专政和苏维埃制度持赞同的立场和态度,才能出席共产国际的代表大会。从这一点可以看出,列宁是把政权问题放到非同寻常的重要地位。共产国际的工作也基本围绕着政权这个根本问题而展开,帮助各国共产党去夺取政权、建立政权,为国际无产阶级提供夺取政权的战斗纲领和策略方针等。

那么,在像中国这样半殖民地半封建的国度里,能否经过一场伟大的变革,不经过资本主义阶段而直接建立苏维埃政权呢?对于这个问题,列宁在1920年召开的共产国际第二次代表大会上明确指出:在保留着封建关系和殖民地关系的国家,共产党带领人民群众进行革命的初始期要组建的权力机构为"农民苏维埃""劳动者苏维埃",原因在于"这些国家还谈不上纯粹的无产阶级运动",但"农民苏维埃、被剥削者苏维埃这种手段不仅适用于

---

① 《列宁文稿》第7卷,人民出版社1980年版,第284—285页。

资本主义国家,也适用于还保留资本主义前的关系的国家"。对这类政权组织的性质,列宁未作直接说明,但他在如下一段论述中给出了清楚的结论。他说,共产国际应该清楚:"在一切殖民地和落后国家,我们不仅应该组成能够独立进行斗争的基干队伍,即党的组织,不仅应该立即宣传组织农民苏维埃并使这种苏维埃适应资本主义前的条件,而且共产国际还应该指出,还应该从理论上说明,在先进国家无产阶级的帮助下,落后国家可以不经过资本主义发展阶段而过渡到苏维埃制度,然后经过一定的发展阶段过渡到共产主义。"①显然,按照列宁的观点,像中国这样半殖民地半封建社会的国家,只要在苏俄等社会主义国家的援助下,在本国无产阶级政党的宣传与组织下,完全可能不经过资本主义阶段而直接建立工农民主专政的苏维埃政权。在这一思想指导下,1920—1922年,共产国际的对华工作有两个基本点:其一,依靠最有觉悟的工人建立共产主义小组,然后将其联合起来组成中国共产党;其二,通过党的知识分子团体渗透到工人阶层中去。②而共产国际对中国革命所制定的系列政策,其目的在于:借助于中国共产党对中国国内所有无产阶级进行联合,使其成为中国革命的主导者,确保中国的民族解放运动能够不仅限于资产阶级民主革命的范围,进一步促进世界无产阶级革命运动的发展。

　　以上列宁的理念,在之后的革命运动中,逐步成为共产国际指导中国革命发展特别是之后建立政权的理论基础。1921年7月,中共第一次全国代表大会通过的《中国共产党第一个纲领》就明确指出:"本党承认苏维埃管理制度,把工农劳动者和士兵组织起来,并承认党的根本政治目的是实行社会革命;中国共产党彻底断绝同黄色知识分子阶级及其他类似党派的一切联系。"既然苏维埃政权是社会主义性质,那么,革命的任务自然成为:"(1)革命军队必须与无产阶级一起推翻资本家阶级的政权,必须支援工人阶级,直到社会的阶级区分消除为止;(2)承认无产阶级专政,直到阶级斗争结束,即直到消灭社会的阶级区分;(3)消灭资本家私有制,没收机器、土地、厂房和半成品等生产资料,归社会公有"。③从文件内容可以看出,中国共产党在成立之后,基本接受了列宁以及共产国际关于苏维埃政权的理论,把建立苏维埃政权作为奋斗的一个重要目标。认为中国必须以马列主义

---

①　《列宁选集》第4卷,人民出版社1995年版,第279页。

②　中共中央党史研究室第一研究部译:《共产国际、联共(布)与中国革命档案资料丛书》第1卷,北京图书馆出版社1997年版,第86页。

③　《中国共产党第一个纲领》(1921年7月),见中央档案馆编:《中共中央文件选集(一九二一——一九二五)》第一册,中共中央党校出版社1989年版,第3页。

作为指导思想,以马克思主义的国家学说为政权建设的原则,通过革命手段建立无产阶级专政的苏维埃政权。但从另一个侧面也可以看出,幼年时期的中国共产党所理解的苏维埃政权,并没有反映中国新民主主义革命的性质和规律,没有提到无产阶级应该与资产阶级联合起来,打倒帝国主义与封建主义,建立各革命阶级联合的国家政权,仅仅单纯地主张"劳工专政"或"劳农专政",资产阶级不仅被排斥出政权之外,而且还作为革命的对象。实际上,当时中国的资产阶级并未掌握国家政权,资产阶级也受帝国主义、封建主义的压迫,是民主革命的一支重要力量,而统治中国的军阀政府,并不是资产阶级政权,不存在推翻资产阶级统治的问题。这表明幼年的中国共产党还不善于将马克思主义的基本原理与中国革命的具体实际相结合,他们所称赞的苏维埃制度,还是社会主义性质的组织形式,而当时中国应进行的是民主革命,应该创建一种新民主主义性质的新型政权组织。

　　1922 年 7 月,中共二大召开,会议的一项重要成果就是表决通过了《中国共产党第二次全国代表大会宣言》。中国共产党人对苏维埃的认识并未深化,仍认为苏维埃属于无产阶级专政的社会主义性质,只是在中国革命的步骤上,划分了资产阶级民主革命和无产阶级社会主义革命两个阶段。中国共产党人制定了自己的最高纲领和最低纲领,宣布中国无产阶级政党的最终目的为:"组织无产阶级,用阶级斗争的手段,建立劳农专政的政治,铲除私有财产制度,渐次达到一个共产主义的社会。"[1]在现阶段应该联合"工人和贫农与小资产阶级建立民主主义的联合战线",进行彻底的反帝反封建的民主革命,并列出了七项具体的建国主张:"(一)消除内乱,打倒军阀,建设国内和平;(二)推翻国际帝国主义的压迫,达到中华民族完全独立;(三)统一中国本部(东三省在内)为真正民主共和国;(四)蒙古西藏回疆三部实行自治,成为民主自治邦;(五)用自由联邦制,统一中国本部、蒙古、西藏、回疆,建立中华联邦共和国;(六)工人和农民,无论男女,在各级议会市议会有无限制的选举权,言论、出版、集会、结社、罢工绝对自由;(七)制定关于工人和农人以及妇女的法律。"[2]宣言认为民主主义革命成功以后,无产阶级不过获得一些自由与权利而已,还不能得到完全解放。而且民主主义革命胜利后,中国幼稚的资产阶级也会得到迅速发展,并与

_____

①　《中国共产党第二次全国代表大会宣言》(1922 年 7 月),见中央档案馆编:《中共中央文件选集(一九二一——一九二五)》第一册,中共中央党校出版社 1989 年版,第 115 页。

②　《中国共产党第二次全国代表大会宣言》(1922 年 7 月),见中央档案馆编:《中共中央文件选集(一九二一——一九二五)》第一册,中共中央党校出版社 1989 年版,第 115—116 页。

无产阶级处于对抗地位。"无产阶级便须对付资产阶级,实行'与贫苦农民联合的无产阶级专政'的第二步奋斗。如果无产阶级的组织力和战斗力强固,这第二步奋斗是能跟着民主主义革命胜利以后即刻成功的。"①因此,中国共产党主张在民主革命的联合战线中,保持无产阶级的独立性,并告诫:"工人们时常要记得他们是一个独立的阶级,训练自己的组织力和战斗力,预备与贫农联合组织苏维埃,达到完全解放的目的。"②中国共产党明确肯定苏维埃是与农民联合的无产阶级专政,具有社会主义的性质。

1923 年,中国共产党第三次全国代表大会通过的《中国共产党党纲草案》,将中国无产阶级的斗争同国际共产主义运动相联系,提出中国无产阶级应当积极投身于反对世界资产阶级的斗争中,以便联合世界各国无产阶级与被压迫民族,"达到共同的最高目的——建立无产阶级独裁制,创造世界的苏维埃共和国,以进于无产阶级的共产社会"③。

可以看出,中共一开始就把在中国建立苏维埃的政权制度,作为未来社会主义革命的组织形式。作为政党来说,一成立就宣布自己的阶级性质及其奋斗目标,无疑是应当的。中共在党纲中提出的"推翻资本家阶级的政权;承认无产阶级专政""承认苏维埃管理制度"这些与政权有关的主张,也是符合马克思主义原理的。但必须指出的是,中共对苏维埃政权的这些认识,还只停留在字面上,与中国的具体国情有很大的差距,仅仅是一种理论倡导和宣传提纲。究其缘由,也不难理解:一方面,幼年中国共产党对中国国情缺乏足够的认识,自身理论准备不足,也没有建立政党、从事共产主义运动的经验,难免对共产国际抱有依赖思想,所以基本上或完全接受了列宁以及共产国际关于苏维埃和中国革命的理论;另一方面,共产国际像接生婆一样把中国共产党"接生"出来,在很多事情上,那些对中国国情基本不了解的共产国际代表们事事过问,以至于包办代替。因此,在党的纲领中所笼统承认的"无产阶级专政""苏维埃管理制度",基本上是生搬硬套马列书本,将苏俄的苏维埃制度机械地移植过来罢了。纲领中片面主张的"劳工专政"或"劳农专政",也完全

---

① 《中国共产党第二次全国代表大会宣言》(1922 年 7 月),见中央档案馆编:《中共中央文件选集(一九二一——一九二五)》第一册,中共中央党校出版社 1989 年版,第 115 页。

② 《中国共产党第二次全国代表大会宣言》(1922 年 7 月),见中央档案馆编:《中共中央文件选集(一九二一——一九二五)》第一册,中共中央党校出版社 1989 年版,第 116 页。

③ 《中国共产党党纲草案》(1923 年 6 月),见中央档案馆编:《中共中央文件选集(一九二一——一九二五)》第一册,中共中央党校出版社 1989 年版,第 140 页。

超越了中国民主革命的实际,没有反映出中国新民主主义革命的性质和规律。

二、共产国际与中共大革命时期对苏维埃政权理论的曲折认识

大革命时期,中国共产党并没有按照《党纲》的规定把建设苏维埃政权作为中国民主革命初始阶段直接实践的目标,而是在共产国际、联共(布)来华代表的帮助下,接受了列宁民族殖民地的理论,与以孙中山为代表的中国国民党建立了民主联合战线,掀起了中国第一次反帝反封建的大革命。

然而,共产国际在指导中国大革命的过程中,尤其是到了大革命的后期,在对中国革命基本问题的判断上犯了公式化和定型化的错误,再加上受其东方战略实用主义化和苏俄(联)外交政策转变的影响,他们不仅反对在中国建立苏维埃政权,甚至反对宣传苏维埃思想。正是受这种错误思想的影响,陈独秀等主要中共领导人并没有认识到夺取民主革命领导权的重要性,所以,中共在这段时期对民主革命领导权的认识、对统一战线中与同盟者关系的处理上出现了重大偏差,以至于放弃了无产阶级对于政权的要求,甚至怀疑或者否定中国建立苏维埃政权的可能性。

(一)共产国际对建立中国未来政权的主张

中国共产党建立之后,立即投身于工人运动中,发动和领导了1922年1月至1923年2月间的中国第一次工人运动高潮,声势浩大,前所未有。但实际的革命斗争,尤其是第一次工人运动的失败,使中国共产党开始认识到,在当时帝国主义瓜分中国、各派封建军阀割据,而自身力量还十分单薄的情况下,建立这种苏维埃的政治制度,只是一种美好的理想,难以付之于实践。因此,在共产国际和联共(布)的帮助下,在共产国际东方战略的指导下,中国共产党制定了统一战线的策略,1924年与中国国民党首次合作,掀起了轰轰烈烈的中国第一次反帝反封建的大革命。

革命的根本问题是政权问题。那么在国共合作的条件下,应当建立什么样的政权、采取什么样的政权构成形式呢?共产国际对这一问题未作出明确回答。但从公布的档案资料中可以看出,共产国际和联共(布)在指导中国大革命的过程中,不赞成在中国建立苏维埃政权,甚至反对宣传苏维埃思想。1921年马林来华后,对中国共产主义运动的现状感到悲观,"要在当

前建立一个共产党,只能是一种乌托邦。"①而当时存在的中国共产党,也不过是个"早产儿","是有人过早地制造出来的"。② 从此出发,马林坚持认为,如果让中共"既和国民党一道工作,但又对其保持独立性,这必然会使那个小团体(中国共产党——引者注)的人们成为一个毫无意义的小宗派"③。而且,如果在中国工会活动中"打出共产党的旗帜",无疑会"削弱俄国同中国国民党人的合作"。④ 由此,马林建议弱小的中国共产党"改变对国民党的排斥态度并在国民党内部开展工作"⑤。这便是"斯内夫利特战略"的最早提出。马林在报告中对中国共产主义运动暗淡前景的描述和对国民党过分的美化⑥,直接促使共产国际执委会作出让中共到国民党中去工作的决定。

　　1922 年 11 月,共产国际执委会书记拉狄克在共产国际第四次代表大会上的发言中就谈道:中共必须懂得,"无论是实现社会主义的问题,还是建立苏维埃共和国的问题,在中国都没有提上日程"⑦。1923 年 1 月 4 日,俄共(布)中央政治局决定"全力支持国民党",并建议"我们共产国际的代表加强这方面的工作"。⑧ 在 1923 年 1 月 26 日发表的《孙文越飞联合宣言》中,越飞以承认"共产组织,甚至苏维埃制度,事实均不能引用于中国"⑨为条件,换取了国民党在中东路和外蒙古问题上对苏俄政府的支持。随后,苏俄政府陆续向孙中山及其国民党提供了大量的经济援助,并向华南派遣了政治和军事顾问。

　　1925 年底,共产国际代表拉菲斯同国民党访苏代表团团长胡汉民之间的

---

① 中共中央党史研究室第一研究部编:《共产国际、联共(布)与中国革命档案资料丛书》第 2 卷,北京图书馆出版社 1997 年版,第 460 页。

② 中共中央党史研究室第一研究部编:《共产国际、联共(布)与中国革命档案资料丛书》第 2 卷,北京图书馆出版社 1997 年版,第 477 页。

③ 中共中央党史研究室第一研究部编:《共产国际、联共(布)与中国革命档案资料丛书》第 2 卷,北京图书馆出版社 1997 年版,第 446—447 页。

④ 中共中央党史研究室第一研究部编:《共产国际、联共(布)与中国革命档案资料丛书》第 2 卷,北京图书馆出版社 1997 年版,第 483 页。

⑤ 中共中央党史研究室第一研究部编:《共产国际、联共(布)与中国革命档案资料丛书》第 2 卷,北京图书馆出版社 1997 年版,第 239 页。

⑥ 李玉贞:《国民党与共产国际(1919—1927)》,人民出版社 2012 年版,第 114 页。

⑦ 中共中央党史研究室第一研究部编:《共产国际、联共(布)与中国革命档案资料丛书》第 2 卷,北京图书馆出版社 1997 年版,第 354 页。

⑧ 中共中央党史研究室第一研究部译:《共产国际、联共(布)与中国革命档案资料丛书》第 1 卷,北京图书馆出版社 1997 年版,第 187 页。

⑨ 中共中央党史研究室第一研究部编:《共产国际、联共(布)与中国革命档案资料丛书》第 2 卷,北京图书馆出版社 1997 年版,第 409 页。

段对话也充分地反映了这一点。

> 拉菲斯：您和国民党怎样设想中国的国家制度的？目前我们在世界上有三种基本的国体形式。第一是君主制，第二是资产阶级议会共和制，第三是苏维埃制。国民党推翻了君主制，应当找到一种适合四亿五千万中国农民，而不是只吸收很小的阶层即人民的上层参与国家管理的资产阶级议会共和制的国体形式。另一方面，苏维埃制度是无产阶级专政……无产阶级在苏维埃国家尽管是少数，但它依靠农民建立了苏维埃政权……无产阶级专政也不适合中国现阶段的斗争，因此我才提出国民党认为哪一种国体形式对中国最合适的问题。

胡汉民：您说的对，您所指出的第一种（君主制）和第二种（议会共和制）国体形式都不适合中国。第三种形式（无产阶级专政）我们也谈不上，但我们讲人民专政，讲人民民主。

拉菲斯：很好，但这种人民专政将采取什么样的形式？

胡汉民：我们可以像在广州试图做的那样组织政权形式。我们认为，将从工人、农民、士兵、小手工业者、学生中选出代表，这些代表将拥有最高权力。这种政权组织形式有点像苏维埃，但它所包容的阶层比苏联的苏维埃所包容的更多一些。我们需要考虑在这些苏维埃中的数量比例问题。①

1926 年 2 月，共产国际执委第六次扩大会议在莫斯科召开，会议明确把中国未来政权的目标定为建立资产阶级民主主义性质的政权。大会通过的"关于中国问题的决议"指出：中国革命"与 1905 年俄国第一次革命时期俄国无产阶级所面临的问题非常相似"，在政权建设上，必须反对"力图越过运动的民主革命阶段，直接解决无产阶级专政和苏维埃政权的任务"。② 对在中国革命中提出"以争取国家独立和建立人民政权为口号"持肯定意见，对于今后政权组建的方式确定为具有资产阶级民主主义性质的民族、民主的人民政权。③ 可以看出，在民主革命这一阶段，对于中国直接构建以无产阶级专政为特点的苏维埃政权，共产国际并不赞成。

---

① 中共中央党史研究室第一研究部译：《共产国际、联共（布）与中国革命档案资料丛书》第 1 卷，北京图书馆出版社 1997 年版，第 765—766 页。

② 中国社会科学院近代史研究所翻译室编译：《共产国际有关中国革命的文献资料（1919—1928）》第一辑，中国社会科学出版社 1981 年版，第 138—139 页。

③ 中国社会科学院近代史研究所翻译室编译：《共产国际有关中国革命的文献资料（1919—1928）》第一辑，中国社会科学出版社 1981 年版，第 136 页。

共产国际为什么作出这种定论呢？应该说，这和苏俄（联）外交政策的转变以及共产国际对中国各阶级力量的判断有直接关系。在十月革命之后，苏联建成了世界上首个社会主义国家，世界各地敌对势力集结到一起，以"维护世界和平"为借口，形成了抵制无产阶级革命的联盟，企图将世界上首个社会主义国家消灭，将无产阶级革命运动消灭。为了保卫第一个社会主义国家，为了与帝国主义力量之间形成"某种均势"①，粉碎帝国主义的武装干涉、封锁以及镇压国内反革命叛乱，使新生的苏维埃政权立于不败之地，共产国际和联共（布）迫切需要在东方寻找同盟者，寻求远东边界线的安全。因为从地理位置来看，在苏俄（联）漫长的南部和东部边界之外，有土耳其、波斯、印度、中国、朝鲜等国，对苏俄（联）形成了一个半包围态势。尤其是这些殖民地半殖民地国家民族解放运动的兴起，不仅对宗主国造成重大的压力，而且成为帝国主义进攻苏俄（联）的缓冲区域，对苏俄（联）国家安全是非常有利的。

基此理由，中国必然成为共产国际、苏俄（联）工作的重点。在他们看来，中国是国际东方反帝革命阵线中"最重要的一个斗争地段，并且有许多事情取决于这种斗争"②。共产国际在中国的任务，就是"同在一切殖民地国家一样，是动员一切可利用的力量进行反帝国主义的斗争"③。可是，对于刚刚建立起来的中国共产党来说，还不具有扮演这样重要角色的能力，"非常明显，组成反帝队伍的各阶级不可能全部动员到共产党的纲领之下。"因此，为了达到这一目的，共产国际必须寻找一个"更加广泛的基础"。这也便不难理解，为什么在中国共产党刚成立之际，共产国际便十分热衷于鼓励其与中国国民党合作。目的在于通过中国共产党对中国国民党施加影响，对国民党进行改造，使国民党为共产国际所用。因此，共产国际在中国的政策的出发点，就在于"支持国民党，给它人力和物力的援助，以期发展反对帝国主义的斗争"④。

从客观角度评述，在当时中国革命的各方势力中，相较而言，国民党的确是一支具有很大影响力的政治派别，在反对帝国主义和封建主义中，其所

---

① 《国际共产主义运动史文献》编辑委员会编译：《共产国际第三次代表大会文件（1921年6—7月）》，中国人民大学出版社1988年版，第1053页。

② 中共中央党史研究室第一研究部译：《共产国际、联共（布）与中国革命档案资料丛书》第3卷，北京图书馆出版社1998年版，第70页。

③ ［美］罗伯特·诺思、津尼亚·尤丁编著：《罗易赴华使命：一九二七年的国共分裂》，王淇等译，中国人民大学出版社1981年版，第354页。

④ ［美］罗伯特·诺思、津尼亚·尤丁编著：《罗易赴华使命：一九二七年的国共分裂》，王淇等译，中国人民大学出版社1981年版，第354页。

表现出的斗争性和革命性毋庸置疑。从反对帝国主义和封建主义的双重角色来讲,中国国民党毫无疑问是世界无产阶级革命者的自然合作者。但是,国民党也绝不像共产国际所评价的那样,是"中国唯一重大的民族革命集团","它既依靠自由资产阶级民主派和小资产阶级,又依靠知识分子和工人"①;是"工人、农民、知识分子和城市民主派的革命联盟"②;等等。在国共合作后,国民党虽然经过改组,成分有所改变,但其起主导作用的人员成分并没有改变。而且除了其浓厚的封建色彩外,国民党的领导人甚至孙中山本人,都一直妄想着得到帝国主义的支持。一个主要的事例就是联俄政策的制定,实际上作出这一决定时孙中山也并非意志坚定,其主要顾虑就是担心这一政策会使其与帝国主义的关系产生负面影响。尽管之后实行了这一政策,包括制定实施反帝纲领,然而孙中山力求帝国主义支持的幻想在其心中并未消除。孙中山北上时绕道日本,其目的就在于争取日本朝野对他的同情和支持。因此,要国民党真心实意地领导反帝斗争,是根本不可能的。

但是,共产国际为了使国民党右派领导的军队留在反帝联合阵线内,尤其是到了大革命后期,他们在给国民党及其领导的军队以大量援助的同时,处处迁就于国民党右派,哪怕实践证明蒋介石并不是资产阶级民主派。这一点在斯大林的一次谈话中体现得淋漓尽致:"蒋介石明天会做什么,走向何方,我们拭目以待,但至少现在,他领导着军队,命令军队反对帝国主义,这是事实。在这方面他比所有的策连捷里和克伦斯基们都高。当然,蒋介石没有读过马克思著作,而策连捷里和丹以及克伦斯基也许读过马克思著作。蒋介石没有自称社会主义者,但情况恰恰是,他高于这些社会主义者,高于这些克伦斯基、策连捷里和丹之流。为什么?因为,由于事物的逻辑所致,他领导着反帝的战争,迫于形势他在打仗。……我认为,像右派这样一些人,应该利用到底。从他们身上能榨多少就榨多少,然后才将他们像榨干了的柠檬一样扔掉。"③可共产国际和联共(布)所做的这一切,并没有能阻止国民党新右派为反对共产党、同无产阶级争夺领导权而制造的阴谋事件的进一步实施。"四一二"政变,正式宣告了共产国际、联共(布)所奉行的

①　中共中央党史研究室第一研究部编:《共产国际、联共(布)与中国革命档案资料丛书》第2卷,北京图书馆出版社1997年版,第436页。

②　中国社会科学院近代史研究所翻译室编译:《共产国际有关中国革命的文献资料(1919—1928)》第一辑,中国社会科学出版社1981年版,第136页。

③　斯大林:《在联共(布)莫斯科机关积极分子会议上关于中国大革命形势的讲话》(一九二七年四月五日),《党的文献》2001年第6期。

"榨柠檬""争取蒋介石向左转"政策的失败。

中国革命已经处于紧急关头。而斯大林等人为了维护自己的尊严和权威,出于回击和批判以托洛茨基、季诺维也夫为代表的反对派的需要,不承认局势的危机性,不愿意改变错误的决策。"四一二"政变前后,双方在关于指导中国革命的方针政策的问题上再次发生了激烈争论。这场争论,对中国苏维埃革命产生了直接的重大影响。

"四一二"政变前夕,以托洛茨基为首的反对派就提出:"国民政府领土愈扩大,国民党愈变为政府党,则国民党的资产阶级色彩将愈会明显。在此关系上,上海为国民政府所占领,简直有决定的意义"。此时,中国革命"转变的时机"已然来临,共产党须马上脱离国民党,成立苏维埃的口号也应提及。在其观念中,中国共产党现阶段"依靠苏维埃路线而凝结的阶级力量,可以进而适应革命的新阶段"。[1]"四一二"政变后,针对中国革命发展形势,反对派立即言辞激烈地对斯大林进行批判。特别是在 4 月 15 日联共(布)中央政治局会议上,季诺维也夫将其对中国革命的意见以书面形式阐述并提交,对共产国际在中国革命过程中企图完全依靠国民政府"来推动国民革命到完全胜利",以及"玩弄将军们的矛盾和敌对"来"代替阶级路线"等错误理念和革命实践进行了批判,指出这种思想和行为将使"中国革命必然走向失败"。他认为"能够与必须发出建立苏维埃口号的时期已经到了","只有苏维埃才能摧毁旧的资产阶级的政府机构和开始建立新的政府机构"。[2]

针对反对派的批评,1927 年 4 月,斯大林马上以联共(布)中央的名义发表了《给宣传员的提纲》进行回应。他否认联共(布)在形势估计上所犯的错误,全面论证了联共(布)中央和共产国际在中国革命问题上的立场,并阐述了其所谓的中国革命两个阶段的理论。他认为:在"全民族联合战线的革命"的第一阶段,民族资产阶级是和革命一道前进的,"中山舰事件"固然反映了统一战线中无产阶级和资产阶级的阶级矛盾,但资产阶级还没有离开革命。所以,对中国国民党右派实行孤立与利用相结合的方法毋庸置疑;在第二阶段中,事实表明利用国民党右派的方式尽管已不符合实际,却仍不可以"把中国一切旗帜中最受欢迎的国民党旗帜交给国民党右派",相反,必须把右派坚决地逐出国民党,"把国家全部政权集中于革命的国民

---

① ［苏］托洛茨基:《中国革命问题》(上),杨笑湛译,上海书局 1930 年版,第 5—8 页。

② 中共中央马克思恩格斯列宁斯大林著作编译局国际共运史研究所编:《国际共运史研究》第 2 辑,人民出版社 1987 年版,第 215 页。

党"。他反对提出苏维埃的口号,认为这等于提出反对"革命的国民党的政权的起义口号",无异于给革命的敌人提供中国"在人为地移植'莫斯科的苏维埃化'"的口实。[1] 5 月 9 日和 13 日,斯大林再度就反对派的进攻和中国革命问题发表文章和讲话,严厉地指出:反对派此时提出苏维埃问题,另外"组织革命的中心"是极其荒谬的。[2] 1927 年 5 月 18 日,共产国际执委第八次全会召开。在此次会议中双方矛盾全面公开,进行了激烈的交锋。针对反对派的批评和反驳,斯大林对其观点再次阐述,讲道:在共产国际二大的提要中,列宁指出"苏联无产阶级对落后国家的革命的直接援助是在这些国家里成立并发展'农民的'和'人民的'苏维埃",并未以完全组建"工人代表苏维埃"为目标。就中国革命而言,根据其仍为资产阶级革命这一现状,当前的"武汉政府"应为革命所需政权,因为其为"反对帝国主义的和资产阶级民主主义意义下的革命的政府",若中国继续组建工农代表苏维埃将产生两个政权,"就是推翻武汉政权和建立新的革命的政权";只有当革命向前发展了,"到了资产阶级革命接近完全胜利的时候,到了在资产阶级革命进程中显露出过渡到无产阶级革命的道路的时候",再建立苏维埃政权,并推翻资产阶级民主政权。[3] 显然,斯大林对武汉政府的定性是错误的。在他的观念中,"四一二"政变发生后,"南京是国内反革命的中心,而武汉是中国革命运动的中心,那末,为了保证无产阶级及其政党在国民党党内和国民党党外的领导作用,就必须支持武汉国民党,共产党人必须参加武汉国民党及其革命政府";共产党"必须巩固武汉并支持它和封建官僚制度作斗争,必须帮助武汉战胜反革命",同时也"必须在各地广泛地发展农协会、工会和其他革命组织",准备将来建立"从资产阶级民主革命过渡到无产阶级革命的要素的工农代表苏维埃"。[4] 斯大林这段话明确说明,汪精卫在其看来既是小资产阶级的代表,同时也可以承担起实施土地革命的重任。即便在"马日事变"发生后的第三天,斯大林仍把武汉国民政府视为资产阶级民族革命运动的关键,认为"中国左派国民党对现在中国资产阶级民主革命所起的作用,近乎苏维埃在 1905 年对俄国资产阶级民主革命所起

---

[1]　参见《斯大林全集》第 9 卷,人民出版社 1954 年版,第 201、206 页。

[2]　参见《斯大林全集》第 9 卷,人民出版社 1954 年版,第 273 页。

[3]　参见中国社会科学院近代史研究所翻译室编译:《共产国际有关中国革命的文献资料(1919—1928)》第一辑,中国社会科学出版社 1981 年版,第 309、311、317 页。

[4]　中国社会科学院近代史研究所翻译室编译:《共产国际有关中国革命的文献资料(1919—1928)》第一辑,中国社会科学出版社 1981 年版,第 307、314 页。

的那种作用"①。他不仅不同意现阶段成立苏维埃政权,还要求共产党须继续保留在国民党内,踊跃参与武汉国民政府的各项工作并参与到地方政权中。不仅如此,斯大林还明确拒绝了联共(布)反对派提出来的组建工农苏维埃的主张。他认为,就革命形势而言,工农苏维埃政权的成立,就是建立与武汉国民政府相对应的又一个革命的中心,代表着国共合作的决裂,是"决战时刻的到来"。鉴于此,布哈林在对"大胆进行土地革命"的观点阐述后,忽然转向了阻止苏维埃口号的提出,意图为"尽量避免使中国人民的敌人借口叫嚷中国'苏维埃化'的组织形式"。②

以斯大林的发言为蓝本,与会各方在共产国际第八次执委会上针对中国革命形势和存在的问题作出决议,明确了在当前形势下,提出工农代表苏维埃、成立苏维埃政权的口号是欠妥当的;只有"当革命进一步发展,这个过程开始由民主革命向社会主义革命过渡的时候,才必须建立工农兵代表苏维埃,这时成立苏维埃的口号才能成为党的中心口号"③。在大革命失败的前夜,联共(布)中央政治局还天真地致电汪精卫,要求"国民党必须支持土地革命和农民",并希望汪精卫运用自己的威望"对国民党的其他中央委员施加影响"。④

客观来讲,大革命时期,共产国际不主张中国革命越过民主革命阶段直接解决无产阶级专政和建立苏维埃政权,并帮助中共制定了反帝反封建的民主革命纲领和建立国共统一战线的策略,是基本切合当时中国实际的。因为当时中国的资产阶级还是具有一定的革命性,中国革命应该建立包括工人、农民、小资产阶级、民族资产阶级在内的革命统一战线,中国无产阶级也应该通过这个统一战线来领导中国的反帝反封建的革命。而苏维埃是工农民主专政的政权形式,在当时提出建立苏维埃政权,就超越了统一战线,显然不合时宜。对此,《真理报》的社论后来作出这样的回答:"迄今为止,中国革命的进程尚未将俄国和一系列欧洲国家工农群众本身在革命年代通过创造性的组织活动建立起来的群众性组织——苏维埃推上历史舞台。在

① 中共中央党史研究室第一研究部编:《共产国际、联共(布)与中国革命档案资料丛书》第6卷,北京图书馆出版社1998年版,第231页。

② 布哈林:《中国民族革命运动的危机和工人阶级的任务》,转引自[联邦德国]郭恒钰:《共产国际与中国革命一九二四——一九二七年中国共产党和国民党统一战线》,李逵六译,生活·读书·新知三联书店1985年版,第294页。

③ 中国社会科学院近代史研究所翻译室编译:《共产国际有关中国革命的文献资料(1919—1928)》第一辑,中国社会科学出版社1981年版,第331页。

④ 中共中央党史研究室第一研究部编:《共产国际、联共(布)与中国革命档案资料丛书》第4卷,北京图书馆出版社1998年版,第346页。

中国革命的一定阶段上,资产阶级同帝国主义进行武装斗争,它曾是革命的阶级。由于中国革命的这一独特性质,那里建立的不是苏维埃,而是既有工农又有资产阶级参加的国民党。在这一阶段上,试图通过'宣布成立苏维埃'的口号'强行建立苏维埃',不仅为时过早,而且是不适当的。"①

但是,斯大林把"中国的资产阶级民主革命阶段"等同于"中国革命的国民党阶段",②认为共产党人一直要到"资产阶级民主革命接近完全胜利的时候"才应当退出国民党而"成为中国革命新的革命的唯一领导者"③的分析,显然是生搬硬套俄国革命的经验,不符合中国的实际情况。同样如此,他们分别将武汉的国民党人和武汉国民政府视为"小资产阶级的政治集团"和"革命的小资产阶级政权",而将其领导人汪精卫错误地评价为"唯一努力同共产党保持友好关系的人"④,也犯了公式化和定型化的错误。事实上,汪精卫从来不是一个真正的左派,他"在大革命初期,是资产阶级的代表,在大革命中期,他很激进,接近小资产阶级,但是在武汉时期,他又转到大地主、大资产阶级方面去了"⑤。而以汪精卫为领袖的武汉国民党和国民政府,也并非像共产国际和斯大林所认定的那样"革命"和"可靠"。

是什么因素促使斯大林将中国革命的希望寄托到汪精卫的身上?追根溯源,是苏联的国家利益。因为此时的苏联还不想因中共的成长需要而破坏与国民党之间可能的合作。基于以上判断,共产国际对国民党的政策更加右倾。"四一二"政变后,共产国际并没有同以蒋介石为代表的国民党右派进行针锋相对的斗争,却主张集中力量于武汉,将希望寄托于武汉国民党、武汉政府。尤其是在国共统一战线濒临破产的时期,他们为了维护苏俄国家利益,为了使国民党右派领导的军队留在反帝联合阵线内,他们甚至以不惜牺牲中国共产党对革命的领导权和中国革命利益为代价。毫无疑问,他们这种将中国革命利益置于服从苏联国家利益的地位、使中国共产党成为为苏联外交政策服务的党的做法,不仅严重违背了无产阶级国际主义和马克思主义基本原则,也必然导致中国大革命遭到最后失败。

---

① 安徽大学苏联问题研究所、四川省中共党史研究会编译:《苏联〈真理报〉有关中国革命的文献资料选辑》第一辑,四川省社会科学院出版社 1985 年版,第 527—528 页。

② 《斯大林全集》第 9 卷,人民出版社 1954 年版,第 215 页。

③ 《斯大林全集》第 9 卷,人民出版社 1954 年版,第 279—280 页。

④ [美]罗伯特·诺思、津尼亚·尤丁编著:《罗易赴华使命:一九二七年的国共分裂》,王淇等译,中国人民大学出版社 1981 年版,第 285 页。

⑤ 《论统一战线》(1945 年 4 月 30 日),见《周恩来选集》(上卷),人民出版社 1980 年版,第 208 页。

（二）中共对苏维埃政权理论的曲折认识

中共作为共产国际的一个支部，一切重大方针与决策都遵循于共产国际的指令。上述共产国际关于中国未来政权的主张，必然对幼年的中国共产党认识、探索苏维埃政权理论产生重大的影响。

在共产国际的大力推动下，1924年，中国共产党与国民党实现了首次合作。从此中共全力以赴于国共合作的国民革命，不再提出独立领导工农群众建立苏维埃的口号，而是与国民党一起，共同努力建立联合战线性质的国民革命政府，以扫除帝国主义在华势力与推翻封建军阀统治，建立真正的民主政治。

不过，随着国民革命运动与北伐战争的迅猛发展，国共两党之间的矛盾和冲突不断发生并升级，这客观上对由不同阶级集团利益结合起来的国共合作的基础产生了强烈的冲击。仅仅在1926年，蒋介石等国民党的新老右派就连续三次向中国共产党发起进攻。但共产国际为了不使反帝联合战线破裂，为了使国民党军队留在反帝阵线内，他们宁肯要中共妥协让步，甚至以不惜牺牲中国共产党对革命的领导权和中国革命利益为代价。第一次是在1926年1月的国民党第二次全国代表大会上，在选举中央机构时，中共作了让步，蒋介石取消了国民革命军总监的职务，结果形成了"右派势力大，中派壮胆，左派孤立"[①]的局面。第二次就是臭名昭著的"中山舰事件"，时间为1926年3月20日，与第一次让步时间仅间隔两个多月。这次让步导致大量中共党员被捕，苏联顾问的居住地也被围困。"中山舰事件"发生时，以联共（布）中央委员、联共（布）组织部成员、苏联红军总政治部主任布勃诺夫为首的使团正在广州。蒋介石派兵包围了苏联顾问团，布勃诺夫使团失去自由。而在这种情况下，最早向蒋介石让步的恰恰是布勃诺夫，他在3月24日离开广州前对《向导》记者发表谈话，声明蒋介石"本人并不反俄反共"[②]。所有这些都说明，布勃诺夫使团对蒋介石作出了让步。在此之后，共产国际和联共（布）领导人出于对国共合作关系带来破坏的顾虑，着重指出"这种破裂是绝对不能允许的"，要求执行"必须实行让共产党留在国民党内的方针"。在其眼中，仍将蒋介石看作国民党左派，所以不同意

---

① 《关于一九二四至二六年党对国民党的关系》（1943年春），见《周恩来选集》（上卷），人民出版社1980年版，第119页。

② 《向导》1926年4月3日。

与蒋介石决裂,相反对中共作出指示,"要在内部组织上向国民党左派作出让步"。① 正是在这一思想指导下,才使蒋介石将共产党人排挤出国民党中央领导岗位的"整理党务案"得以顺利通过。

以陈独秀为首的中共中央,基本上贯彻了共产国际对中国的政策,尽管他在"整理党务案"通过后曾一度提出共产党退出国民党的建议。1926 年 4 月 3 日,陈独秀按照共产国际的指示,针对国民党新老右派"反俄反赤反共"的叫嚣、指责"中山舰事件"是共产党阴谋推倒蒋介石、要改建工农苏维埃政府等问题,急忙作出三点声明:"第一,照全中国的政治环境,共产党若不是一个疯子的党,当然不会就要在广州建立工农政府;第二,蒋介石是中国民族革命运动的一个柱石,共产党若不是一个帝国主义的工具,决不会采用这种破坏中国革命势力统一的政策;第三,汪精卫、朱培德、李济深、程潜都不是疯子,共产党如果突然发疯想建设工农政府,单单推倒蒋介石是不够的。共产党的政策,恰恰和右派宣传的相反,不但主张广东革命的势力不可分裂,而且希望全中国的革命势力都是统一,不然无对敌作战之可能。在此时中国政治军事的环境,谁破坏中国革命势力统一,谁便是反革命!"②陈独秀将维护国共合作的统一战线看得高于一切,不仅不反击国民党右派的进攻,反而吹捧反共的蒋介石是"中国民族革命运动的一个柱石",并承诺中国共产党不会在广州建立工农苏维埃政权。陈独秀还一再表白:"建设工农政府自然不是一件很坏的事,可是现在就主张实行起来,便是大〈错〉;倒蒋必以蒋确有不可挽回的不断的反革命行动为前提,而事实上从建立黄埔军校一直到三月二十日,都找不出蒋有一件反革命的行动,如此而欲倒蒋,且正当英日吴张反动势力大联合,攻破北方国民军之时,复在广州阴谋倒蒋,这是何等助长反动势力,这是何等反革命!"③陈独秀不仅声明中国共产党没有立即建立苏维埃的打算,反而替反共的蒋介石洗刷罪名。

在陈独秀看来,在中国民主革命阶段,最终也是唯一的结果必将是建立资产阶级政权,以无产阶级力量开展社会主义革命,进而建立工农民主政权则为日后长远之事。这也就是他的所谓"二次革命论"的中心内容。所以,他一再声称,共产党在国民革命中是"在野党",告诫共产党人"不应当加入

---

① 中共中央党史研究室第一研究部编:《共产国际、联共(布)与中国革命档案资料丛书》第 3 卷,北京图书馆出版社 1998 年版,第 236—237 页。

② 《陈独秀文章选编》(下),生活·读书·新知三联书店 1984 年版,第 145 页。

③ 《陈独秀给蒋介石的一封信》(1926 年 6 月 4 日),见中央档案馆编:《中共中央文件选集(一九二六)》第二册,中共中央党校出版社 1989 年版,第 620 页。

政权,恐怕这要吓退了民族资产阶级"①;"不可即有对于政权的尝试,我们同志不能加入政府组织"②。北伐战争时期,江西被北伐军占据,其中四名已在北伐军中任要职的共产党人,出于工作原因参与了江西省政治委员会,并分别担任了四个县的县长。此类以工农群众代言人的身份直接执掌政权的行为,理应是共产党人在两党合作进行革命过程中的必然选项。但中共中央却对江西地委提出批评,将江西党组织的行为看作"党中机会主义做官热的倾向",并强调称,"我们的党还是一个在野党,绝不能就跑到政府中去占位置",要求江西党组织"对于以上严重的错误倾向必须急速纠正,这几个当县知事的同志,当立刻限期命令他辞职,如果过期不理立即登报公开开除。还有不服从党的命令而自由猎官猎高位的人,亦须严重警告,不听即断然公开开除"③。

共产国际和中共中央的一味妥协退让,并没有能阻止国民党新右派反对共产党、同无产阶级争夺领导权而制造的阴谋事件的进一步实施。1927年3月初,蒋介石就派人捣毁赣州总工会,屠杀工人领袖。26日,蒋介石抵达上海,而此时陈独秀等人已完全清楚蒋介石的心思,知道其即将对共产党大开杀戒,首当其冲就是没收工人纠察队的武器。因此,陈独秀等人便准备与蒋介石开展斗争,并向莫斯科进行了汇报,力图得到帮助。但是事与愿违,联共(布)却要求:"请你们务必严格遵循我们关于不准在现在举行要求归还租界的总罢工或起义的指示。请你们务必千方百计避免与上海国民军及其长官发生冲突。"④这样的指令让陈独秀等人不得已指示中共上海区委"表面上要缓和反蒋",但又明令指示"实际准备武装组织"。31日,陈独秀以中国共产党中央的名义将此事向莫斯科进行了汇报,对于这个决议莫斯科立即指示"暂不进行公开作战","不要交出武器,万不得已将武器藏起来"⑤。

1927年4月5日,在山雨欲来风满楼的"四一二"反革命政变前夕,为了稳住蒋介石以免其分裂出去,扶持以汪精卫为首的所谓的国民党左

---

①　中共中央书记处编:《六大以前——党的历史材料》,人民出版社1980年版,第697页。

②　《中央局报告(十、十一月份)》(1926年12月5日),见中央档案馆编:《中共中央文件选集(一九二六)》第二册,中共中央党校出版社1989年版,第515页。

③　《中央局给江西地方信》(1926年12月2日),见中央档案馆编:《中共中央文件选集(一九二六)》第二册,中共中央党校出版社1989年版,第468页。

④　中共中央党史研究室第一研究部编:《共产国际、联共(布)与中国革命档案资料丛书》第4卷,北京图书馆出版社1998年版,第169页。

⑤　中共中央党史研究室第一研究部编:《共产国际、联共(布)与中国革命档案资料丛书》第4卷,北京图书馆出版社1998年版,第167页。

派土持的武汉国民政府与蒋介石进行抗衡,陈独秀竟然以否认中国有建立苏维埃的可能性作为代价,再次按共产国际的旨意和汪精卫发表了联合宣言。陈独秀在《汪精卫、陈独秀联合宣言》中强调,大敌当前,国共团结非常重要,"此时我们的国民革命,虽然得到了胜利,我们的敌人,不但仍然大部分存在,并且还正在那里伺察我们的弱点,想乘机进攻,推翻我们的胜利,所以我们的团结,是时更非常必要。"为向国民党表露支持拥护的诚意,宣言又称:"中国共产党坚决的承认,中国国民党及国民党的三民主义,在中国革命中毫无疑义的需要,只有不愿意中国革命向前进展的人,才想打倒国民党,才想打倒三民主义。"声称苏维埃政权虽然能在苏俄建立,是否能在殖民地半殖民地的国家以同样的形式和经过同样的阶段建立,仍是值得怀疑的,至于中国,不论现在,还是将来,都不会发生建立苏维埃政权的问题。"无产阶级独裁制,本是各国共产党最大限度的政纲之一,在俄国虽然实现了,照殖民地半殖民地政治经济的环境,由资本主义向社会主义的过程,是否是一定死板的经过同样形式的同样阶级[段],还是一个问题,何况依中国国民革命发展之趋势,现在固然不发生这样问题,即将来也会不至发生。"①宣言粉饰太平,麻痹人民,客观上帮助了蒋介石发动政变。宣言发表后才七天,蒋介石就制造了"四一二"反革命政变。这一政变,结束了蒋介石同共产国际的联盟,同时也把中国第一次轰轰烈烈的国内大革命推向艰难的境地。

在血腥的现实面前,更多的共产党人不断清醒,意识到建立独立自主革命政权的重要意义。1927 年 1 月 4 日至 2 月 5 日,在对湖南 5 个县农民运动历时 32 天的深入调研后,毛泽东写出了《湖南农民运动考察报告》,文中提出了"一切权力归农会",指出在乡村中,"地主权力既倒,农会便成了唯一的权力机关,真正办到了人们所谓'一切权力归农会'"。② 事实上,农民协会这一政权机构,并不是中共中央首先提出的,而首先是由湘、粤、鄂、赣诸省农民在大革命的潮流中创造出来的,到了北伐战争节节胜利的 1926 年冬至 1927 年春已成燎原之势。面对越来越危急的革命形势,1927 年 4 月27 日至 5 月 9 日在武汉召开的中共第五次全国代表大会上开始重视政权的问题。大会通过的《政治形势与党的任务决议案》中提出:"共产党应当竭力执行深入革命的职任,以巩固革命的根据地。如果认为要先完成北伐

---

① 《汪精卫、陈独秀联合宣言》(1927 年 4 月 5 日),见中央档案馆编:《中共中央文件选集(一九二七)》第三册,中共中央党校出版社 1989 年版,第 593 页。

② 《湖南农民运动考察报告》(1927 年 3 月),《毛泽东选集》第一卷,人民出版社 1991 年版,第 14 页。

而后始执行急进的土地改良与民主政权之创造,那么,这正可以使资产阶级在他所占领的沿海诸省,戴着民族主义的假面具而在极短时期内巩固他们的势力,以帮助帝国主义。"因此,党目前有一个重要的任务就是"在很大的地域上建立革命的民主政权"。① 6月14日,《中央通告农字八号》发布,在这份中共中央和毛泽东主持的中央农民部一起签署的文件中提出"农民运动的中心问题,固然是土地革命,但是土地革命是一个过程,在此过程中,现在阶段主要特点是农民政权之争斗",既然"农民运动现在已经到了为确定农民政权而斗争的时期",那么,当"农民在乡村中打击封建地主的时候,农民协会应成为乡村中唯一的权力机关,完全指挥这斗争,使封建地主阶级在乡村中的一切政治组织(如民团,团□,国防局等)完全消灭"。②

但是,陈独秀主持下的中共中央为了不危及同国民党的联盟,对农民运动和农民协会采取了否定和压制的态度,要求乡村政权"在实际运用上,我们重在实际推翻土豪劣绅的政权而不必叫出农民政权的口号,以免除别的小资产阶级分子发生恐慌"③。"四一二"反革命政变后,为了拉住急剧右转的汪精卫集团,联共(布)中央政治局在国内经济建设异常困难的情况下再次增加了对武汉政府的拨款,并要求中共中央制定收束工农运动的策略,企图以妥协让步使汪精卫集团回心转意。以陈独秀为首的中共中央,也唯恐武汉政府与南京蒋介石政权妥协,在政权问题上一再退让,公开表示:"共产党加入国民党,参加国民政府的工作,并非是以竞争者的态度要夺得政权。"④正是受这种右倾机会主义错误的影响,中国共产党人完全放弃了无产阶级对于政权的要求。也就是在大革命失败前的最紧急关头,1927年7月13日,中共中央还发出了《对政局宣言》,表示接受共产国际不退出国民党,而将在国民党的旗帜下坚持革命。宣言指出:"凡此一切革命工作,中国共产党都要和国民党党员群众一切真正革命分子,共同去实行——因此共产党员决无理由可以退出国民党,或者甚至抛弃与国民党合作的政策。"⑤可以看出,共产国际和以陈独秀为首的中共中央直到最

① 《政治形势与党的任务决议案》,见中央档案馆编:《中共中央文件选集(一九二七)》第三册,中共中央党校出版社1989年版,第54—55页。

② 《中央通告农字第八号》(1927年6月14日),见中央档案馆编:《中共中央文件选集(一九二七)》第三册,中共中央党校出版社1989年版,第178—179、180、181页。

③ 《关于湘鄂赣三省农运决议案》(1926年12月),见中央档案馆编:《中共中央文件选集(一九二六)》第二册,中共中央党校出版社1989年版,第578页。

④ 《中国共产党第五次全国代表大会宣言》(1927年5月),见中央档案馆编:《中共中央文件选集(一九二七)》第三册,中共中央党校出版社1989年版,第106页。

⑤ 《向导》1927年7月18日。

后一刻,仍对国民党心存幻想,并试图继续维持国共合作的局面,但实际上,在国民党迅速右倾的情况下,继续维持国共合作已经没有任何政治和阶级基础了。

历史再现了反对派的预言。无论苏俄(联)如何慷慨的经费支援,还是中共中央的妥协退让,都无法拉住急剧右转的汪精卫。1927 年 7 月 15 日,汪精卫公开宣布分共。"七一五"汪精卫的叛变,宣告了共产国际关于与中国资产阶级民主派结成联盟的策略彻底终结,中国大革命也以失败而告终。此后,中国共产党领导中国人民走上了长达十年的武装反抗国民党反动统治的苏维埃革命之路。

错误和失败的教训也是一笔财富。从另一个角度看,正是在这场轰轰烈烈的反帝反封建的民主革命斗争中,中国共产党人经过对苏维埃政权理论曲折而艰辛的探索,才真正认识到革命政权的重要性,进一步加深了对苏维埃政权的理解。也为大革命失败后苏维埃运动在全国范围内迅速地兴起、中国共产党走上独立领导中国革命的道路埋下了伏笔。

第二章 共产国际与中国苏维埃政权的创建

汪精卫"七一五"反革命政变后,中国革命形势的急转直下,迫使共产国际不得不对其在华政策及对中国共产党的指导方针进行调整。1927年8月7日,在共产国际来华代表的指导和帮助下,中共中央紧急会议确定了实行土地革命和武装起义的总方针。9月19日中共中央临时政治局召开会议通过了《关于"左派国民党"及苏维埃口号问题决议案》,明确指出:"以后关于组织群众的革命斗争,当然无论如何说不上再是国民党的旗帜下进行","现在的任务不仅宣传苏维埃的思想,并且在革命斗争新的高潮中成立苏维埃。""以后我们对于国民党的政策,主要的原则有两点:一、对于宁汉各派的国民党领袖机关及政府,积极的反对,定出明显的推翻他们的目标,因为他们都已成革命的叛徒,民众的仇敌;二、对于零星散乱的国民党左派分子,只认为是革命的暂时的同道者,可以在每次斗争中,使他们来赞助我们及革命的民众。"[①]这意味着中国共产党最终抛弃了"左派国民党"旗帜,从而完成了从宣传苏维埃政权思想到建立苏维埃政权的艰难转变。

那么,在中国如何建立苏维埃政权呢?共产国际依然遵循苏俄(联)革命的成功经验,把中国革命的希望寄托于中心城市工人阶级领导的群众暴动。中共中央也完全接受了共产国际这一指导方针,计划首先在那些中心城市建立苏维埃政权,使暴动的城市能成为自发的农民暴动的中心及指导者,"把像俄国十月革命前那种'二元政权'(一方面是苏维埃,另一方面是临时政府)的局面重现于中国"。[②] 然而,中国城市苏维埃革命的发展并未如他们事先所设想那样,各地武装暴动的结果是接踵而至的惨重失败,即便是共产国际给予厚望的1927年12月的广州苏维埃政权也仅仅存在三天。事实表明,通过城市暴动以建立苏维埃政权的苏俄革命模式,在中国是行不通的。

中国革命斗争的胜利,要靠中国共产党人自己去思考和解决。中国苏

---

① 《关于"左派国民党"及苏维埃口号问题决议案》(1927年9月19日),见中央档案馆编:《中共中央文件选集(一九二七)》第三册,中共中央党校出版社1989年版,第370页。

② 《苏维埃政权组织问题决议案》(1928年7月10日),见中央档案馆编:《中共中央文件选集(一九二八)》第四册,中共中央党校出版社1989年版,第390—391页。

维埃政权建设取得突破性进展,就是发端于以毛泽东为代表的中国共产党人在农村建立革命根据地和红色政权的实践。与中心城市暴动的失败和冒险主义行为造成党在白区工作的重大损失形成鲜明对比的是,一部分中国共产党人发挥了独立自主的探索精神,先后率领工农武装深入农村,建立了一块块农村革命根据地。这些武装在同强大敌人的较量中虽历经曲折,有的甚至严重受挫乃至完全失败,但仍有相当一部分武装在农村站住了脚,创建了多个区域性红色政权。也正是在巩固政权和建立根据地斗争的过程中,以毛泽东、朱德为代表的中国共产党人将苏维埃革命理论与中国革命实际相结合,积极开展农村苏维埃政权的探索,形成了党的领导、工农民主专政、土地革命、武装斗争等一系列符合中国革命实际的理论、方针和政策。在这些正确理论方针的指导下,红军队伍人数在 1930 年达到了十多万,华中、华南等区域的农村革命根据地不断发展壮大,并组建了新的苏维埃政权,此时,中国苏维埃革命运动呈现蓬勃发展之势。

　　这一时期,共产国际与中国农村苏维埃之间基本处于隔绝状态,但共产国际还是通过各种途径了解到中国革命运动的消息,并从舆论上予以支持。苏联的《真理报》、共产国际的《国际新闻通讯》等刊物在 1929 年都以称赞的口吻连续报道朱毛红军。[1] 面对中国苏维埃运动正反两方面的实践,共产国际逐渐认识到中国革命虽然属于苏维埃革命的范畴,但其具体形式区别于欧洲革命,也不是像俄国革命那样,靠夺取一两个中心城市来取得全国政权。[2] 之后随着革命的不断发展,1931 年 11 月 7 日,中国共产党按照共产国际的意见和指示,在江西瑞金正式成立了中华苏维埃共和国临时中央政府。尽管如此,但此时共产国际对农村根据地和红军的重视,只是形势的变化导致策略的变通而已,他们仍然坚持认为,夺取最终胜利的主要手段,仍然是"用暴动起来的工人和红军来占领这些城市"[3]。当中共领导的革命力量有所发展,特别是在击退了国民党的第三次"围剿"后,共产国际对中国革命的形势估计又开始乐观起来,认为"中国共产党人不应把过去关于中国红军不宜过早夺取大城市的方针看作教条";相反,要加快苏维埃运动的进一步发展,并把"夺取中心城市的任务"提上日程。[4] 基于上

---

[1]　参见杨奎松:《毛泽东与莫斯科的恩恩怨怨》,江西人民出版社 1999 年版,第 16 页。

[2]　参见《周恩来年谱(1898—1949)》(修订本),中史文献出版社 1998 年版,第 187 页。

[3]　《共产国际执委关于立三路线问题给中共中央的信》(1930 年 10 月),见中央档案馆编:《中共中央文件选集(一九三〇)》第六册,中共中央党校出版社 1989 年版,第 652 页。

[4]　中共中央党史研究室第一研究部译:《共产国际、联共(布)与中国革命档案资料丛书》第 13 卷,中共党史出版社 2007 年版,第 80、81 页。

述对中国革命形势的错误判断,共产国际对中国革命的指导必然再次脱离中国实际,从而使刚刚有所发展的农村苏维埃政权建设遭受到重大挫折。

一、共产国际与中共建立苏维埃政权口号的提出

大革命失败后,共产国际对中国革命形势、任务进行了再次评估,试图寻找新的革命路径。受共产国际影响,幼年中国共产党对当时的革命形势也未能作出正确的判断,没有立即打出苏维埃斗争的旗帜,而是执行了一条"复兴左派国民党"的政策,不仅未能改变不利局面,反而使革命发展陷入更加窘迫的境地。在此之后,随着革命进程的深入和局面的明朗,共产国际对中国革命的认知也更加清晰,对建设中国革命政权的策略作出了调整,放弃"左派国民党"旗号的决策,并指引中共走上建立苏维埃政权的革命道路。

(一)斯大林中国革命"三阶段论"与中共"复兴左派国民党"政策

大革命失败后,白色恐怖笼罩全国。国民党内部出现分化,以蒋介石为首的国民党右派继承了北洋军阀的衣钵,成为帝国主义、买办豪绅以及江浙财团的代理人,对外投靠帝国主义、出卖民族利益,对内剥削广大工农群众、残酷镇压革命人民,成为事实上的新军阀;而国民党左派则迅速分崩离析,"在国民党中央除孙夫人及于右任、彭泽民、陈友仁、邓演达等数人外,余均实行反动"。在这些左派国民党领袖中,"孙夫人发表宣言不满于现中央之政策而避住上海,邓演达因不满汪等亦早已离汉他去,左派下层领袖除一部分受买外,现拟择一地点集会以求团结左派在党内反抗反动的与虚伪的领袖。"①显然,国民党左派已经无力组织起来,进行反击。但中共并没有立刻打出自己的旗帜,而是根据共产国际不退出国民党的指示,继续把国民党左派势力当作革命的力量,认为国共合作仍为中国革命所必需的,要国民政府内的党员"仍须留在国民党内工作","我们要团结下层左派分子在〈国〉民党内组织在野反对党,反对中央的反动政策",②并以此来"复兴左派国民党"③;党的政策是"拥护真正革命的民权的国民党,反对背叛革命的篡窃国

---

① 《中央对于武汉反动时局之通告》(1927 年 7 月 24 日),见中央档案馆编:《中共中央文件选集(一九二七)》第三册,中共中央党校出版社 1989 年版,第 223—224 页。
② 《中央对于武汉反动时局之通告》(1927 年 7 月 24 日),见中央档案馆编:《中共中央文件选集(一九二七)》第三册,中共中央党校出版社 1989 年版,第 224、225 页。
③ 《关于"左派国民党"及苏维埃口号问题决议案》(1927 年 9 月 19 日),见中央档案馆编:《中共中央文件选集(一九二七)》第三册,中共中央党校出版社 1989 年版,第 369 页。

民党旗帜的假国民党",“努力建立国民党的新中心,使能担当得起国民党
的光荣的旗帜"①,用"国民党左派"的名义继续革命。

　　为什么中共没有立即提出建立苏维埃的口号,而执行"复兴左派国民
党"的政策呢? 这同斯大林的中国革命"三阶段论"有密切联系。斯大林的
中国革命"三阶段论",是在中国大革命胜利到失败的转折关头,同时也是
在联共(布)党内与"托派"斗争十分尖锐激烈的背景下提出的。斯大林套
用俄国革命的框框,教条机械地把中国革命划分为三个阶段:“第一阶段是
全民联合战线的革命,即广州时期,当时革命的锋芒主要是指向外国帝国主
义,而民族资产阶级是支持革命运动的"。蒋介石叛变革命后,汪精卫的武
汉政府时期是第二阶段,亦称"左派国民党阶段",这一阶段是"资产阶级民
主革命,即国民革命军进抵长江以后,当时民族资产阶级离开革命,而土地
运动则发展成为数千万农民的强大革命"。第三阶段是"苏维埃革命,这个
革命现在还没有到来,但它是会到来的"。② 根据这一论述,“左派国民党阶
段"已然是中国革命进程中的必经之路,进而才可以经历"苏维埃革命阶
段"。由于对斯大林指示的习惯性思维,更重要的是为了不动摇其"三阶段
论"的权威地位,证明他们"党内合作"的方针是一贯的正确;也为了抵制反
对派,避免其抓住把柄制造事端,尽管大革命已于危难时刻,但共产国际仍
要求中共执行"不退出国民党"的策略。1927 年 7 月 8 日,联共(布)中央政
治局专门通过的决议,提出了中国共产党"退出国民政府并不意味着退出
国民党"的策略,要求:“共产党人必须留在国民党内,并在国民党的一切组
织中和拥护它的群众中,为改变国民党的政策和改组其领导机关人员进行
坚决的斗争。"③根据联共(布)这一精神,共产国际于 7 月 14 日也作出了
《共产国际执行委员会关于中国革命当前的决议》,正式确认了中国共产党
不退出国民党的政策,表示:“尽管国民党领导大肆排除共产党人,仍要留
在国民党内。更密切地联系国民党基层,由基层做出坚决抗议国民党中央
倒行逆施的决议,要求撤换国民党现领导,以及在此基础上准备召开国民党
代表大会。"④作为共产国际的最高领导人之一,布哈林对此的解释是:“共

---

① 《中国共产党中央执行委员会致中国国民党革命同志书》(1927 年 7 月 29 日),见中央档
　案馆编:《中共中央文件选集(一九二七)》第三册,中共中央党校出版社 1989 年版,第
　236、235 页。
② 《斯大林全集》第 10 卷,人民出版社 1954 年版,第 14、15 页。
③ 中共中央党史研究室第一研究部译:《共产国际、联共(布)与中国革命档案资料丛书》第 4
　卷,北京图书馆出版社 1998 年版,第 398 页。
④ 《真理报》1927 年 7 月 14 日。

产党在国民党的基层,在地方组织,特别是在那些以工农成分为主的组织中不仅有影响,而且常常起着领导作用",所以"共产党人应加强自己在国民党基层的工作,贯彻自己的行动纲领,坚决谴责'领袖们'的行为"。① 可以看出,共产国际和联共(布)对国民党仍心存幻想,并试图继续维持国共合作的局面。

这里值得注意的是,作为当时国际共产主义运动的领袖和联共(布)的最高领导者,斯大林在共产国际提出不退出国民党政策的同时,对中国革命却有了新的认识。当大革命显示破裂败退的征兆时,出于同国内反对派斗争的需要,斯大林确曾对中国尽快成立工农代表苏维埃持否定意见,对复兴国民党左派的策略积极赞成。但在 1927 年 7 月 9 日他给莫洛托夫和布哈林的信中,对中国革命有了新的思考,态度发生了一些变化。他说:"我不认为,退出国民政府和国民党就可以改善共产党的处境和'使他们站稳脚跟'。相反,退出只会便于屠杀共产党人,造成新的分歧,可能还会造成某种分裂,但是,没有别的出路可走,反正最终还得走上这条道路。"②11 日,在给莫洛托夫的信中,斯大林就明确地表示:"我想,很快就得提出退出国民党的问题。"③在 7 月 28 日的《真理报》上,刊发了斯大林所写的《时事问题简评》,其中对中国革命特别是苏维埃问题作了进一步阐述,指出:"昨天,在几个月以前,中国共产党人不应当提出建立苏维埃的口号,因为这会是我们的反对派所特有的冒险主义,因为国民党领导集团还没有作为革命的敌人而使自己信誉扫地。现在相反地,成立苏维埃的口号可以成为真正革命的口号,如果(如果!)在最近时期将有一个新的和强大的革命高涨的话"。在如此短暂的时期内,斯大林的思想缘何会急速转变? 答案就是中国革命形势恶化所迫。中国革命经历多年的发展,但形势并未好转,导致斯大林必须重新考量其之前的决策,深入全面分析中国革命问题。然而,苏维埃问题提议不久,斯大林对中共再次指示:"现在,在高涨没有到来以前,除了争取以革命的领导代替目前的国民党的领导之外,还应当在广大劳动群众中间极广泛地宣传拥护建立苏维埃的思想,不要冒进,不要立即成立苏维埃,要记住只有在强大

---

① 安徽大学苏联问题研究所、四川省中共党史研究会编译:《苏联〈真理报〉有关中国革命的文献资料选编》第一辑,四川省社会科学院出版社 1985 年版,第 500 页。

② 中共中央党史研究室第一研究部译:《共产国际、联共(布)与中国革命档案资料丛书》第 4 卷,北京图书馆出版社 1998 年版,第 406 页。

③ 中共中央党史研究室第一研究部译:《共产国际、联共(布)与中国革命档案资料丛书》第 4 卷,北京图书馆出版社 1998 年版,第 410 页。

的革命高涨的条件下苏维埃才能兴盛起来。"① 那么苏维埃革命何时小会到来呢？"如果共产党使国民党革命化的尝试失败，如果使国民党民主化、把它变成最广泛的群众性工农组织的行动不能获得成功；另一方面，如果革命趋向高潮，那么必须将苏维埃的宣传口号变成直接的斗争的口号，并着手组织工农和手工业者苏维埃。"② 在斯大林看来，以苏维埃作为直接行动口号须满足国民党左倾政策彻底失败和革命形势高涨这样的必然条件。之后，斯大林在与中山大学学生的谈话中，又明确指出只有从资产阶级民主革命过渡到无产阶级革命时，才能进入苏维埃阶段，才能成立苏维埃。

　　显然，斯大林这种将苏维埃运动与中国民主革命截然分开，又将苏维埃运动与社会主义革命紧密相连的分析，是不符合中国实际情况的。他不清楚中国的资产阶级民主革命，"就是对外推翻帝国主义压迫的民族革命和对内推翻封建地主压迫的民主革命"，这两大任务"是互相区别，又是互相统一的"。③ 他还不清楚在半殖民地半封建的中国，"中国共产党领导的整个中国革命运动，是包括民主主义革命和社会主义革命两个阶段在内的全部革命运动……民主主义革命是社会主义革命的必要准备，社会主义革命是民主主义革命的必然趋势。"④ 割裂了民主主义革命与社会主义革命的界限。这也是他当时一再反对退出国民党，反对立即建立苏维埃的原因之一。

　　大革命失败后，中国共产党人正是在斯大林"三阶段论"的指导下开始探索苏维埃政权建设的。根据共产国际不退出国民党的指示，中共中央于1927年7月24日发出《中央对于武汉反动时局之通告》，提出："惟仍须留在国民党内工作……团结下层左派分子在〈国〉民党内组织在野反对派，反对中央的反动政策。"⑤7月29日发表了《中国共产党中央执行委员会致中国国民党革命同志书》，进一步表明观点："努力建立国民党的新中心"，"拥护真正革命的民权的国民党，反对背叛革命的篡窃国民党旗帜的假国民党"。⑥ 自此

① 《斯大林全集》第9卷，人民出版社1954年版，第322、323页。

② 《斯大林文集》第10卷，人民出版社1954年版，第15页。

③ 《中国革命和中国共产党》（1939年12月），见《毛泽东选集》第二卷，人民出版社1991年版，第637页。

④ 《中国革命和中国共产党》（1939年12月），见《毛泽东选集》第二卷，人民出版社1991年版，第651页。

⑤ 《中央对于武汉反动时局之通告》（1927年7月24日），见中央档案馆编：《中共中央文件选集（一九二七）》第三册，中共中央党校出版社1989年版，第224—225页。

⑥ 《中国共产党中央执行委员会致中国国民党革命同志书》（1927年7月29日），见中央档案馆编：《中共中央文件选集（一九二七）》第三册，中共中央党校出版社1989年版，第235、236页。

之后,"复兴左派国民党"这一政策得到了中国共产党的大力宣传。

　　1927年8月7日,著名的八七会议在汉口召开。在关系党和革命事业前途与命运的关键时刻,这是一次具有深远历史转折意义的会议,由共产国际代表罗明纳兹主持。此次会议对大革命后期以陈独秀为首的中共中央右倾机会主义的错误进行了批判,具体包括:在与国民党的关系上,不断地迁就让步,全面丢弃自身独立;在革命武装上,解散工人纠察队,一直未能组建属于自身的工农武装和军队,对工农武装对于革命的必要性未能充分认识;在指导思想上,对农民革命运动的支持力度不够,在国民党威胁利诱下对土地问题一直未能制定具体的革命行动纲领。会议总结了大革命失败的教训,讨论党的工作任务,确立了实行土地革命和武装起义的方针。①

　　应该说,这次会议是共产国际指导中国革命策略转变的重要里程碑:由过去联合国民党转变到武装反抗国民党反动派;由过去忽视农民土地问题转变到把土地革命作为中国革命新阶段的中心任务。可是,在会议上罗明纳兹再次重申了共产国际关于中国共产党人在宣布退出武汉国民政府的同时仍留在国民党内的主张,认为"现在不应退出国民党,与国民党破裂时,要在国民革命成功社会革命时才能提出"②。他说,为什么不退出国民党呢?共产国际认为,中国共产党人留在国民党内有三点作用:第一,可以坚决反对国民党右派、戴季陶主义及其"变国民党为资产阶级政党"的意图;第二,虽然国民党的上层叛变了,但可以在国民党的基层加紧工作,组织左派队伍;第三,有利于批评和稳定中间派。根据罗明纳兹传达的共产国际的这一指示精神,会议议定的《中国共产党的政治任务与策略的决议案》指出"国民党是一种民族解放运动之特别的旗帜","中国共产党现在不应当让出这个旗帜,使一般叛徒篡窃国民党的名号,而做军阀及反动资产阶级掌握里的玩物";同时提出工农群众要"在革命的左派国民党旗帜之下"组织暴动,"凡是在革命的国民党旗帜之下举行暴动而胜利的地方,工农群众团体,应当用团体加入的方法,加入这种国民党,使国民党成为群众团体联合的党,使反动分子不能假借国民党党部名义,来实际上做阻滞革命的工作"。③大会还专门强调:"本党现时不提出组织苏维埃的口号","只有到

---

　　① 中共中央党史研究室:《中国共产党历史》第一卷(1921—1949)(上册),中共党史出版社2011年版,第237页。

　　② 中共中央党史研究室第一研究部编:《共产国际、联共(布)与中国革命档案资料丛书》第11卷,中央文献出版社2002年版,第7页。

　　③ 《中国共产党的政治任务与策略的决议案》(1927年8月21日),见中央档案馆编:《中共中央文件选集(一九二七)》第三册,中共中央党校出版社1989年版,第335—337页。

了组织革命的国民党之计划,完全失败,同时,革命又确不[在]高涨之中,那时本党才应当实行建立苏维埃。现时,本党既组织革命的工农暴动于左派国民党旗帜之下,自然还只限于宣传苏维埃的意义。"①作为中共的主要负责人,瞿秋白在会上也表示,要"在革命暴动中组织临时的革命政府,此政府仍用国民党的名义,但我们要占多数,成为工农民权独裁的政权"②。可以看出,到八七会议召开时,中共还没有接到共产国际关于在中国建立苏维埃政权的指示。

中国共产党全面贯彻了以"左派国民党"的名义继续革命的决策。在其领导的南昌起义军攻陷南昌城之后,马上成立了包括宋庆龄、邓演达、屈武等国民党左派为委员的中国国民党革命委员会和由宋庆龄等七人组建的主席团,并以宋庆龄、邓演达等人的名义颁布了《中央委员会宣言》,以孙中山的三民主义和三大政策为号令,要求召开国民党三大并继续革命,尽管此时宋庆龄、邓演达等人并未在南昌。在此之后,虽然起义军一直在全国持续开展斗争,但仍坚持以国民党名义进行,中共的这一政策在八七会议后也很快传达到各地党组织,并在全党范围内执行。

(二) 共产国际策略的转变与中共建立苏维埃政权口号的提出

革命形势急转直下,特别是之前以国民党左派看待的张发奎、黄琪翔等人员也进行了反共,各反动势力均以国民党的名义残杀工农,致使利用左派国民党的旗帜动员工农群众、共产党人继续留在国民党内的策略完全无法实施。

在这种情况下,共产国际、联共(布)不得不考虑修正其对华政策。1927 年 8 月 8 日,斯大林提出:"如果不能争得国民党,而革命将走向高潮,那就必须提出苏维埃的口号并着手建立苏维埃;现在就开始宣传苏维埃"。③ 8 月 10 日,联共(布)中央委员会和中央监察委员会全体联席会议作出了关于《中国革命问题》的决议。但决议仍为此前坚持的"不退出国民党"政策做了辩护,表示:"共产国际在引导革命前进的同时,坚决反对超越尚未完成的革命阶段。它正确地谴责了退出国民党这一群众组织的观点,当时如果退出国民党,就是把它拱手让给右派,并使共产党人孤立于国民党

① 《中国共产党的政治任务与策略的决议案》(1927 年 8 月 21 日),见中央档案馆编:《中共中央文件选集(一九二七)》第三册,中共中央党校出版社 1989 年版,第 338 页。
② 《瞿秋白选集》,人民出版社 1985 年版,第 374 页。
③ 中共中央党史研究室第一研究部译:《共产国际、联共(布)与中国革命档案资料丛书》第 7 卷,中央文献出版社 2002 年版,第 19 页。

群众之外。共产国际还正确地反对过早地提出建立苏维埃的口号,因为这一口号意味着越过武汉政府和左派国民党,而当时它们尚在奉行我们上述那种意义的革命策略。"①实际上,共产国际对中国革命实践的理论分析和对革命前途的理论预判,也是一个持续不断的探索过程。一个月后,共产国际及其驻华代表均发现,支持国民党左派毫无意义。联共(布)中央政治局指示罗明纳兹:"在左派国民党的思想确实遭到失败和存在新的革命高潮的情况下有必要建立苏维埃……建立苏维埃和扩大苏维埃地区的时机由共产国际执委会执行局和中共中央来决定。"②

与此同时,中共在执行"复兴左派国民党"政策时各地也并非完全统一,部分地区的革命领导人以及基层组织也对此提出不同看法。特别是在具体的革命斗争中,国民党反动派对革命群众的随意杀戮致使人心日下,"国民党在武汉反动屠杀工农以后,已成为群众所唾弃已臭的死尸"③。因此,以共产党的苏维埃旗帜代替国民党的旗号逐步成为很多基层共产党人的共识。这种观点在 1927 年 8 月 20 日由毛泽东代表湖南省委致中共中央的信件中得到了集中体现。他在信中明确表示:"中国客观上早已到了一九一七年,但从前总以为这是一九〇五年,这是以前极大的错误。工农兵苏维埃完全与客观环境适合,我们此刻应有决心,立即在粤湘鄂赣四省建立工农兵政权……我们不应再打国民党的旗子了。我们应高高打出共产党的旗子以与蒋唐冯阎等军阀所打的国民党旗子相对,国民党旗子已成军阀的旗子,只有共产党的旗子才是人民的旗子。"④

但此时共产国际并未调整原有策略,因此"复兴左派国民党"这一政策仍在中国共产党内坚持。1927 年 8 月 21 日,中共中央所颁布的《中国共产党的政治任务与策略的决议案》明确指出:"本党现时不提出组织苏维埃的口号——城市、乡村、军队之中都是如此。只有到了组织革命的国民党之计划,完全失败,同时,革命又确不[在]高涨之中,那时本党才应当实行建立苏维埃。现时,本党既组织革命的工农暴动于左派国民党旗帜之下,自然还只限于宣传苏维埃的意义。"决议案解释说:"中国共产党应当组织工农暴

①　安徽大学苏联问题研究所、四川省中共党史研究会编译:《苏联〈真理报〉有关中国革命的文献资料选辑》第二辑,四川省社会科学院出版社 1986 年版,第 4 页。

②　中共中央党史研究室第一研究部译:《共产国际、联共(布)与中国革命档案资料丛书》第 7 卷,中央文献出版社 2002 年版,第 88 页。

③　《中央通讯》第 7 期。

④　《湖南致中央函》(1927 年 8 月 20 日),见中央档案馆编:《中共中央文件选集(一九二七)》第三册,中共中央党校出版社 1989 年版,第 354 页。

动于革命的左派国民党旗帜之下,这有以下几个理由:一、国民党是各种革命阶段的政治联盟之特殊的形式……二、国民党是一种民族解放之特别的旗帜,中国共产党党员加入了国民党,而且一直形成了国民党左派的中心。……中国共产党现在不应当让出这个旗帜,使一般叛徒篡窃国民党的名号,而做军阀及反动资产阶级掌握里的玩物。三、中国共产党在革命的国民党旗帜之下组织暴动,还有一个目的,便是吸引小资产阶级的革命分子。这些分子,本是左派国民党的主要群众。"①8月23日,中共中央在给湖南省委的复函中再次强调:"政权形式,已在政治决议案中说明,中国现在仍然没有完成民权革命,仍然还在民权革命第二阶段。此时我们仍然要以国民党名义来赞助农工的民主政权";"到了第三阶段才是国民党消灭苏维埃实现的时候。你们以为目前中国革命已进到第三阶段可以抛弃国民党的旗帜实现苏维埃的政权,以为中国客观上早已到了一九一七年了,这是不对的。中央从各方面来证明政治决议案是正确的,你们务须依此决议执行"。② 至此,湖南省委在之后回复中共中央信函时,对于秋收起义仍沿用国共名义、以国民党旗帜进行等,未进行反对,而是完全执行了中共中央的指令。从以上资料可以看出,中共中央实际上全面接受了联共(布)、共产国际对国民党的策略。这在一定程度上也体现出了当时中共中央整体的认知能力。事实上,张国焘在1927年11月8日的致中央临时政治局扩大会议信中,对此事件有较为详细的记述:"七月十三日我党发表宣言……说:共产党不退出国民党,不抛弃与国民党的合作的政策,又说孙中山之光荣旗帜绝非反动的妥协的伪国民党所能盗窃的。新国际代表来,我们曾问他对此宣言意见,他说:大致很好。我记得当时曾问国际代表:我们现在对革命的态度究竟如何了? 他说国民党的旗帜还是要用的";起义军到达广东时,"中央及国际代表仍然主张还是要用国民党的旗帜"。③

在此之后,革命形势的发展促使共产国际不得不对中国革命是否需要变换旗帜的问题进行思考和探索。1927年8月9日,联共(布)中央通过的关于国际形势的决议中表示,既然共产党促使国民党革命化的意图得不到成果,既然不能将该党转变为广大工农群众的组织,并使其实现民主化,而另一方面,革命形势将走向高潮,那就必须将苏维埃这一宣传口号变为直接

---

① 《中国共产党的政治任务与策略的决议案》(1927年8月21日),见中央档案馆编:《中共中央文件选集(一九二七)》第三册,中共中央党校出版社1989年版,第338、335—336页。

② 《中央复湖南省委函》(1927年8月23日),见中央档案馆编:《中共中央文件选集(一九二七)》第三册,中共中央党校出版社1989年版,第353页。

③ 南昌八一起义纪念馆编:《南昌起义》,中共党史资料出版社1987年版,第70页。

斗争的口号,并着手组织工农和手工业者苏维埃。8 月 18 日布哈林在题为《中国革命运动与反对派》的报告中,明确指出,使国民党左倾的政策已经没有希望,"现在,所有国民党的优秀分子都将走苏维埃的道路,因为国民党组织正在分崩离析,因为很可能我们来不及发动左派国民党的基层来反对其上层"①。

由于共产国际政策的逐步转变和革命形势的逐渐明朗,在南昌起义和秋收起义失败后,中共中央也开始认识到"中央以前复兴左派国民党的估计不能实现","打算创造秘密的革命国民党的组织,或稍为团结左派分子,一直到现在尚无成绩可言";"在另一方面呢,以前国民党在群众中的威信,已因资产阶级军阀之到处利用国民党的旗帜实行流血屠杀、恐怖与压迫而消灭了。现在群众看国民党的旗帜是资产阶级地主反革命的象征,白色恐怖的象征","国民党变成了政治尸首"。因此,1927 年 9 月 19 日,中共临时中央政治局召开会议,作出《关于"左派国民党"及苏维埃口号问题决议案》,决定放弃"左派国民党"旗帜,提出建立苏维埃的口号。决议指出:"八月决议案中关于左派国民党运动与在其旗帜下执行暴动的一条必须取消","对于零星散乱的国民党左派分子,只认为是革命战争的暂时的同道者,可以在每次斗争中,使他们来赞助我们及革命的民众";"以后关于组织群众的革命斗争,当然无论如何说不上再在国民党的旗帜下进行",从现在开始,"不仅宣传苏维埃的思想,并且在革命斗争新的高潮中应成立苏维埃"。② 决议还学习苏联,就中国苏维埃运动在什么时机、采用什么方法、哪个具体地方、走什么样的道路和如何运作等开展细节进行了细致说明。至此,以苏维埃为工农民主专政的国家政权形式、以建立苏维埃政权为中心的工作被中国共产党所接受并开始实施。

共产国际和中共中央的这一策略转变,在联共(布)中央内部又引起新的争论。这时,托洛茨基对在"左派国民党"旗帜下继续搞武装起义的主张再次发出责备之音。1927 年 9 月 27 日,斯大林在共产国际执委会和监察委员会联席会议上发表讲话,反驳托洛茨基是"无中生有的诽谤"。他申辩说:"如果说以前在国民党兴盛时期,没有立即成立苏维埃的有利条件,那么现在,当国民党人因为勾结反革命而声名狼藉、威信扫地的时候,在运动取得成功的情况下,苏维埃就能成为而且事实上就要成为把中国工人和农

①　安徽大学苏联问题研究所、四川省中共党史研究会编译:《苏联〈真理报〉有关中国革命的文献资料选辑》第二辑,四川省社会科学院出版社 1986 年版,第 18 页。

②　《关于"左派国民党"及苏维埃口号问题决议案》(1927 年 9 月 19 日),见中央档案馆编:《中共中央文件选集(一九二七)》第三册,中共中央党校出版社 1989 年版,第 370 页。

民团结在自己周围的基本力量。谁来领导苏维埃呢？当然是共产党人。但是，共产党人不会再参加国民党了，即使革命的国民党再次出现在舞台上。只有愚昧无知的人才会设想既可成立苏维埃，同时共产党人又参加国民党。把这两个不得相容的东西合在一起，就是不懂得苏维埃的本性和使命。共产国际已经给我们中国同志发出了相应的指示。我们不对此大喊大叫，我们不在报刊上宣扬这一点，也不应该这样做。就让我们的中国同志自己去进行把苏维埃移植到中国的工作吧！"①随着斯大林、布哈林等联共（布）和共产国际领导人认识的转变，共产国际开始执行新的中国革命政权建设的政策——建立苏维埃。至此，"复兴左派国民党"的政策彻底宣告失败。

　　总之，从罗明纳兹来华，以及后来相继召开的八七会议与9月19日中共中央政治局会议，可以明显看出，共产国际对其指导中国革命的政策和策略作出了重大调整。与此同时，"复兴左派国民党"也被中共抛弃，中共逐步走过了从宣传苏维埃到建立苏维埃政权的摸索。至此，是否在中国建立苏维埃这一争论也有了答案。从政权建设的角度而言，1927年9月至1937年2月在中国新民主主义革命史上，属于中国苏维埃政权建设时期，历时近十年。所以，这一时期也称为"十年苏维埃时期"。

二、共产国际与中共创建苏维埃政权的尝试

　　随着共产国际指导中国革命战略策略的转变和中共建立苏维埃政权口号的正式提出，苏维埃革命运动从此在中华大地开始蓬勃兴起！然而，中国苏维埃革命一开始就充满着艰辛与曲折。受斯大林关于中国革命"三阶段论"的影响，幼年的中国共产党人在对建立什么样的苏维埃政权的认识上出现了偏差，极力推行"左"倾关门主义的阶级政策，把民族资产阶级甚至小资产阶级排斥于革命联合阵营之外，认为在即将到来的新的革命高潮——苏维埃革命高潮中建立的政权必定是无产阶级专政的政权。在1927年大革命失败之初，面对国民党大规模的屠杀，刚刚改组的临时政治局，完全照搬苏俄（联）革命的经验，制定了将中国共产党所掌握或能够影响的部队向南昌集中，准备起义，夺取中心城市并建立苏维埃政权；在秋收季节，组织湘、鄂、粤、赣四省农民暴动等计划。②

---

① 中共中央党史研究室第一研究部译：《共产国际、联共（布）与中国革命档案资料丛书》第7卷，中央文献出版社2002年版，第92—93页。
② 李维汉：《回忆与研究》（上），中共党史资料出版社1986年版，第121页。

　　毫无疑问,不切实际的以夺取中心城市为目标的武装暴动最终都遭到失败。为保存自身实力,起义剩余部队在摸索中不断前进,逐渐转移到了农村。"但从整体上讲,当时中国共产党人对于怎样坚持革命及革命应走什么道路的问题,并不清楚。"①从 1927 年下半年起,以毛泽东、朱德为代表的中国共产党人先后率领工农武装深入农村,开展游击战争,发动土地革命。这些武装在同强大敌人的较量中虽历经曲折,有的甚至严重受挫乃至完全失败,但有相当一部分武装在农村站住了脚,并建立了红色政权和小块革命根据地。如井冈山、广州、黄冈、麻城等地相继建立了这样的政权。

　　事实证明,这是中共迈出了开辟农村包围城市、武装夺取政权的中国革命道路的第一步,是以毛泽东为代表的中国共产党人的一个伟大创举。

(一) 罗明纳兹"不间断革命"论与中共对 苏维埃政权理论的进一步探索

　　中共中央 1927 年 9 月 19 日会议决定转变策略后,从 9 月中旬到 10 月下旬分别致信中共中央长江局、北方局、南方局以及河南、陕西、四川、福建、江苏、山东和广东等地省委,主要从两方面对以前实施的左派国民党策略进行纠正。一是在政治上,严厉批评某些省委在暴动大纲中还在提起义使用国民党的名义和青天白日旗的旧口号,明确要求各省暴动打出苏维埃红旗,建立苏维埃政权。一是在经济上,严厉批评某些省委在暴动大纲中提出只没收大地主土地的左派国民党纲领,明确指示应该实行没收一切地主土地的政策。② 在之后 10 月 10 日发布的《中国共产党为辛亥革命纪念告民众书》一文中,中国共产党第一次对公众宣告:"中国革命已经到了新的阶段,要开辟新的道路——国民党既然与共产党分裂,既然自绝于工农民众,既然自绝于他过去的革命历史,自绝于辛亥革命的事业,既然背叛革命,那么,民众只有在中国共产党的旗帜下,自己武装起来夺取政权,完成辛亥所开始的革命!"③而革命新阶段的政权模式,则是建立工农贫民的"苏维埃"政府。

　　在这一期间,中共中央也由武汉秘密迁往上海。这时,国内政治局势十分紧张,白色恐怖十分严重。在这种情况下,为了加快中国苏维埃革命运动的步伐,联共(布)中央政治局于 1927 年 10 月就建立苏维埃政权的问题作出了 9 项具体指示:在城市,"建立工人、手工业者和士兵代表苏维埃";在

---

①　张宪文等:《中华民国史》第二卷,南京大学出版社 2006 年版,第 198 页。
②　中共中央党史研究室编:《土地革命纪事(1927—1937)》,求实出版社 1982 年版,第 90 页。
③　《中国共产党为辛亥革命纪念告民众书》(1927 年 10 月 10 日),见中央档案馆编:《中共中央文件选集(一九二七)》第三册,中共中央党校出版社 1989 年版,第 379 页。

农村,必须"将农公改变成苏维埃",采取措施"准备向农村苏维埃过渡"。①可以说,至此共产国际、联共(布)才放弃了对国民党的幻想,赋予罗明纳兹和中共中央"确定建立苏维埃政权的时机和扩大苏维埃地区的权力"②。根据共产国际、联共(布)的要求,1927 年 11 月 9 日至 10 日中共中央在上海召开了临时政治局扩大会议。大会通过了《中国现状与党的任务决议案》,对苏维埃政权建设问题作了进一步的阐述。

首先,关于苏维埃政权的性质。决议案指出,苏维埃的性质属于无产阶级领导下的工农民主专政的政权。"现时革命阶段之中,党的主要口号就是苏维埃——无产阶级领导之下的工农民权独裁制性质的政权,只能在苏维埃制度的形式里建立起来。"③决议案还指出,苏维埃是充分代表人民意志的国家权力机关,人民参与管理国家事务,国家的一切权力属于人民。所以要求"党应当在文字口头的宣传上,对于最广泛的群众解释:'为建立工农兵手工工人城市贫民代表会议政府,而实行革命斗争的必要'('一切政权归工农兵士贫民代表会议')"。④

其次,关于苏维埃政权建立的时机。决议案对建立苏维埃的时机作了明确的规定,指出凡是工农暴动的胜利在一定区域内有较长时间的保证的条件下,就应当建立苏维埃,作为革命的政权机关,并通过苏维埃政权的建立,以发动广大群众,巩固武装起义的胜利。"只有确实无疑的群众革命运动的巨大高潮的暴动之稳固的胜利已有保证,只有到了这种时候,方才可以并且应当组织苏维埃,以为革命的政权机关。"所谓的"暴动之稳固的胜利已有保证",是指暴动在一定区域内已有固守较长时间的可能;只要存在这种可能,就应当建立农民代表会议(苏维埃);只要暴动真正发动了群众,暴动胜利后,建立苏维埃成为不能不执行的任务。"至于游击的农民暴动,还只有袭击移动的时候,当然,那组织暴动的当地革命委员会,继续以临时政权的性质为暴动之指导机关。"⑤即各地暴动,农村应以当地的农民团

---

① 中共中央党史研究室第一研究部译:《共产国际、联共(布)与中国革命档案资料丛书》第 7 卷,中央文献出版社 2002 年版,第 118—119 页。

② 中共中央党史研究室第一研究部译:《共产国际、联共(布)与中国革命档案资料丛书》第 7 卷,中央文献出版社 2002 年版,第 118 页。

③ 《中国现状与党的任务决议案》(1927 年 11 月),见中央档案馆编:《中共中央文件选集(一九二七)》第三册,中共中央党校出版社 1989 年版,第 459 页。

④ 《中国现状与党的任务决议案》(1927 年 11 月),见中央档案馆编:《中共中央文件选集(一九二七)》第三册,中共中央党校出版社 1989 年版,第 459 页。

⑤ 《中国现状与党的任务决议案》(1927 年 11 月),见中央档案馆编:《中共中央文件选集(一九二七)》第三册,中共中央党校出版社 1989 年版,第 459 页。

体——农民协会,在城市中则应在工会等组织中推选出革命委员会,并最大程度地动员群众自发地起来没收地主土地,打倒土豪,打破旧有社会体系,进行游击战,迫使敌人放下武器,最终目的在于组建属于自己领导的工农革命军。"这种暴动在一定范围的区域内得胜而有固守的规画之可能,便应当建立苏维埃(农民代表会议);如果已能占据城市一县或数县,以至于一省,工农暴动已经联合起来而获得胜利,那便有建立苏维埃之必要。"①

第三,关于苏维埃政权的代表机关。决议案指出,在城市是总同盟罢工委员会,工人代表大会,革命委员会等,在农村是农民协会。在城市暴动中,应该在"暴动一开始,甚至尚未开始之前",建立"总同盟罢工委员会,工人代表大会,革命委员会等,要积极领导这种群众斗争的组织,使成为革命的暴动的中心机关,实行革命暴动独裁的机关。暴动胜利一有巩固的可能,这类的群众组织便要变成苏维埃,而为革命的政权机关"。② 在农村,"党应当在斗争过程中组织农民于农民协会等类的组织(农民协会,农民委员会等,依各地的情形群众的信仰而定)。这种农民组织必须是贫苦农民群众(破产贫困之自耕农,佃农,雇农,失业农民)之阶级斗争的组织,且是暴动的组织(决不能视为类似工会的经济的组织)。"党应当确定的方针是:"暴动胜利之时,要农民协会变为农民代表会议(苏维埃)。"决议案还指出,虽然取消八七会议提出的"农村政权归农民协会"的口号,但并不是取消农民协会。"现时就应当宣传苏维埃的口号及农民协会的过渡作用。所以苏维埃的口号并不与组织农民协会相冲突,可是,'乡村政权归农民协会'的口号,应当取消。"③

第四,关于军事斗争与建立苏维埃政权的关系。决议案将军事斗争与政权建设放在同等重要的地位,把政权建设作为推动革命发展的极其重要的因素。决议案强调:"暴动的胜利,只有在建立苏维埃的过程,能使工农群众真正自己获得政权,而更加尽量的来发展革命巩固革命的胜利";"一切政权归工农兵士贫民代表会议,是武装暴动的总口号"。所以,苏维埃的组织"既不能在胜利绝未巩固之时开始,因为这可以陷于忽略军事战斗而专事选举,倾向于小资产阶级的民权主义成见,因而减弱革命的独裁制以至

---

① 《中国现状与党的任务决议案》(1927年11月),见中央档案馆编:《中共中央文件选集(一九二七)》第三册,中共中央党校出版社1989年版,第459—460页。

② 《中国现状与党的任务决议案》(1927年11月),见中央档案馆编:《中共中央文件选集(一九二七)》第三册,中共中央党校出版社1989年版,第460页。

③ 《中国现状与党的任务决议案》(1927年11月),见中央档案馆编:《中共中央文件选集(一九二七)》第三册,中共中央党校出版社1989年版,第460—461页。

党的领导权之危险";苏维埃的组织"也更不能借口于军事尚未了结,基础尚未稳固,而延迟推宕,因为这便要更加增长暴动中的军事投机主义,这便将工农暴动完全变为军事行动,只去攻城夺地,只知道军事上的规画"。[1]

应该说,大会决议案对苏维埃政权理论的分析,体现了中国共产党人对苏维埃政权性质的认识有了初步的提高,认识到中国现阶段政权是"无产阶级领导之下的工农民权独裁制性质的政权",开始把中国苏维埃同俄国十月革命后建立的苏维埃进行了区别。但是,大会一开始就是在斯大林的中国革命"三阶段论"和罗明纳兹的"不间断革命"论的指导下进行的。作为中国苏维埃革命的直接领导者,幼年的中国共产党不仅没有把苏维埃革命同中国国情有机结合,而且对苏维埃政权的性质也未作出正确的判断,认为在即将到来的新的革命高潮——苏维埃革命高潮中建立的政权必定是无产阶级专政的政权了。

正确认识中国苏维埃政权的性质,是制定符合中国革命实际的路线、方针和政策的基础。共产国际和中共中央关于中国苏维埃政权性质的认识,是以他们对中国革命性质的认识、对中国革命形势的估计为前提的。按照斯大林"三阶段论"和共产国际对中国革命形势的估计,蒋介石、汪精卫叛变革命后,整个中国民族资产阶级和上层小资产阶级已经脱离了革命,革命力量只剩下无产阶级和农民了。显然,斯大林对中国民族资产阶级的分析和对中国形势的判断是不符合中国实际的。正如周恩来所指出的:"斯大林在一九二七年,连写了几篇文章驳反对派,其中对中国革命的理论的分析,形势的估计,许多是不合实际的。他认为中国的资产阶级、小资产阶级先后都离开革命阵营了,但是中国的革命高潮很快就要到来,并且有很快转入社会主义革命的趋势。"[2]蒋介石背叛革命只代表资产阶级右派对革命的叛变,意味着中国资产阶级右派与国内买办集团的沆瀣一气;但对于汪精卫而言,他也并非货真价实的左派,"在大革命初期,是资产阶级的代表,在大革命中期,他很激进,接近小资产阶级,但是在武汉时期,他又转到大地主、大资产阶级方面去了"。[3]因此,蒋介石、汪精卫的相继背叛并非意味着中国民族资产阶级以及小资产阶级整体对革命的背叛,中国社会的性质依然没有

---

[1]　《中国现状与党的任务决议案》(1927年11月),见中央档案馆编:《中共中央文件选集(一九二七)》第三册,中共中央党校出版社1989年版,第460页。

[2]　《共产国际和中国共产党》(1960年7月14日、15日),见《周恩来选集》(下卷),人民出版社1984年版,第306页。

[3]　《论统一战线》(1945年4月30日),见《周恩来选集》(上卷),人民出版社1980年版,第208页。

改变,反帝反封建的民主革命任务一个也没有完成,更没有出现由资产阶级民主革命转入社会主义革命的高涨革命形势。毫无疑问,在这样的背景下,进行无产阶级社会主义革命、建立无产阶级专政的政权是不合时宜的。

罗明纳兹是斯大林"三阶段论"的忠实执行者。他在华期间,把斯大林关于中国苏维埃政权的全部观点连贯起来,并通过分析中国政治局面、国情以及革命形势等开展理论研究,进而形成了所谓的"不间断革命"论。事实上,这一论述在八七会议时已初步显现,如"我们不应该帮助资产阶级来反对帝国主义","只有资产阶级打倒后帝国主义才能打倒"等论述。这些论述事实上是将反对帝国主义、封建主义与反对资产阶级混为一谈,不明白不同时期革命任务的不同。

他同时指出,"中国现状的特性……能够而且应当直接的生长而成社会主义的革命"。这就是没有看清民主革命与社会主义革命之间应有过渡时期的表现,这也便是之后其所阐述的"不间断革命"论的前期准备。也因为其直接干预,致使八七会议未能在科学、实事求是的环境中对中国革命形势全面研判,相反误认为革命形势高涨,"不但在近期是可能的,而且是不可免的",对革命形势作出误判;并提出"如果群众运动不能起来坚决地反抗,那么,最近期间的白色恐怖决不会减弱,只有越发厉害","只有广大的劳动群众积极起来反抗,实行革命的斗争,才能夺取篡窃国民党旗帜以实行白色恐怖的叛徒之武器,而扑灭反革命"。[①] 很明显,这便是其未能全面看清彼时严酷的白色恐怖下中国革命已进入低潮期的事实,也未能根据中国革命形势指导中共形成有效的退让政策,而只是竭尽全力激发广大党员和人民大众对敌对势力的憎恨,以革命的方法与敌人斗争。

罗明纳兹的"左"倾错误思想,其根源仍是共产国际与斯大林。在11月召开的中共中央临时政治局扩大会议上,这一思想已逐步明确地发展为所谓的"不间断革命"理论。罗明纳兹在为会议起草的《中国现状与共产党的任务决议案》中表示:"中国革命是马克思所称为'无间断的革命'"。(一)在革命性质上,"因为中国资产阶级没有能力实行推翻封建军阀的民权革命,所以中国革命进展的过程中决不能有民权革命自告一段落的局势(所谓二次革命的理论);这一革命必然是急转直下从解决民权革命的责任进于社会主义的革命。"(二)在革命速度上,"中国革命的进展虽然受着历次的挫折,但是他始终继续不断的发展,因为统治者阶级之间自身的冲突矛

① 中共中央党史资料征集委员会、中央档案馆编:《八七会议》,中共党史资料出版社1986年版,第6页。

盾非常剧烈 他们的统治不能稳定,民众革命斗争,尤其是农民暴动自发的到处爆发……这种继续不断的革命爆发,显然证明中国革命之无间断性。"总之,"中国革命虽然简直还没有开始其民权主义任务的解决,但是现在的革命斗争,已经必然要超越民权主义的范围而急遽的进展;中国革命的进程,必然要澈底解决民权主义任务而急转直下的进于社会主义的道路。"①得出这一结论,可以看出其对民主革命和社会主义革命的界限没有理清,也未能准确分析中国革命所特有的自身属性。决议案对中国革命形势也作出了判断,错误地指出现阶段中国已可以进行直接革命,未看清中国革命发展过程中存在的不平衡。根据对中国革命性质和形势所作的"左"倾错误的估计,决议案在斗争"总策略"上提出了一系列"左"倾盲动主义的方针:"(一)努力使群众自发的革命斗争得有最高限度的组织的性质;(二)努力使互相隔离零星散乱的农民暴动,变成尽可能的大范围内的农民总暴动;(三)努力保证工人阶级的爆发与农民暴动互相赞助互相联络"。② 此外,罗明纳兹在决议中还照搬苏俄(联)建立城市苏维埃的革命经验,强调说:"城市工人暴动的发动是非常之重要;轻视城市工人,仅仅当作一种响应农民的力量,是很错误的;党的责任是努力领导工人日常斗争,发展广大群众的革命高涨,组暴织[织暴]动,领导他们到武装暴动,使暴动的城市能成为自发的农民暴动的中心及指导者。城市工人的暴动是革命的胜利在巨大暴动内得以巩固而发展的先决条件。"③可以看出,"总策略"的主旨就是武装暴动。这一武装暴动既是农村暴动与城市暴动相结合,也是以工人暴动为核心的城乡武装暴动,竭力地去推行一条进攻的路线,搞的是"城市中心论"。

毫无疑问,在共产国际这种"左"倾思想的指导下,中共中央不可能对中国苏维埃政权的性质形成正确的认识,也不可能制定出符合中国革命实际的路线、方针和政策。

(二)"左"倾盲动错误指导与建立城市苏维埃政权的受挫

在这种"左"的思想的指导下,再加上对国民党反动派的屠杀政策所造成的复仇心理和对陈独秀右倾机会主义的愤怒,中共中央领导人的"左"倾盲动

---

① 《中国现状与党的任务决议案》(1927 年 11 月),见中央档案馆编:《中共中央文件选集(一九二七)》第三册,中共中央党校出版社 1989 年版,第 453—454 页。

② 《中国现状与党的任务决议案》(1927 年 11 月),见中央档案馆编:《中共中央文件选集(一九二七)》第三册,中共中央党校出版社 1989 年版,第 455 页。

③ 《中国现状与党的任务决议案》(1927 年 11 月),见中央档案馆编:《中共中央文件选集(一九二七)》第三册,中共中央党校出版社 1989 年版,第 457 页。

情绪在八七会议之后很快发展起来。1927 年 11 月 16 日，瞿秋白撰写了《中国革命是什么样的革命?》，在文中他表示:"中国革命是民权主义到社会主义的无间断的革命,中国革命恰好是马克思主义所称为由民权主义生长而成社会主义最明显的实行。中国革命根本上不能在民权主义的阶段上再成一段落,像法国大革命似的;中国只有一个革命:中国革命除非不胜利,要胜利便是工人阶级领导农民武装暴动获得政权开辟社会主义道路的革命。"①中共中央临时政治局十一月扩大会议完全接受了这种"左"倾错误理论。这标志着瞿秋白"左"倾盲动错误思想的形成,并开始在中共党内占据了主导位置。

在十一月扩大会议之后,在"左"倾盲动错误思想的引领下,中共中央的重点工作都在以推行全国总暴动这一"总策略"为核心而开展。如当月就立即出台了《中央工作计划》,全面实行各项盲动错误政策,在上海、武汉、天津、长沙等城市制订了"总罢工""总暴动"计划,以及安排了两湖、江苏、浙江等地的"工农总暴动",组织领导了宜兴、无锡农民起义和上海起义、武汉起义、顺直暴动等革命运动。而就在同一时间,"左"倾盲动错误在部分地区也不断出现,"左"的政策口号也被提及,例如在 11 月 15 日中共中央致两湖省委的信件中便明确表述"杀尽改组委员会委员,工贼,侦探,以及反动的工头","杀尽土豪劣绅、大地主、烧地主的房子,分地主的东西"。② 湖南省委有些人主张烧光县城,江苏省委则要求家家户户都参加暴动,否则以反对革命纪律制裁。所有这些"左"倾盲动错误,都给中国革命造成了重大的损失。据不完全统计,1927 年被国民党反动派屠杀的共产党员和革命群众约 3.8 万人。而到 1928 年上半年时,这一人数猛增到 30 万人之多。

然而,革命中的挫折并未太大地损伤共产党人对中国革命成功的向往,因为马克思主义的意识形态已深深扎根于这些知识分子的头脑中,他们面对反革命高压坚定不移,继续高举革命火炬。用一位 1927 年受迫害的幸存者的话说:"失去了与党或[共青]团的联系,就像是失去了亲爱的母亲。"正是这种情怀,使政治上彼此疏远的人转变成兄弟般的同志,并使他们毫不留情地与党内外的敌人作斗争。③

---

① 《中国革命是什么样的革命?》(1927 年 11 月 16 日),见《布尔塞维克》第 1 卷第 5 期。转引自中国人民解放军政治学院党史教研室编:《中共党史参考资料》第五册,第 284 页。

② 《中共中央关于发动两湖武装起义致湖南、湖北省委信》(1927 年 11 月 15 日),见中国人民解放军历史资料丛书编审委员会:《土地革命战争时期各地武装起义·湖南地区》,解放军出版社 1997 年版,第 153 页。

③ [美]费正清、费维恺编:《剑桥中华民国史(1912—1949)》(下卷),刘敬坤等译,中国社会科学出版社 1994 年版,第 167 页。

1927 年 12 月 11 日，共产党人张太雷、恽代英、叶挺、叶剑英等在广州领导工人和革命士兵举行了武装起义。起义队伍打败了国民党反动军队，占领了市内绝大部分地区，建立了工农民主政权——广州苏维埃政府。1927 年 12 月中国第一个城市苏维埃——广州苏维埃的建立，就是共产国际和中共中央这种"左"倾错误思想指导下的直接产物。广州起义计划的制订，最初是为了配合南昌起义军南下，夺取广东政权。时任中共中央军事部顾问谢苗诺夫在关于广州暴动问题给联共（布）的报告中说：八七会议"正确地提出，现在存在着直接革命的形势，为在一省或几省夺取政权而举行武装暴动的问题已提上议事日程"，"广州暴动的准备工作是从南昌进军时开始进行的"，"按照明确的指令，我们应该在叶挺和贺龙部队接近广州时就准备举行暴动"。[①] 可是，他们对叶挺和贺龙的领导又不太放心。为了加强广东的工作，9 月 29 日，斯大林发出明确指示："根据政治局今年 9 月 15 日决定着手派 11 名军事人员去广东。"[②]在此期间，中共中央也不断给广东省委发出指示，要它积极配合南昌起义军进行夺取广州的准备工作，指示广东省委"不要等待直接的军事力量"，"无论有多少枪支，都应该立即举行暴动"，夺取广州，立即建立广州工农兵代表苏维埃，"否则便是军事投机"。在当时中共中央的认识里，"农民暴动，要以农民为主，军力副之。要鼓动广大农民革命情绪和革命行动（大批杀土豪劣绅政府官吏及一切反革命派，抗租抗税，分配土地）。如此发展广大农民的坚决斗争，暴动才能胜利。断不能有等待军事的心理。"[③]

然而，革命形势的发展出乎共产国际和中共中央的意料：就在 9 月初，以两万余人的南昌起义军为班底，在历时两个月的艰苦战斗中部队终于到达潮汕，面对的却是一场惨败。黄绍竑的部队将起义军全面围困，队伍耗损高达 80%—90%，由中共中央南方局和广东省委领导的这场革命暴动最终以失败告终。共产国际和中共中央对起义军的失败毫无思想准备，也没有由此正确地总结出经验教训，从而对形势有个清醒的认识。这反映在 10 月 15 日南方局、广东省委联席会议通过的《关于最近工作纲领》之中：第一，错误估计了革命形势，认为国民党反动统治"不能稳定，而日益崩溃"，而工农

---

① 中共中央党史研究室第一研究部译：《共产国际、联共（布）与中国革命档案资料丛书》第 7 卷，中央文献出版社 2002 年版，第 319、320 页。

② 中共中央党史研究室第一研究部译：《共产国际、联共（布）与中国革命档案资料丛书》第 7 卷，中央文献出版社 2002 年版，第 97 页。

③ 《中央致广东省委函》（1927 年 9 月 23 日），见中央档案馆编：《中共中央文件选集（一九二七）》第三册，中共中央党校出版社 1989 年版，第 374 页。

运动不因"东江军事失败而低落,实际上更形高涨";第二,将南昌起义军与农民运动的关系错误理解,将起义军视为"只是一种帮助",而将工农力量视为革命"主力军",认为广东暴动可在不依赖军队的帮助下完全独立进行,"决不能因叶、贺军队之失败而取消之"①。十一月扩大会议后,广东的工作完全为罗明纳兹的"不间断革命论"所控制。11 月 17 日大会通过的《广东工作计划决议案》,命令广东省委"急速"发动全省总暴动,"建立工农兵士代表会议的统治",②并规定总暴动的中心是夺取广州。20 日,张太雷奉中央之命回到广州。与此同时,另一位共产国际代表、德国人纽曼负责全权指导广州暴动。26 日,他与省委常委决定"立即暴动","准备夺取广州政权"。③ 会后,成立了由张太雷、黄平、周文雍组成的革命委员会,作为起义的领导机关,纽曼等共产国际代表参加了起义的组织领导工作,广州苏维埃也开始进入了实际的筹备阶段。

但在事实上,十一月扩大会议后的广东,并不存在全省总暴动、建立广州苏维埃的客观条件。尽管当时爆发了张发奎反对李济深的政变,可广州仍处于白色恐怖之下,全省工农运动呈明显的低潮状态。正如广东省委描述的那样:"在当时暴动的广州,工人群众的一小部分虽然经过几次激烈的斗争,但是已被反动派压迫下去,暴动前指导机关的确曾以很大的力量去发动群众的斗争和罢工,但是完全不能起来"④。而立足于"左"倾盲动错误的指导,特别是在"无间断"错误指导思想的影响下,中共中央和广东省委对张发奎、李济深双方产生摩擦以后的广东政治局面的分析脱离了实际,错误地以为广东统治阶级的力量"已动摇崩溃",工农革命的情绪"已至高度的狂热",革命确实是"深入而扩大","不仅没有失败,而且没有停顿"。⑤ 在广州起义前夜,斯大林在联共(布)十五大的政治报告中,对中国局势作出了具有决定意义的判断,认为:革命运动已"推上了更高的阶段,只有瞎子和懦夫才会怀疑中国工人和农民在走向新的革命高潮"⑥。共产国际、中共中央对时局的错误判断,促使广州起义逆局势而

---

① 中共中央党史资料征集委员会、中共广东省委党史资料征集委员会、广东革命历史博物馆编:《广州起义》,中共党史资料出版社 1988 年版,第 77 页。
② 中共中央党史资料征集委员会、中共广东省委党史资料征集委员会、广东革命历史博物馆编:《广州起义》,中共党史资料出版社 1988 年版,第 12—13 页。
③ 广东革命历史博物馆编:《广州起义资料》(上),人民出版社 1985 年版,第 17、45 页。
④ 中共中央党史资料征集委员会、中共广东省委党史资料征集委员会、广东革命历史博物馆编:《广州起义》,中共党史资料出版社 1988 年版,第 23 页。
⑤ 金再及:《试论八七会议到"六大"的工作转变》,《历史研究》1983 年第 1 期。
⑥ 《布尔塞维克》第 1 卷第 9 期。

动,日益加速。1927 年 12 月 5 日,中央批复广东省委关于广州暴动的计划。8 日,省委决定立即暴动,并组织了 70 个工会代表参加的会议选举产生了广州苏维埃成员。11 日凌晨广州起义爆发。起义当天,即宣布成立广州苏维埃政府。

"左"倾盲动错误导致了广州苏维埃的迅速出现,也使它表现出超越中国资产阶级民主革命的特性。在政治上,广州苏维埃奉行打倒资产阶级、"杀尽富农"的政策,上层小资产阶级也受到排挤,推行事实上的红色恐怖。在经济上,广州苏维埃颁布了一系列带有明显的向社会主义过渡的经济纲领,在"一切权力归工农兵政府"的总原则下,苏维埃宣布"没收一切资本家财产";"没收一切田地给农民、兵士";"没收阔老房子给工人住";"工业国有";"消灭一切债务、禁止还偿";"取消贫苦工人的房租、捐款";等等。① 总之,对于广州苏维埃而言,其指导纲领在政治上的表现为消灭资产阶级,在这其中甚至涵盖消灭部分小资产阶级;在经济上则为排除资本主义因素,"差不多有列宁创造俄国'十月艺术'一样"②。

广州起义是选择粤桂军阀战争、广州反动军事力量空虚的时机来举行并取得成功的,面对国民党强大军事力量的反扑,"企图以城市武装暴动而长期占据广州建立广州苏维埃,显然是不可能的。"③起义的领导机关却没有自觉地认识到这一点,仍然着眼于建立苏维埃、保持苏维埃。叶挺主张退却以保存力量,可这个正确意见不仅为在场所有同志反对,更被纽曼大骂为动摇,说广州起义应当"进攻,进攻,再进攻",退却就是"动摇"。④ 而一味进攻的结果是不言而喻的,广州苏维埃只存在三天就宣告失败了。

客观评价,广州起义继南昌起义、秋收起义之后,又一次沉重打击了国民党反动派,显示了中国共产党和中国工人阶级在同敌人搏斗中坚忍不拔的斗争意志和不怕牺牲的英雄气概;同时,和南昌起义、秋收起义相呼应,成为中国共产党创建工农红军、武装反抗国民党反动派的伟大开端。有学者认为,广州起义是"斯大林——通过共产国际表达——面对托洛茨基的批评,想用中国的胜利来证明他在那里的政策是正确的……南昌起义失败后,广州似乎是可以证明中国共产党不为敌人所吓倒,以及仍能在一个省取得

---

① 广东革命历史博物馆编:《广州起义资料》(下),人民出版社 1985 年版,第 101 页。
② 广东革命历史博物馆编:《广州起义资料》(下),人民出版社 1985 年版,第 89 页。
③ 广东革命历史博物馆编:《广州起义资料》(下),人民出版社 1985 年版,第 481 页。
④ 中共中央党史研究室:《中国共产党历史》第一卷(1921—1949)(上册),中共党史出版社 2002 年版,第 244 页。

胜利的唯一希望"①。但广州起义的失败最终未能证明斯大林在中国革命问题上的正确性,而是以失败的事实再次证明:中国武装夺取政权的斗争,照搬俄国模式以首先夺取反革命势力强大的城市,并以此为中心坚持建立苏维埃政权的这条道路是走不通的,是不可能赢得革命胜利的。

(三) 农村革命根据地的开辟与红色政权的建立

难能可贵的是,在反动派实行的白色恐怖下,在共产国际和中共中央指导的以夺取中心城市为目的的南昌起义、秋收起义和广州起义接连遭受挫折而中国革命已转入低潮的情况下,毛泽东、朱德等许多领导武装起义的共产党人,在进攻大城市未果后,从1927年下半年起毅然放弃了"左"倾盲动主义规定的进攻路线,勇于开拓,率领工农武装向敌人统治薄弱的农村进军。在广东、广西、湖南、湖北、河南、山东等地的共产党人也纷纷发动了武装起义。这些革命武装在同强大的敌人的较量中历经曲折,有的甚至遭受严重挫折,但有相当一部分武装在农村找到了立足点,如广东海陆丰、湖南醴陵、赣东北和湘赣边界等地区相继建起革命根据地,尝试并陆续创立了苏维埃和农民革命政权。其中的广东海陆丰苏维埃是中国第一个农村苏维埃政权,"算是中国破天荒第一次的苏维埃"②;而毛泽东领导的井冈山革命根据地的开辟和湘赣边界地区的苏维埃政权的建设,作为第一批红色政权最具代表性,它的建立为将来中央苏区政权的创建积累了宝贵的经验。

作为我国第一个农村苏维埃政权,广东海陆丰苏维埃是在中共中央临时政治局十一月扩大会议召开后的第四天建立的。海陆丰位于广东东部,这里的农民深受帝国主义和封建地主豪绅的压迫剥削,生活极为悲惨。早在1922年6月,彭湃就深入海陆丰农村,开始从事农民运动,并于这年10月组织了赤山农会,继之又于1923年1月1日成立了中国第一个县级农会——海丰县总农会,1923年6月,陆丰县也相继成立了总农会。同年5月,海丰县总农会改组为惠州农民联合会。7月又将惠州农民联合会改为广东省农会,彭湃担任委员长,会址即设在海丰城。这年8月间,彭湃还在海陆丰领导了广东最早的减租运动。1924年7月到1926年7月间,彭湃先后在广州、海丰县和汕头建立了以"农民运动讲习所""工农运动养成所"等为名称的革命场所,这些革命场所为日后由中国共产党领导的工农运动培养了数量众多的革命人才。在

① [美]费正清、费维恺编:《剑桥中华民国史(1912—1949)》(下卷),刘敬坤等译,中国社会科学出版社1994年版,第187页。
② 《中国第一个苏维埃》(1927年11月25日),见《布尔塞维克》第1卷第8期。转引自中国人民解放军政治学院党史教研室编:《中共党史参考资料》第五册,第233页。

广东革命政府两次东征和周恩来等的支持下,东江地区的工农革命运动迅速开展起来,共产党组织在这些地区成立,同时建立了共青团、工会、农会、妇女会等组织,组建了初具规模的农民自卫军。从此,海陆丰成了广东农民运动的发源地和一面旗帜,在全国都产生了很大的影响。

正是凭借着如此深厚的农民革命运动根基和群众基础,海陆丰才能够在广东军阀叛变后立刻进行革命,进行武装起义,随后在海丰、陆丰、紫金、梅县等各县城成立了临时人民政府。这些起义虽然受挫,但极大地鼓舞了海陆丰人民的革命斗志。1927年八九月间,南昌起义的消息和中共八七会议精神迅速传到东江,中共广东省委和新成立的中共中央南方局加强了对东江地区革命斗争的领导。9月上旬和中旬,中共东江特委发动组织了第二次海陆丰武装起义,再次攻占海丰、陆丰县城,并再次成立了两县的临时革命政府。1927年9月25日,国民党军队反扑,两县革命力量撤出县城,退往农村。这时,南昌起义军队已进入潮汕,1927年10月初不幸失败。被打散的起义军叶挺部转移到海丰县境,与中共东江特委取得联系。随后,这支部队进行了扩编,各县也相继建立地方工农革命武装。1927年11月,中共中央南方局和中共广东省委根据中共中央关于组织湘、鄂、粤、赣四省农民秋收起义的决议,决定再次发动和组织东江地区各县农民举行起义,建立工农革命政权。彭湃直接领导、指挥了海陆丰起义,起义军先后攻占海丰和陆丰县城,海陆丰第三次武装起义取得成功。[①]

第三次武装起义成功后,海陆丰革命根据地随即在1927年11月13日至16日以及18日至21日两个时间段陆续召集人员举行了陆丰县、海丰县工农兵代表大会,并选举了苏维埃政府,其中张威等15人被选举为陆丰县苏维埃政府主席团执行委员;海丰县代表是由群众直选、结合人员数量给予名额,在300名代表中杨望、陈舜仪等23人被选为海丰县苏维埃政府执行委员,林彬等14人被选为海丰县苏维埃政府裁判委员会委员。在会议期间,代表除选举了县苏维埃政府委员及裁判委员以外,还讨论通过了没收土地,杀尽反动派;改良工人、士兵生活,抚恤烈属,取消苛捐杂税,实行单一税率;关于妇女、青年以及临时禁止米谷出口等9项决议。[②]

海陆丰武装起义的胜利和革命政权的建立,不仅在东江各县产生了很大的影响,而且在土地革命战争初期在全国产生过广泛的影响。中共中央机关

---

①　中共海丰县委党史办公室、中共陆丰县委党史办公室编:《海陆丰革命史料一九二七——一九三三》第二辑,广东人民出版社1986年版,第159—160页。

②　《彭湃研究史料》编辑组编:《彭湃研究史料》,广东人民出版社1981年版,第254页。

刊物《广东通讯》给予了高度评价："这次东江农民大暴动后创立的苏维埃，算是中国破天荒第一次的苏维埃，新的革命政权正在由东江扩大至全广东，乃至全中国。"①周恩来后来在《关于党的"六大"的研究》中也特别指出：1927年11月召开的中央扩大会议，"正确方面是放弃国民党的旗帜，打出苏维埃的旗帜。事实上在十一月扩大会议以前，海陆丰已经打起苏维埃的旗帜。毛泽东同志领导的秋收起义，也不是用国民党的名义，而是用工农革命委员会的名义。"②海陆丰武装起义的胜利和革命政权的建立，也鼓舞了各地人民群众的革命斗争，为其他革命根据地树立了榜样。中共广东省委和中共中央，都曾以海陆丰为榜样，号召各地向他们学习。中共广东省委在1927年11月的第26号通告中，就曾要求各地对"海陆丰土地革命的经验广为宣传，以鼓励农民勇气"。1927年12月31日，中共中央亦指示湖南省委："应在湘赣边境或湖南创造一个深入土地革命的割据局面——海陆丰第二"。1928年1月3日，中共中央政治局又在决议案中进一步指出："海陆丰政权之丰富材料，它的胜利，它的经验，应当充分运用到一切农民暴动中去。""中央及地方都应在自己的报纸、杂志、传单、宣言中运用广州及海陆丰暴动的材料。"随着中共广东省委编写的5万多字的小册子《海陆丰苏维埃》在全党的发行，海陆丰革命根据地的影响就更大了。正如《海陆丰工农兵代表大会开幕通电》所宣布的："我们这种举动是中国前古所未有，即在全世界上除苏俄以外亦是第一次，我们这种壮举实开中国无产阶级革命的先声。"③

而毛泽东领导的井冈山革命根据地的开辟和湘赣边界地区的苏维埃政权的建设，在中共领导建立的首批工农民主政权中是最具有代表性的。八七会议后，毛泽东便前往湘赣边界，积极组织发动秋收起义。起义开始阶段的所有程序均全部依据共产国际以及中共中央所制定的方针政策执行，旨在攻取中心城市长沙。这次起义的目标是"利用当年的收获季节强化阶级斗争"，"旨在推翻国民党左派的武汉政府，以创建一个国中之国，使中国共产党得以生存并继续进行革命。这次起义计划包括湘赣边界、鄂南、湘鄂边界、赣南、赣西北以及从海南到山东的其他地区。"④1927年8月12日，毛泽

①　《中国第一个苏维埃》（1927年11月25日），见《布尔塞维克》第1卷第8期。转引自中国人民解放军政治学院党史教研室编：《中共党史参考资料》第五册，第233页。

②　《关于党的"六大"的研究》（1944年3月3日、4日），见《周恩来选集》（上卷），人民出版社1980年版，第172页。

③　中共广东省委党史研究委员会等编：《东江革命根据地史》，中共党史资料出版社1989年版，第49页。

④　[美]费正清、费维恺编：《剑桥中华民国史（1912—1949）》（下卷），刘敬坤等译，中国社会科学出版社1994年版，第184页。

东从武汉回到长沙后,很快完成了湖南省委的改组,协助省委制定了秋收起义的行动纲领和计划。9月9日,湘赣边界秋收起义正式爆发。按原定计划,起义军攻占浏阳、平江等城镇后,应立即集中向长沙进军,与长沙城内革命力量互相配合,占领长沙。不料起义军先后在平江县长寿街和浏阳县失利。毛泽东等人看到条件不成熟,立即决定停止执行进军长沙的计划。当时,国际代表马也尔在长沙亲自督战,对湖南省委停止预计的长沙暴动感到不理解和十分气愤,对省委进行了严厉的指责,并向罗明纳兹和中共中央作了反映,要求中央谴责湖南省委的"背叛"和"临阵脱逃"的行为,重新派一中央委员实行改组省委和指导湖南的工作。①

其实,在讨论秋收起义计划时,毛泽东在代表湖南省委给中央的信中,就要求在秋收起义中建立苏维埃,但是遭到严厉的批评。而在1927年9月19日中共中央政治局会议召开时,湖南秋收起义已经失败。当时也不可能立即得知中央关于建立苏维埃的决议。至于斯大林1927年9月27日关于叶挺、贺龙的军队进军广东同农民运动结合就可以建立苏维埃的谈话,更是难以传至湘赣边界。② 也正是在这种情况下,以毛泽东为代表的中国共产党人在农村点燃了苏维埃革命的星星之火。

在攻打中心城市长沙的行动未能实现后,早就主张农民武装应该"上山"的毛泽东,冷静地分析当时形势,提出起义部队必须到敌人统治力量薄弱的湘粤赣边境农村去,建立根据地,同农民结合,坚持斗争。前委接受了毛泽东的意见,决定起义部队沿湘赣边界向南转移,前往湘南,与粤北、湖南农军会合,执行湖南省委原定的湘南暴动计划。1927年9月20日从浏阳县文家市集中后就出发南进。起义军途经萍乡芦溪时,遭敌袭击,损失很大。29日,部队经过艰苦转战,到达永新县三湾村,进行了著名的"三湾改编"。10月3日,工农革命军到达宁冈县古城,毛泽东主持召开前敌委员会会议,着重讨论了在罗霄山脉中段建立革命根据地的问题。7日,毛泽东率领工农革命军进驻宁冈茅坪,从此开始了开辟和创立井冈山革命根据地的斗争。工农革命军在茅坪"安家"后,在周边地区积极开展工作。11月上旬,召开了宁冈、永新、莲花三县党组织负责人会议,对发展湘赣边界各县斗争作出部署。11月中旬,毛泽东派出工农革命军第二次攻占茶陵县城,11月28日,成立了湘赣边界第一个红色政

---

① 李维汉:《回忆与研究》(上),中共党史资料出版社1986年版,第198—199页。
② 中共中央党史研究室第一研究部译:《共产国际、联共(布)与中国革命档案资料丛书》第7卷,中央文献出版社2002年版,第92页。

权——茶陵县工农兵政府,谭震林任主席。1928年1月5日,毛泽东又率领工农革命军攻占了遂川县城,帮助重建中共遂川县委,陈正人任书记;24日,遂川县工农兵政府成立,王次淳任主席。1月9日,受到工农革命军攻占遂川县城胜利的鼓舞,共产党人曾天宇、张世熙、刘光万等率领万安农军和革命群众第四次攻打县城,起义获得胜利。第二天,在县城东门召开了万人大会,宣布万安苏维埃政府成立,刘光万任主席。2月18日,毛泽东率部北上攻占宁冈县城,歼敌四百余人;21日,召开了宁冈工农兵政府成立大会。

经过三个多月的艰苦斗争,到1928年2月,以宁冈为中心的井冈山革命根据地初步形成。4月下旬,由朱德、陈毅率领南昌起义军余部和湘南起义农军共一万余人来到井冈山,与毛泽东领导的革命力量胜利会师,组成工农红军第四军。这样,井冈山的革命势力大增,割据区域也迅速扩大。5月下旬,召开了湘赣边界第一次工农兵代表大会,用民主选举的方式产生了以袁文才为主席的湘赣边界工农兵苏维埃政府。

当时,这些县级革命政权的名称并不统一,有的叫"工农兵代表大会",有的叫"人民委员会",简称"工农兵政府"。为什么毛泽东早在1927年8月在湖南省委向中央的报告中就率先提出建立苏维埃政府,而此时又不用这一名称呢?这是因为毛泽东在8月间向中央所提的建议,受到了中央的批评,而中央所主张的建立"民选革命政府",毛泽东又不能接受。直到1927年9月19日,中共中央作出《关于"左派国民党"及苏维埃口号问题决议案》,才决定放弃国民党旗帜,建立完全由中共领导的苏维埃政府。但远在井冈山的毛泽东由于与中央中断了联系,没有及时得到中央的这一决议,所以按照他自己的创造和从报纸上获得的广州起义的情况,给新建立的革命政权设立了上述名称。直到1928年4月,毛泽东他们获得了中央的最新指示后,才将各级红色政权的名称改为"工农兵苏维埃政府"。

对于创建井冈山革命根据地的必要性,毛泽东一开始就告诉他的战士们:"我们闹革命,光是跑来跑去是不行的,一定要有一个家,不然就很困难。有了这个家,就可以作为同敌人进行革命斗争的根据地。敌人不来,我们就在这里练兵,发动群众,敌人来了,我们就靠这个家和敌人作战。我们以家为依托,不断向外发展,把我们周围的敌人一点点地吃掉、赶走,我们的日子慢慢地就好过了。"①毛泽东领导的井冈山革命根据地的开辟和湘赣

①　黄永胜记录的讲话,《红旗飘飘》第13集,第8页。转引自[美]费正清、费维恺编:《剑桥中华民国史(1912—1949)》(下卷),刘敬坤等译,中国社会科学出版社1994年版,第188页。

边界地区的苏维埃政权的建设,为后来中央苏区的政权建设提供了重要经验。也正是有了这段时间的斗争实践,毛泽东对中国革命实际情况有了新的认识,将"工农武装暴动"上升为"工农武装割据"的一个新的理论高度,也为后来农村包围城市、武装夺取政权的中国革命道路的形成奠定了初步基础。

（四）初创时期苏维埃政权的特点及其意义

不论建立城市苏维埃,还是搞农村苏维埃,大革命失败后全党一致的认识,就是要搞武装斗争,要搞土地革命,推翻蒋介石反动政府的统治。这也是全党奋斗的思想政治基础。

但"苏维埃"一词对于当时的中国广大工农群众来讲,还是一个陌生的外国名词,起义农民对这一词汇感到困惑不解,有人甚至把它当成某个领导人的名字,即使各地中共的领导干部,对"苏维埃"的理解也各有差异。至于苏维埃政府成立后,应采取什么样的形式与运作手段,中共可以说是毫无经验。广州起义是在共产国际直接参与下发动的,胜利后所建立的苏维埃基本是照搬了苏俄(联)革命的模式,成立苏维埃政府,发表宣言,公布革命政纲等。

而与广州苏维埃相比,毛泽东等率领工农武装深入农村建立的工农民主政权,则完全是在与中共中央和共产国际失去联系的情况下进行的。中共中央虽然在给各地的文件和通告中,明确提出以暴动的方式推翻国民党政权,建立工农兵苏维埃政府,但对新的政权机构的设置与运作,也没有作出具体的规定。所以,在这种没有任何经验可资借鉴的情况下,苏维埃的全部体制、工作方式和政策法令的制定,都得靠自己在实践中探索。在这些红色政权的初创时期,政府的成立基本上不是按照苏维埃原来的含义,而是由所辖地区的工农兵代表大会选举产生,更多情况是在革命暴动成功之后,经党的领导机构推荐,以群众大会的形式予以确定。在这样的程序下,在农民群众中拥有较高地位的农民协会领导人大多都成为政府领导人。例如,1928年1月11日万安县召开的苏维埃政府成立大会,出席大会者达五千余人,各群众团体三百多个。在这个大会上,"由万安县委派代表提出苏维埃名单——人民委员会委员7人……主席为一雇工刘光万(全系农民,自成立农协后,任县农协委员长)。这个名单当场通过后,全体委员举行就职典礼,宣布政纲,群众同声称庆"[1]。在

---

① 中共江西省委党史研究室等编:《江西党史资料》第五辑,1988年印行。

毛泽东1928年11月给中央的报告中就反映出这一问题："县、区、乡各级民众政权是普遍地组织了，但是名不副实。许多地方无所谓工农兵代表会。乡、区两级乃至县一级，政府的执行委员会，都是用一种群众会选举的。一哄而集的群众会，不能讨论问题，不能使群众得到政治训练，又最便于知识分子或投机分子的操纵。"①毛泽东这里所指虽然是井冈山根据地内的红色政权，但1928年上半年其他地区的苏维埃政府，也有类似的问题。万安县苏维埃政府就是由县委代表提出政府成员名单，然后在有五千多人和三百多个群众团体参加的集会上通过的。毫无疑问，此种群众集会既不能充分研究分析问题，人民群众也不能接受到政治革命教育，却十分易于被知识分子、投机人员所利用。所以"这样产生的苏维埃，有许多投机分子、小地主混进里边来"②。

按照毛泽东的观点，这种用群众集会而不是通过代表大会选举产生的苏维埃政府，不符合民主集中制的原则。"所以如此，就是因为缺乏对于代表会这个新的政治制度的宣传和教育。封建时代独裁专断的恶习惯深中于群众乃至一般党员的头脑中，一时扫除不净，遇事贪图便利，不喜欢麻烦的民主制度。"③其实，在暴动时期产生的苏维埃政府，之所以不能完全按照程序由各级工农兵代表大会选举产生，除了毛泽东所指出的上述原因外，还有两个原因。一是迫于当时处在暴动的非常时期，必须立刻建立起一个有权威的政权机关以发号施令，以便尽快建立革命的新秩序，行使行政权力，领导群众扩大胜利，转入土地革命，而不容暴动的组织者通过层层宣传发动，再来选举成立苏维埃政府。因此，后来各地暴动建立红色政权时，不是直接建立苏维埃政府，而是首先用任命的方式先建立一个叫作革命委员会的临时权力机关，等各种条件成熟以后，再由革命委员会负责组织和领导召开工农兵代表大会，正式选举成立苏维埃政府。二是无论是中央还是地方党组织的领导，对于苏维埃政府的选举成立毫无经验，也没有一部苏维埃的组织法加以规范，工农群众对于苏维埃的制度，更是不懂。所以出现上述情况。

让人感到可贵的是，当时很多地方组织和领导人在艰苦的斗争条件下，

---

① 《井冈山的斗争》(1928年11月25日)，见《毛泽东选集》第一卷，人民出版社1991年版，第71—72页。
② 江西省档案馆、中共江西省委党校党史教研室选编：《中央革命根据地史料选编》(上)，江西人民出版社1982年版，第49页。
③ 《井冈山的斗争》(1928年11月25日)，见《毛泽东选集》第一卷，人民出版社1991年版，第72页。

仍然对苏维埃政权创律中出现的一些问题作了理论和实践上的探索。下面这一份1927年11月的中共江西省党组织的文献资料,对于苏维埃这种政权形式的解释,应该说,基本可以反映出当年人们对苏维埃基本特征的认识水平:

"苏维埃的组织……但目前中央既未颁布,而江西客观环境……土地革命潮流异常高涨的区域……对此需要尤急,当然不能不权宜行事,暂由省委规定一苏维埃临时组织法。……为使各地同志明了苏维埃究竟是一个什么东西,须先有以下几点简略之说明:

"(1)苏维埃之来源——苏维埃这一个字,是俄文的译音,就是代表大会的意思……在一九零五年革命时,在彼得格勒已有此组织,但不久即为失败,经过一九一七年十月革命成功后才得恢复,而苏维埃之名乃得深印于劳苦群众的胸海中。

"(2)苏维埃的意义及任务——苏维埃是一种最德谟克拉西的政权机关。……苏维埃是无产阶级国家机关的一种特殊形式……准备着行向共产社会的道路。

"(3)苏维埃的组织与资本国家机关的组织根本不同,概言之有以下几点:

a.资产阶级国家机关的组织,是所谓三权——立法、行政、司法鼎立的,而无产阶级国家的组织,则是一切政权归苏维埃……无互相牵制之毛病。

b.资产阶级的政权机关口口声声标榜德谟克拉西的招牌欺骗群众……至于苏维埃机关,则为真正的德谟克拉西。

c.资产阶级国家的选举,要有私产几千以上才有选举权……至于苏维埃的选举,与这绝对相反,第一它是不分国界性别的……第二它是无经济的限制的……第三凡属利用私人资本以剥取他人剩余劳动的不独无被选举权而且无选举权。"①

1928年初,毛泽东在指导遂川县委抓紧筹备成立工农兵政府时,也拟订了一份《遂川县工农兵政府临时政纲》。这份纲领,是毛泽东在创建井冈山根据地时期最早拟定的关于苏维埃政权的纲领。从这份纲领中,也可以看到初创时期苏维埃政权的基本形态。其中关于区乡革命政权和县级政权的组成,作出了这样的规定:"各区乡农民赶快组织各区乡农民协会。乡农民协会即为该乡执掌政权的机关。区的执掌政权机关,则为

① 江西省档案馆、中共江西省委党校党史教研室选编:《中央革命根据地史料选编》(下),江西人民出版社1982年版,第4—6页。

由各乡农民协会派出的代表,区的各业工会派出的代表,及区内革命军派出的代表所组织的全区工农兵代表大会,由全区工农兵代表大会所选举的人民委员会。"至于县级政权,这份纲领规定,待县一级的工会、农民协会、工农革命军组成以后,"应立即召集全县工农兵代表大会,并选举正式人民委员会,为全县执掌政权的机关"。① 清楚地表明即将成立的遂川县工农兵政府是一个自下而上产生的工农兵代表大会性质的政权,反映了符合当时中国社会实际的民权革命主张,大致构筑了苏维埃政权初创时期的基本框架。这个以工农兵代表大会及产生的人民委员会为最高权力的机构,正是不久以后改称的苏维埃政府。只是由于远离中央的毛泽东,此时还不知道中共中央已决定以"苏维埃"的形式建立新的革命政权。

　　但是,由于当时主客观条件上的不成熟,这些政权存在的时间都十分短暂,很快就遭到失败。在客观上,当时全国的形势正处于低潮时期,革命力量在遭到反革命政变的打击以后还没有复兴,在敌人疯狂的进攻下,极其孤立的苏维埃政权显然难以坚持。在主观上,由于受"左"倾盲动错误的影响,对于革命形势作了过分乐观的估量,不可避免地出现了急躁情绪,夺取政权的斗争"没有考虑自己的力量和时机是否合适",往往是"超前提出成立苏维埃作为夺取政权的机关"②;红色政权成立之后,在方针策略上又实行了某些错误的政策。例如,在武装暴动之初以及在苏维埃政权建立之后,采取了过分烧杀政策。广州苏维埃政府不但要打倒资产阶级,而且要"杀尽富农",排斥上层小资产阶级,实行红色恐怖。万安县委则提出了"杀尽豪绅反动派"的口号,从暴动以后至苏维埃政权失败,总共处决了豪绅反动派二百多人。据当时的报告,这二百多人都是一般的反动分子;而县里那些主要的反动骨干和大的豪绅都已闻风出走。这些做法不仅未从根本上杜绝祸患,反而在群众中造成了恐怖气氛,混淆了阶级阵线,脱离了群众,使"苏维埃的思想威信扫地"③。所以,在大大强于革命势力的反动军队的疯狂反扑下,这些革命政权很快就遭到失败。譬如,海陆丰苏维埃存在四个月便失败了,广州苏维埃仅存在三天,遂川县工农兵政府也只有一个星期,万安县

---

① 《遂川县工农兵政府临时政纲》(1928 年 1 月),转引自齐学锦主编:《井冈山革命根据地工人运动史》,中国工人出版社 2015 年版,第 81 页。
② 中共中央党史研究室第一研究部编:《共产国际、联共(布)与中国革命档案资料丛书》第 7 卷,中央文献出版社 2002 年版,第 357 页。
③ 中共中央党史研究室第一研究部编:《共产国际、联共(布)与中国革命档案资料丛书》第 7 卷,中央文献出版社 2002 年版,第 357 页。

苏维埃政府则不足一个月。

尽管如此,苏维埃的建立,揭开了中国苏维埃运动的序幕,对中国革命和中国民主政治建设产生了巨大影响。苏维埃政权是完全不同于数千年封建社会旧政权的一种新型的革命民主政权。它不论在产生方式、内部体制、外部形态上,还是在服务对象、运作方式上,都代表着工农大众的根本利益,是一种充分体现了无产阶级领导的工农民主专政的国家机器的雏形。以海陆丰苏维埃政府为例,可以看出新政权具有四个重要特征:第一,代表了工农兵的根本利益,实行没收一切地主土地分配给农民的土地革命;第二,充分实现了工农兵群众的真正民主,逐步建立和健全了工农兵代表大会会议制度,组成了工农兵民主政府,保证了苏维埃各项方针政策的贯彻执行;第三,强化了工农兵统治机器的作用,对一切反革命实行工农民主专政;第四,发挥了发展苏区经济、保障人民生活的职能。

更为重要的是,中国共产党人在探索中国革命的道路上开始发生了重要转变。以毛泽东为代表的一批中国共产党人在与中共中央和共产国际失去联系的情况下,勇于开拓,摆脱了共产国际和中共中央过于注重城市苏维埃而忽视农村苏维埃的教条主义的束缚,根据中国社会的实际情况,独立自主地将斗争的重心从城市转向国民党统治比较薄弱的农村,在农村建立苏维埃政权,创造苏维埃区域,实行土地革命和武装斗争,从而把中国的苏维埃运动推向了一个新的阶段。后来的事实也证明,这实际上是中共迈出了开辟农村包围城市、武装夺取政权的中国革命道路的第一步,是以毛泽东为代表的中国共产党人的一个伟大创举。这些对于后来各地相继成立的苏维埃政权,乃至中国苏维埃运动,是一个重要的开端,有着重要的意义。

三、共产国际与中国农村区域性苏维埃政权的创建

大革命失败后,从南昌起义到广州起义,一系列夺取中心城市武装起义的失败,尤其是广州起义的失败,使中国革命陷入困境。毛泽东等人领导的红军和农村革命根据地的斗争一定程度的发展,却在困境中闪露出一丝光亮。

中国革命的现实不能不引起共产国际和联共(布)的思考。应该怎样看待中国革命的性质和革命形势?是继续号召举行城市起义、夺取政权,还是争取群众、积蓄力量?在共产国际和联共(布)党内引起了激烈的争论。这场争论从联共(布)第十五次代表大会开始,一直持续到共产国际第六次

代表大会才结束。在这期间共产国际执委第九次全会和中共六大的召开，对中国革命的一些最主要的问题作出了基本正确的结论。共产国际和中共中央进一步认识到：中国无产阶级及其政党在现阶段的任务是继续领导工农群众完成资产阶级民主革命，解决农民的土地问题，并在可能的条件下建立符合工农及其他民众利益的革命民主政权，苏维埃事实上将成为这种民主政权的具体组织形式。正如瞿秋白在《在中国共产党第六次全国代表大会上的政治报告》中指出：我们在这个阶段的革命性质，"仍是资产阶级的民主革命，而革命的争斗形式，则完全变动到一个新的斗争形式，就是苏维埃革命之争斗的形式。"①这种认识对中国苏维埃革命起了积极的指导作用。中共六大以后，共产国际和中共中央对苏维埃政权性质的认识和判断，基本上遵循了这一原则。其关于苏维埃革命斗争的策略也发生了变化，即由直接暴动转变成争取群众、准备暴动，并在一定程度上关注了红军和农村革命根据地的斗争。这些都客观地推动了中国农村苏维埃革命运动的发展。在随后的两年里，农村各地的斗争此起彼伏，中国苏维埃运动呈现蓬勃发展之势。这一期间，以毛泽东为代表的中国共产党人对中国革命道路的问题进行了艰辛探索，特别是毛泽东关于政权建设的理论，将"工农武装暴动"上升为"工农武装割据"的一个新的高度，为后来农村包围城市、武装夺取政权的中国革命道路的形成奠定了初步基础，为中央苏区的政权建设提供了重要经验。

但在农村苏维埃革命运动刚刚有所起色时，共产国际和中共中央对中国革命的形势再次出现了误判，在强调苏维埃工农民主专政性质的同时，又急于向无产阶级专政转变，"左"的调子越唱越高，把苏维埃革命与"社会主义的前途"联系在一起，从而使一些政策与措施超越了革命实际。这些都给苏维埃政权建设造成了极大的危害。

（一）共产国际与中共六大关于苏维埃政权理论

广州起义的失败，不仅仅是使中国革命又一次遭到挫折，更重要的是影响了苏联在中国的地位。国民党反动派在屠杀中国共产党人和革命群众的同时，也把矛头指向了苏联在中国的外交人员。广州起义失败后，苏联驻广州副领事哈西斯、苏联外交部驻广州的负责人毋科洛夫、苏联驻广

---

① 瞿秋白：《在中国共产党第六次全国代表大会上的政治报告》（1928 年 6 月 20 日），见中共中央文献研究室、中央档案馆编：《建党以来重要文献选编》第五册，中央文献出版社 2011年版，第 258 页。

川总领事馆密码译员波波夫、翻译马卡罗夫、办事员伊万诺夫等人均遭杀害。之后,形势进一步恶化。1927 年 12 月 14 日,国民党彻底与苏联决裂,由其领导的中华民国宣布与苏联断绝关系,苏联驻华各领事馆也被取缔不予承认,同时对苏联共产党人进行了逮捕,国民党与苏联的关系也进入冰冻期。应该怎样看待中国革命的性质和革命形势? 从联共(布)第十五次代表大会一直到共产国际第六次代表大会,在共产国际和联共(布)党内展开了激烈的争论。这期间,共产国际执委第九次全会基本克服了关于中国革命性质的政治分歧;中共六大,在共产国际的指导和帮助下,确立了指导中国革命的路线和一系列新的方针政策,其中,大会制定的《苏维埃政权组织问题决议案》体现了中共对苏维埃政权理论也有了较为全面的认识。

1. 共产国际执委第九次全会对中国革命性质的认识

在大革命失败之后,对于中国革命性质的问题,共产国际和中共双方都未能有准确的理解和清晰的表述。从南昌起义到广州起义,中国革命经历的一系列失败,尤其是广州起义的失败,引起了共产国际和联共(布)党内的激烈争论。

这场争论是从联共(布)第十五次代表大会开始的。在这次会议上,刚从中国赶回的罗明纳兹作了关于中国问题的发言,特讲大讲中国革命的大好形势,鼓吹"不间断革命"论。他在讲话中指出,中国社会的特点是亚细亚生产方式,不是纯粹的封建主义。他说:"要把中国农村存在的那种类型的社会关系称作封建主义,只能是相对的,并需补充说明:这种类型的社会关系同欧洲的中世纪很少相似之处。独特的中国封建主义残余(这种封建主义最好象马克思那样称之为亚细亚生产方式)是引起农村极为尖锐的阶级斗争的原因。"罗明纳兹认为中国资产阶级垮台了,已经构不成一个有实力的政治力量,"资产阶级是历史的未成熟的产儿。它只要一投入反革命阵营,就立即瓦解并不再是一支统一的政治力量了。"①所以,罗明纳兹眼中的中国革命是工农革命,而并非资产阶级革命,中国革命是可以跨越资产阶级民主革命这个过程而径直过渡到社会主义革命阶段的。同时他指出,为实现这一革命任务,共产国际在中国应采取立即组织暴动以推翻国民党政权的政策。

对罗明纳兹的发言,米夫提出了尖锐的批评。他说:"罗明纳兹同志很

---

① 北京师范学院政教系、上海师范学院政教系编:《共产国际与中国革命资料选辑(一九二五——一九二七)》,人民出版社 1985 年版,第 590 页。

轻率地对待所有这些困难。他首先断定中国不存在封建主义。而后他又否认中国的资产阶级,并声称,中国资产阶级作为阶级已不存在,只有一些资产阶级分子而已。而且连中国无产阶级竟然也不代表一种力量。"对此他提出了不同意见,首先,他认为"马克思并没有把封建主义同亚细亚生产方式对立起来","马克思把亚细亚生产方式理解为封建主义的一种形式,并预先说明,这里实质上同一般的封建主义没有任何差异,只有一些最多是表面的,某种程度的历史和法律上的次要差别"。其次,他明确指出:"在中国,资产阶级和无产阶级之间争夺领导权的斗争在革命初期就已开始了,因而那些认为资产阶级作为一支政治力量在中国舞台上已不存在的同志们,实际上是取消了关于为争夺中国革命领导权进行着无情斗争的问题。其实,在中国,资产阶级倾向并没有从日程上取消,而且现在还不得不非常坚决地反对这种倾向。这种以取消革命和使反动派获胜为目的的资产阶级倾向,现在不仅没有减弱,反而变本加厉。"[1]这样,米夫就反驳了罗明纳兹提出的两个主要理论命题,而这两个命题正是罗明纳兹主张在中国进行"不间断革命"和立即举行武装暴动的理论依据。米夫与罗明纳兹的争论一开始就不利于罗明纳兹。在米夫发言之后,布哈林作了总结发言,他支持了米夫的观点,批评了罗明纳兹。他说:"第一点意见。罗明纳兹同志关于中国封建主义的表述极其模糊。要知道,主要的争论绝不在于中国的封建主义是什么样的,是'特殊的'或是'欧洲式的',而在于到底有没有封建主义。""第二点意见。罗明纳兹同志在表述中国资产阶级时热衷于'尖锐'。诸如,没有作为阶级的资产阶级,而只有某些资产阶级分子等说法,显然是不正确的。"[2]

　　共产国际关于中国革命问题的这次争论,对于搞清大革命失败后中国革命的性质,重新评估中国革命的形势,确定中国苏维埃革命斗争新的策略,无疑起了有益的促进作用。但是,关于中国革命问题的争论并没有到此结束,因此,这一争论只得留到共产国际执委第九次全会去解决。在此期间,广州起义的失败不仅成了中国革命的重大事件,而且成了苏联对华外交的重大事件,客观上促使共产国际、联共(布)对中国革命的性质、革命形势等问题进行重新审视。1928 年 2 月 9 日在莫斯科,关于中国革命的问题成了在此召开的共产国际执委第九次全会的焦点和议题之一。会议开始阶段,罗明纳兹的"左"倾观点曾得到一些人的附和。

---

①　《真理报》1927 年 12 月 15 日。

②　《真理报》1927 年 12 月 15 日。

经讨激烈争论,会议通过了由中共代表团代表与联共(布)代表团斯大林、布哈林联合起草的《关于中国问题的议决案》。这个议决案对中国革命的性质、任务和新形势下中共应当采取的策略方针等重大问题都作了详细阐述。

关于中国革命的性质,决议案明确指出中国现阶段的革命是资产阶级民主革命,民权革命"在经济上既没有完成(土地革命及封建关系之消灭),在反帝国主义的民权斗争上也没有完成(中国之统一及民权解放),在政权的阶级性上更没有完成(工农独裁制)",因此,"认为中国革命现时的阶段已经生长成了社会主义的革命之主张,是不对的。"决议案还严厉批评了罗明纳兹的"不间断革命"论。关于中国革命的形势,决议案认为:"中国工农广大的革命运动之第一个浪潮"已经过去,"在革命运动的几个中心地域,工农受着极残酷的屠杀摧残";"现在还没有全国范围的新的群众革命运动之强有力的高潮"。在分析中国革命性质和形势的基础上,决议案还提出了中国共产党今后应当采取的策略方针,指出:中国共产党"应当准备革命之新的浪潮之高潮。这一高潮,必须党起来组织并实行群众的武装暴动之直接的策略任务,因为只有推翻现存政权的方法,能够解决革命之种种任务"。正因为如此,所以"现时党的工作之重心,是在在争取几千百万的工农群众,对于他们的政治教育,组织他们,使他们围绕着党和党的口号……现时形势之中的最大的危险,就是工农运动的先锋,因为估计现时形势的不正确而过于轻视敌人的力量,可以脱离群众而过于前进,散乱自己的力量,而使敌人得以各个击破。如果共产党不了解组织群众与争取群众之必要,如果他不能战胜种种使他忽视准备群众到新的革命高潮之企图,战胜种种使他忽视准备当前的中心任务之尝试,那么,共产党一定要被击散而散乱自己的组织"。[1] 显然,在这里共产国际所提出的战略并非在全国施行武力暴动颠覆国民党所领导的国民政府,其主要观点为"争取群众和组织群众"进而等待再一次革命的高潮。

此外,决议案还要求中共应对偏远地区的乡镇、农村给予额外重视,对农民、红军的武装斗争与建成的苏维埃革命根据地和土地革命,这三者的关系作了进一步阐述,指出:"必须经常的不动摇的去组织农民的发动,党应当预先便注意中国各省区的各种不同的特殊条件。这些不同的条件,首先要在共产党领导之下的苏维埃区域之内估计到。"党在农村苏维埃地区

---

① 中共中央党史研究室第一研究部编:《共产国际、联共(布)与中国革命档案资料丛书》第11卷,中央文献出版社2002年版,第106—108页。

的"主要任务,是实行土地革命和组织红军队伍——以备这些部队渐渐联合而成为全国的中国红军",必须将这一工作"与无产阶级中心之新的革命高潮相联结的条件之下",进而方可以"变成全国暴动胜利的出发点"带动革命。批判了"左"倾盲动主义,指出"必须坚决反对工人阶级某些成分中的盲动主义,反对无准备无组织的城市与乡村中的发动暴动,反对玩弄暴动,不做工农的群众暴动,而去玩弄暴动,这是消灭革命的'正确的方法'"。①

共产国际执委第九次全会通过的《关于中国问题的议决案》对中国革命形势和革命性质的分析以及对策略方针的认识,基本上是正确的,比较符合中国实际情况,对制止中国共产党的"左"倾盲动错误起了重要的积极作用。1928年4月前后,中共接收到这一决议案,随后中共中央临时中央政治局召集会议对决议案认真研究分析。"在会上,大家都表示拥护共产国际的决定,并且作了自我批评。"②会议讨论后,4月30日中共中央便发布《中央通告第四十四号》,其主要内容在于对《关于中国问题的议决案》所表述的"一般方针"的认可,"并且认为在最短期间,于本党第六次代表大会之前,必须切实执行这议决案必要的具体步骤"。同时,中共中央认为"自己过去的工作,正是一面与机会主义余毒奋斗,一面即尽自己的力量指正党内各地所表现出来的盲动主义","这种盲动主义的倾向,不但表现于无产阶级的工商业中心之玩弄暴动,而且反映着小资产阶级式的农民原始暴动的情绪,如杀烧主义、忽视城市工人阶级的倾向等等"。共产国际的决议"就是指导我们努力继续战胜这些盲动主义以及青年团之先锋主义倾向,在艰苦斗争之中锻炼真正布尔塞维克的思想,彻底肃清机会主义的余毒"。③ 这个通告制止了各地"左"倾盲动错误。于是,"左"倾盲动错误到1928年4月就在全国范围内基本结束了。

历史总是在错综复杂的矛盾中前进的。一方面,共产国际及其代表的错误指导使中国共产党内出现了"左"倾盲动错误;另一方面,共产国际又帮助中国共产党纠正了这次"左"倾盲动错误。这两者看来似乎是矛盾的,但它反映了共产国际与"左"倾盲动错误之间错综复杂的关系。这种关系在瞿秋白的各种讲话中亦有显露。1928年6月18日,瞿秋白在《中国共产

---

①　中共中央党史研究室第一研究部编:《共产国际、联共(布)与中国革命档案资料丛书》第11卷,中央文献出版社2002年版,第109页。

②　李维汉:《回忆与研究》(上),中共党史资料出版社1986年版,第225页。

③　《中央通告第四十四号》(1928年4月30日),见中共中央文献研究室、中央档案馆编:《建党以来重要文献选编》第五册,中央文献出版社2011年版,第153页。

党第六次全国代表大会开会词》中称:"我们相信,中国共产党只有如此才能在国际的指导下完成中国革命,进而完成世界革命!"①从中映射出二者之间思想传承的深刻渊源。

总之,共产国际执委第九次全会是共产国际指导中共确立新政策的一个重要环节。会议在帮助中共制止"左"倾盲动主义错误的同时,初步勾画了中国共产党的一系列新的方针和政策的原则和总的轮廓,为中共六大全面而系统地阐述苏维埃政权理论、正式确定党的新政策奠定了基础。但是,这次会议也不是没有缺点。决议案虽然指出中国共产党在苏区的主要任务是实行土地革命和组织红军,但只是把它作为对城市暴动的一种辅助手段,认为农民暴动只有与无产阶级中心之新革命高潮相联结的条件下,才能成为全国暴动的胜利起点;决议案虽然认为"中国工农广大的革命运动之第一个浪潮"已经过去,但还是一味强调工农革命运动正走向"新高潮"。显然,这对中国革命的长期性缺乏应有的认识。此外,决议案还混淆了大资产阶级和中等资产阶级的区别,认为"资产阶级不但进而与封建军阀结成完全的反革命联盟,而且事实上和外国帝国主义者妥协",同封建军阀、帝国主义一起构成"反革命的三支主要力量"。② 这些错误的理论,"不仅影响并中断了中国共产党纠正'左'倾盲动主义错误的进程,干扰了中国共产党对'左'倾盲动主义错误的清算,并使中国共产党内的'左'倾错误在以后以立三和王明路线这种新的形式变本加厉地表现出来,严重地危害了中国革命"。③

2. 中共六大关于苏维埃政权的理论

在共产国际执委第九次全会召开后不久,紧随其后,中共也于1928年6月18日至7月11日间,在苏联首都莫斯科组织召开了中国共产党第六次全国代表大会。

如何全面地总结中国第一次大革命失败的经验教训,制定新形势下正确的路线和政策,以便统一全党的思想,整顿被打散了的革命队伍,重新把革命引向胜利,这不仅是中国共产党迫切需要解决的重大历史任务,也是共

---

① 瞿秋白:《中国共产党第六次全国代表大会开会词》(1928年6月18日),见中共中央文献研究室、中央档案馆编:《建党以来重要文献选编》第五册,中央文献出版社2011年版,第250页。

② 中共中央党史研究室第一研究部编:《共产国际、联共(布)与中国革命档案资料丛书》第11卷,中央文献出版社2002年版,第107页。

③ 黄修荣:《共产国际与中国革命关系史》(下册),中共中央党校出版社1989年版,第35页。

产国际当时正在争论和关注的问题。因此,共产国际对中共六大非常重视,不仅为会议的召开提供了大量的物力支持,同时派遣了大量经验丰富的人员协助起草会议议案等。如米夫、沃林、约尔克、塔尔汉诺夫、弗列依耶尔等人员主要帮助瞿秋白、李立三、向忠发起草了土地、农民等问题的相关决议;而加伦、马迈耶夫等人员则重点协助周恩来、杨殷起草了关于军事方面的相关决议;纳索诺夫、瓦西里耶夫等人员参加了苏维埃决议的起草;米夫等共产国际东方部人员积极参加了大会的组织工作和服务工作。1928 年 6 月 9 日,就在会议召开的前夕,共产国际事实上的领导人斯大林,专程接见了瞿秋白、苏兆征、李立三、向忠发、周恩来等部分中国共产党的领导人,双方就大革命失败后一系列存在严重争论的中国革命性质、动力与革命形势等根本问题进行了具体沟通,为统一全党思想和开好六大指明了方向。会议召开期间,共产国际负责人布哈林和中国部主任米夫亲自与会作报告,并参与中共中央领导人选的酝酿等工作。

在共产国际的指导和直接帮助下,《政治决议案》《苏维埃政权的组织问题决议案》《土地问题决议案》《农民问题决议案》等 18 个文件在此次会议中议定出台,这些文件的制定对中国革命发展具有重大意义,其对中国革命历史性转变时期的一系列重大问题作出了较为准确的阐述和解决,确立了指导中国革命的路线和一系列新的方针政策。首先,会议肯定了中国革命的性质仍然是资产阶级民主革命。大会通过的《政治决议案》指出:"中国革命现在阶段的性质是资产阶级性的民权主义革命,如认为中国革命目前阶段已转变到社会主义性质的革命,这是错误的,同样,认为中国现时革命为'无间断革命'也是不对的。"决议案规定了当前中国革命的"中心任务":一是"驱逐帝国主义者,完成中国的真正统一";二是"澈底的平民式的推翻地主阶级私有土地的制度,实行土地革命";虽然这两个任务"还并没有走出资本主义生产方法的范围之外,——可是必须用武装暴动革命的方法,推翻了帝国主义的统治和地主军阀及资产阶级国民党的政权,建立苏维埃的工农民权独裁制在无产阶级的领导之下,然后才能够解决这两个任务"。[①] 决议案还指出了革命形势处于低潮,中国共产党的任务是争取群众,积蓄革命力量,准备武装起义。并在此基础上,总结了大革命以来的经验教训,批评了投降主义和盲动主义的错误,指出盲动主义是党内的主要危险。"最主要的危险倾向就是盲动主义和命令主义,他们都是使党脱

---

① 《政治决议案》(1928 年 7 月 9 日),见中央档案馆编:《中共中央文件选集(一九二八)》第四册,中共中央党校出版社 1989 年版,第 298、299 页。

离群众的。"①

在这次大会上，共产国际和中共对苏维埃政权建设问题给予了空前的重视。虽然1927年秋至1928年6月间，中共以苏维埃旗帜组织领导了百余处农民武装斗争，也逐步在各地特别是广大基层地区建立了市、县苏维埃政权26个和区、乡苏维埃政权40个，这在一定程度上表明在中国共产党领导下，中国苏维埃革命运动已经获得初步的发展。然而，中共六大召开前，各地区虽建立了称为"苏维埃"的政权，但由于中央没有形成统一完整的指导思想，各地在开展工作中行动各有差异。因此，总结、形成一套相对完善的指导思想成为中共的当务之急。此次会议特殊之处在于，在政治委员会之下，还组建了由57人构成的苏维埃委员会这一专设机构，全面研究分析在中国建立苏维埃政权的必要性、可能性、可操作性等具体问题。苏兆征作了关于苏维埃政权问题的报告后，大会一致通过了《苏维埃政权组织问题决议案》。决议案对苏维埃的特点、苏维埃的建立、苏维埃的组织以及党政关系等，均作了明确的规定。

（1）关于苏维埃的特点。决议案引用列宁的话，作了提纲挈领的表述："苏维埃乃新的国家机关，他给我们以（一）工农的武装力量，这力量不像旧式军队一样是脱离民众的，而是和民众密切联结的；从军事讲，这力量比以前的军队强大的多；就革命的意义上讲，这力量是任何东西所不能代替的。（二）这个机关是和群众及大多数人民密切无间的相联系的，容易考验自己的错误，容易恢复意外的创伤，这是从来国家机关所未曾梦见的。（三）这个机关为民意而选出，因民意而撤换，没有官僚主义的空架子，所以比以前的国家机关不知要更民权主义得几多倍。（四）他在各项职业间实现密切的联系，所以没有官僚主义，而能促进种种深入群众的改良。（五）它是先锋队，是被压迫的工农阶级中最觉悟最努力最先进的部分的组织形式，因此，被压迫阶级的全体广大群众直到而今还是僻处于政治生活及历史之外的，他们的先锋队经由这个机关，可以促进他们的教育，训练并领导他们。（六）他兼有议会主义及直接民权二者之长：人民选举代表，同时有立法及行政之权。和资产阶级的议会政策相较，这种进步，在民权主义的发展上，实有全世界的历史意义。"②具体阐明了苏维埃的几个主要特征：一是拥有工农的武装力量；二是密切联系群众；三是人民享有选举权、监督权和罢免

---

① 《政治决议案》（1928年7月9日），见中央档案馆编：《中共中央文件选集（一九二八）》第四册，中共中央党校出版社1989年版，第315页。

② 《苏维埃政权组织问题决议案》（1928年7月10日），见中央档案馆编：《中共中央文件选集（一九二八）》第四册，中共中央党校出版社1989年版，第403—404页。

权;四是苏维埃不是一个官僚主义的机构;五是由被压迫阶级的先进分子组成;六是兼立法权和行政权于一身。所有这一切,都证明苏维埃是世界上最民主的政权。

(2)关于建立苏维埃的一般过程。在准备阶段,"党在准备暴动时应该遍处建立将来政权的核心。党在准备暴动中的主要任务,在于造成那维持并巩固苏维埃政权的先决条件。夺取了某地方的政权以后,党的主要困难,便在维持并巩固这个政权的问题。"[1]因此,党在动员群众参加武装起义的同时,应该在城市和乡村中组织将来政权的核心,准备干部人才,以便暴动一成功,就建立新政权。"夺取政权后的根本任务,即在建立足以保证新政权的与其革命政策的实行之政权机关。"[2]正式的代表会议(苏维埃)未建立前,应先组织革命委员会,作为最初的政权形式。"在正式的代表会议(苏维埃)未组织以前,最初的政权形式是临时的,即革命委员会。革命委员会应由参加准备暴动的各组织之代表成立之,工作开始的第一天,便须把革命委员会的和暴动参谋部的职务划分清楚。"革命委员会组织的第一天,应宣布新政权的成立,并着手准备成立正式的代表会议。"革命委员会是临时政府,'代表会议'(苏维埃)是正式政府,革命委员会仿佛是'代表会议'的筹备司令,他应当立即筹备召集'代表会议',代表会议的成立大会,就是正式政府宣告成立。"[3]革命政权成立后,必须组织红军,颁布土地法令及改良工农生活的法令,并组织专门的机关实施这些法令;地方政权一旦巩固,应该立即组织苏维埃,而代表会议的成立大会,则标志着正式政权宣告成立。发动群众起义,准备干部,成立过渡的临时政权——革命委员会,再正式建立苏维埃,是建立苏维埃的一般步骤和原则。

(3)关于建立和组织苏维埃政权的民主原则。决议案指出:"苏维埃应在劳动群众直接选举的基础上组织起来,决不是像在广州(实际上只是革命委员会而非苏维埃),海陆丰和一部分在上海(人民代表会议的形式)一个样子,仅仅根据上层组织的代表集合。"苏维埃的选举,必须由工厂工人、手工业者、贫民、学生等进行,而不能由各类职工会、团包办。至于苏维埃政权的阶级构成,"应使大多数为直接选举出的工人和贫民"。军队士兵也应

---

①　《苏维埃政权组织问题决议案》(1928 年 7 月 10 日),见中央档案馆编:《中共中央文件选集(一九二八)》第四册,中共中央党校出版社 1989 年版,第 390 页。

②　《苏维埃政权组织问题决议案》(1928 年 7 月 10 日),见中央档案馆编:《中共中央文件选集(一九二八)》第四册,中共中央党校出版社 1989 年版,第 392 页。

③　《苏维埃政权组织问题决议案》(1928 年 7 月 10 日),见中央档案馆编:《中共中央文件选集(一九二八)》第四册,中共中央党校出版社 1989 年版,第 394 页。

有代表参加苏维埃。对于小资产阶级,则应根据各地革命的深入程度、政权巩固程度以及阶级分化程度而定,但是,"苏维埃中应有小资产阶级下层成分的代表"。苏维埃政权的阶级构成包括工人、农民、士兵和小资产阶级的代表,但是产业工人的代表必须在苏维埃政权中占领导地位,以贯彻无产阶级的领导原则。"选举苏维埃与进行苏维埃的工作时,产业工人应有特权,以保证其苏维埃中领导的作用。"[1]苏维埃代表大会享有立法权和行政权,苏维埃的代表应积极参加苏维埃的工作,执行苏维埃的决议案,或者督促决议案的实施。"苏维埃会员应尽量参加苏维埃的工作。苏维埃(工农兵代表会议)的代表(议员)应提到苏维埃的工作中,执行苏维埃的决议案,或督察决议案的执行。"[2]苏维埃代表须按期向选举人报告过去的工作,选民有权随时撤回不称职的代表,另选代表民意的新代表。苏维埃政权是真正的民主政权。

(4)如何处理好党与苏维埃政权的关系。中国共产党以前屡次谈到建立苏维埃政权,但对党在苏维埃政权中的地位和作用涉及不多。决议案指出:"党是苏维埃思想上的领导者,应经过党团指导苏维埃。党在各处苏维埃中,均应有党团的组织,经过这些党团,经过党员所发的言论,表示党对苏维埃工作上各种问题的意见。党随时随地都应作苏维埃思想上的领导者,而不应限制自己的影响。"[3]必须保证党对苏维埃政权的领导地位,党在苏维埃政权机关中发挥作用的组织形式是党团,只有通过党团对苏维埃各项工作发表意见,以体现党对政权的领导。"苏维埃各机关的党团须执行党的指示。这些机关的党团,都须绝对执行党的指示,且一切最主要的政策,都该由该地党委员会批准。"[4]决议案也反复告诫要防止"以党代政"或"以政代党"两种错误倾向。"党应预防以党代苏维埃或以苏维埃代党的种种危险。党应预先保障其在苏维埃领导机关中的领导作用,因此,党须在苏维埃中组织有威望的能工作的党团,以执行党的命令。但是以当地党部代替党团,那就是一种危险。党团只执行党部的指示。当党团和该地方党部的影响不能保持平衡,而后者的作用较小时,苏维埃常有代替党的危险。苏联

① 《苏维埃政权的组织问题决议案》(1928年7月10日),见中央档案馆编:《中共中央文件选集(一九二八)》第四册,中共中央党校出版社1989年版,第403页。

② 《苏维埃政权的组织问题决议案》(1928年7月10日),见中央档案馆编:《中共中央文件选集(一九二八)》第四册,中共中央党校出版社1989年版,第404—405页。

③ 《苏维埃政权的组织问题决议案》(1928年7月10日),见中央档案馆编:《中共中央文件选集(一九二八)》第四册,中共中央党校出版社1989年版,第408页。

④ 《苏维埃政权的组织问题决议案》(1928年7月10日),见中央档案馆编:《中共中央文件选集(一九二八)》第四册,中共中央党校出版社1989年版,第406页。

革命后最初几年,有些地方上党的作用几乎缩小到极端,这种经验应该顾及。在中国也有以苏维埃代替党的危险。苏维埃政权之正确的组织,是要以党的坚固的指导为条件的。为要达到此目的,必须注意党的组织之行为,毋使其发生软弱的现象。所以在党部工作的同志,不应当较在苏维埃中[为]弱,党经过苏维埃或其他组织内的同志,应该在一切条件下,应该公开在苏维埃中,在苏维埃工作上增高和巩固党的影响。"①应该切实加强党组织的工作,以保证其在政权中确立坚固的党的领导地位。中国共产党是中国革命的组织者和领导者,中国人民只有在无产阶级政党——中国共产党的领导下,才能争取民族的独立和解放,取得革命的彻底胜利。中国的苏维埃运动,同样必须在中国共产党的领导下进行,唯有在党组织的领导下,才能建立和巩固人民政权。

中共六大制定的新政策,是全党智慧的结晶,基本上是正确的。这些新政策克服了"左"倾盲动错误,认识到立即夺取大城市、推翻国民党统治等政策的错误性,逐步将土地革命、武装斗争以及政权建设相统一,对形成统一思想、强化根据地建设以及更好地在全国开展革命工作具有积极作用。大会通过的《苏维埃政权组织问题决议案》,是中国苏维埃运动的一个纲领性文件,它从各个方面规定了与苏维埃政权有关的问题,使这一政权形式在中国革命过程中全面化和系统化。中共六大形成的理论思想,对于中国苏维埃政权建设和中国革命整体而言都意义重大,其是中国共产党在民主革命时期关于政权建设思想理论体系的关键一环,是中国共产党在将马克思列宁主义政权理论体系与本国发展实际紧密联系下进行的自身国家政权建设的探索,为进一步实行无产阶级革命,推翻国民党反动统治,建立由共产党领导的无产阶级政权奠定了坚实的基础。

当然,我们在肯定中共六大取得重大功绩的同时,也应该清醒地认识到这次会议存在的不足,对一些重要问题作出不正确的判断并形成错误的认识,部分还涉及原则性问题。客观来讲,这些错误判断和认识的产生,很大程度上根源于共产国际和斯大林对中国革命形势的错误估计。事实上,在共产国际执委第九次全会上,就已为这些问题的产生埋下伏笔,其共同的理论根源就是斯大林的中国革命"三阶段论"。在这次会议上,尽管"不间断革命"论受到了批驳、"左"倾盲动错误得以修正,然而对这些错误的理论根源——斯大林的中国革命"三阶段论"并未造成一点影响。不仅如此,中共

---

① 《苏维埃政权组织问题决议案》(1928 年 7 月 10 日),见中央档案馆编:《中共中央文件选集(一九二八)》第四册,中共中央党校出版社 1989 年版,第 408 页。

六大仍多次将其视为大会各项决议产生的宗旨。大会通过的《政治决议案》指出："中国革命的第一时期，是总的民族联合战线时期；到了这个时候，便转变到第二时期——左派国民党的时期了（所谓武汉时代）"；"南昌暴动的失败结束了中国革命第二时期——左派国民党的时期。——于是广州暴动便开始了中国革命的第三时期——苏维埃时期"。① 显然，这"三个时期"的思想就是斯大林的中国革命"三阶段论"的翻版。依据斯大林这一错误理论，中共六大一方面认定中国革命的性质是资产阶级民主革命的同时，另一方面又提出反对资产阶级，把资产阶级与帝国主义、封建势力一起列为反革命的三大力量之一加以排斥和反对。《共产国际关于中国问题的议决案》认为目前的中国革命运动，"整个儿的进于新的苏维埃阶段。自然无疑的，因为社会阶级的联合变更，而有相当的反动势力之结合：资产阶级不但进而与封建军阀结成完全的反革命联盟，而且事实上和外国帝国主义者妥协"；"反革命的这三个主要力量，协同的反对工农、反对革命、反对共产党"。② 正是在共产国际的指导下，中共才在《政治决议案》中反复强调，中国革命的苏维埃阶段，"中国民族资产阶级——背叛革命，走到帝国主义豪绅地主的反革命营垒"，因此，"资产阶级性的民权革命阶段之中的动力现在只是中国的无产阶级和农民"，"只有反对中国的民族资产阶级，方才能够进行到底。因为民族资产阶级是阻碍革命胜利的最危险的敌人之一"。③ 毫无疑问，这种对中国资产阶级尤其是对民族资产阶级的分析是不符合实际的，中国民族资产阶级具有两面性而且在政治态度上多变所呈现出来的复杂性，也是远在莫斯科的共产国际和斯大林所不能了解到的，他们用观察俄国资产阶级的眼光来看待中国资产阶级，自然"对中国的资产阶级特别是民族资产阶级不能正确地认识"④。这种把反帝反封建与反对资产阶级并列起来的认识，在理论上陷入了自相矛盾，在实践上混淆了民主革命和社会主义革命的界限，给中国革命带来了严重的后果，成为中共在土地革命时期屡犯"左"倾错误的一个重要根源。这也是导致中共六大对中国苏维埃政权性质的认识出现重大偏差的理论根源，教

---

① 《政治决议案》（1928年7月9日），见中央档案馆编：《中共中央文件选集（一九二八）》第四册，中共中央党校出版社1989年版，第302、303页。

② 《共产国际关于中国问题的议决案》（1928年2月25日），见中共中央文献研究室、中央档案馆编：《建党以来重要文献选编》第五册，中央文献出版社2011年版，第157页。

③ 《政治决议案》（1928年7月9日），见中央档案馆编：《中共中央文件选集（一九二八）》第四册，中共中央党校出版社1989年版，第299—300页。

④ 《关于党的"六大"的研究》（1944年3月3日、4日），见《周恩来选集》（上卷），人民出版社1980年版，第167页。

条地认为"以苏维埃为国家政权形式的工农民权独裁,就可以成为转变到无产阶级独裁的出发点"①。

　　其次,在革命策略方面,中共六大以国际决议为依据,对反动营垒和第三营垒缺乏必要的分析和正确的政策。共产国际和斯大林对中国大革命失败后急剧变化了的阶级关系缺乏深入研究,没有从发展上把握新形势下阶级关系的本质和特点,没有把策略观点着重放在争取中间阶级上,对其他党派也不加区别地一律看作敌人。他们否认第三派别的存在,否认他们与国民党反动派之间的矛盾和区别,认为某些原来是共产党员的人(如谭平山等)想要建立所谓的"真正共产主义"的党、"劳农党",实际是与国民党反动派一样都是"反对工农的党,是蒋介石或其他工农刽子手的走狗"。因此,要求中国共产党对他们"实行严厉的斗争"。② 中国共产党的六大完全"赞成共产国际执委第九次全体会议对于邓演达、谭平山的所谓'第三党'的估量"。认为"这一类的'政党',既没有广大的群众,就必然要成为豪绅地主资产阶级反革命的工具,专来到群众中散布许多蒙蔽阶级意识的迷药"。因此,中国共产党对于这些所谓"工农党""第三党"等等的任务,就是"指斥他们在反帝国主义运动'民众运动'之中的动摇犹豫和妥协,指斥他们是统治阶级的奸细"。③ 客观地评价,邓演达、谭平山等组织的"第三党",当时尽管"在思想上是反对我们的,应该批评",但他们不满意国民党的独裁政策,与蒋介石始终有矛盾,我们"在策略上应该同他联合","而我们当时却是对它全部否定了,没有给以历史的科学的分析"。④ 中共六大这种不重视争取中间阶级、反对中间势力的"左"的政策,被后来党内连续发生的"左"倾错误所发展,进而把中间势力看成是"最危险的敌人",犯了更加严重的"左"倾错误。

　　此外,在夺取政权的道路问题上,继续坚持"城市中心论"。中共六大对八七会议之后中共临时中央所制定的,如广州起义"丰富经验"等的各项决策方针进行了认真分析,对"左"倾盲动主义错误的表现进行了批评,然而仍坚持实行"城市中心论"。中共六大《政治议决案》中明确指出:"在总

---

① 《政治决议案》(1928年7月9日),见中央档案馆编:《中共中央文件选集(一九二八)》第四册,中共中央党校出版社1989年版,第301页。

② 中共中央党史研究室第一研究部编:《共产国际、联共(布)与中国革命档案资料丛书》第11卷,中央文献出版社2002年版,第110页。

③ 《政治决议案》(1928年7月9日),见中央档案馆编:《中共中央文件选集(一九二八)》第四册,中共中央党校出版社1989年版,第325页。

④ 《关于党的"六大"的研究》(1944年3月3日、4日),见《周恩来选集》(上卷),人民出版社1980年版,第167页。

的新高潮之下,可以是革命先在一省或几省重要省区之内胜利。"在这个革命中,"城市领导作用的重要,和无产阶级群众的高潮,都将要表现他的决定胜负的力量"。① 所以,指示中共仍需将争取和领导贫民作为工作重点,使其在工人阶级的领导下参加革命。"城市中心论"是教条主义的具体体现,这一理论思想没有正确认识中国社会正处于半殖民地半封建这一特性,以及存在着政治、经济发展不平衡等问题。对农民在中国革命发挥着主力军的作用这一现象未能正确认识,对中心城市、交通要道等由帝国主义、封建军阀所掌控的这些现实不管不顾,只是生搬硬套俄国十月革命的做法、生拉硬拽西方无产阶级夺权的经验,而未能发现中国农村这一真空。如周恩来后来所言:"关于苏维埃问题。从决议中看不出象毛泽东同志那样的在农村中创造苏区长期割据的思想,而是抄袭苏联的经验,看重城市苏维埃,所以仍是教条主义的。"②

总之,中共六大的召开以及会议所提出的关于苏维埃政权的论述,成为中国苏维埃运动的纲领性文件和理论武器,在之后的近十年指导着中国苏维埃运动,其正反两方面的影响,对于中国革命运动而言都是极为宽泛而深远的。

(二)农村区域性苏维埃政权的建立及其主要特征——基于闽西苏维埃政权的解读

中共六大后,共产国际及其来华代表对中国苏维埃革命运动的开展给予了全面的指导和帮助。同时,他们还就中国共产党的建设、红军的发展和建设、瓦解军阀部队、培养军事干部,以及在红军占领区域如何发动农民、建立政权等方面的工作,都提出了非常有针对性的指示和建议。譬如,在党的建设方面,要求各地党组织在恢复被反动派摧毁的支部和党委的同时,必须贯彻民主集中制原则,应"根据地下工作条件的允许程度来保证党内民主,实行建立集体讨论和决定问题的方式的方针"③;军队中也必须"实行党代表及成立政治部"④。在政权建设方面,比较正确地分析了中国农村苏维埃

---

① 《政治议决案》(1928 年 7 月 9 日),见中央档案馆编:《中共中央文件选集(一九二八)》第四册,中共中央党校出版社 1989 年版,第 313 页。

② 《关于党的"六大"的研究》(1944 年 3 月 3 日、4 日),见《周恩来选集》(上卷),人民出版社 1980 年版,第 182 页。

③ 中共中央党史研究室第一研究部译:《共产国际、联共(布)与中国革命档案资料丛书》第 7 卷,中央文献出版社 2002 年版,第 520 页。

④ 中共中央党史研究室第一研究部译:《共产国际、联共(布)与中国革命档案资料丛书》第 7 卷,中央文献出版社 2002 年版,第 442 页。

政权的不足,指出其缺点是"绝大多数都是党的机构,而在某种情况下它们都从属于党委,以致所有工作(除了军事工作之外)都要通过党委领导来进行(如海丰),所以农民都认为党委就是政权机构"①。所以,应该吸取过去的经验教训,加强在群众中的宣传工作,"党应该向群众说明,不推翻国民党和军阀政权,不建立苏维埃政权,就不能改善他们的地位,不能推翻帝国主义的统治和解决土地革命的问题"。② 在土地革命的策略方针上,提出现阶段虽然"没收所有地主土地,并将其交给农民苏维埃",但"加剧反富农斗争不是对的",因为"这样会抹杀农民和地主阶级之间的主要矛盾"。③ 所有这些,对幼年中国共产党探索和正确认识中国苏维埃革命的特点都有着很大的帮助。为了进一步对中国革命进行有效指导,共产国际于 1929 年 3月在上海设立了新的远东局。

但当时由于客观条件的限制,共产国际和中共中央与农村苏区几乎处于隔绝状态,因而各苏区政权的具体的组织建立、发展建设,基本上靠当地党组织和领导人在实际斗争中摸索来进行。也正是在这样艰苦的斗争条件下,以毛泽东为代表的中国共产党人的革命积极性和独立自主探索精神得到充分发挥,他们在具体的行动上有比较多的自由,少受共产国际的"城市中心论"的影响。中共六大以后,在共产国际和中共中央的密切关注下,尤其是经过毛泽东、朱德、贺龙、方志敏等人领导农村第一线的艰苦斗争,使红军和农村革命根据地在 1929 年至 1931 年这三年间有了直线上升式的发展。1929 年 11 月,周恩来主持中央军事部制定《目前扩大红军的计划大纲》,将全国红军和农村革命根据地划分为六大部分:闽粤赣红军(朱德、毛泽东)、湘西鄂西红军(贺龙等)、赣西南红军(李文林等)、湘赣红军(彭德怀、黄公略)、赣东北红军(方志敏等)、鄂东北豫东南皖西红军(郭述申、许继慎、熊受暄等)。在中国南方十多个省份,有数十万农民团结在中国共产党的周围。

不仅如此,以毛泽东为代表的中国共产党人还把实际工作经验通过理论的形态比较充分地展现出来,开始构建适合中国国情的革命政权理论。中共关于苏维埃政权理论构想的突破性进展,发端于毛泽东提出的

---

① 中共中央党史研究室第一研究部译:《共产国际、联共(布)与中国革命档案资料丛书》第 7卷,中央文献出版社 2002 年版,第 508 页。

② 中共中央党史研究室第一研究部译:《共产国际、联共(布)与中国革命档案资料丛书》第 7卷,中央文献出版社 2002 年版,第 517 页。

③ 中共中央党史研究室第一研究部译:《共产国际、联共(布)与中国革命档案资料丛书》第 7卷,中央文献出版社 2002 年版,第 519 页。

在农村建立革命根据地的理论。在开辟和创建井冈山革命根据地的斗争中，红军和群众既有胜利的喜悦和经验，也有失败的痛苦和教训。在白色政权包围之中，井冈山小块红色区域能否长期存在和发展？"红旗到底能打多久"？这是在红军队伍中普遍存在的一个疑问，也是一个关系到中国革命前途的重要理论问题。1928年10月和11月，毛泽东在总结井冈山革命根据地斗争实践的基础上，分别写了《中国的红色政权为什么能够存在？》和《井冈山的斗争》两篇文章，对这一问题作了阐述。他认为："一国之内，在四围白色政权的包围中，有一小块或若干小块红色政权的区域长期地存在，这是世界各国从来没有的事。这种奇事的发生，有其独特的原因。而其存在和发展，亦必有相当的条件。"[1]这些条件是：第一，中国社会半殖民半封建的特征，"白色政权间的长期的分裂和战争"，造成中国共产党能够建立一小块或若干小块的红色区域，并在"白色政权包围的中间发生和坚持下来"。第二，"红色政权首先发生和能够长期存在的地方，不是那种并未经过民主革命影响的地方"，而是那些经过1926年和1927年资产阶级民主革命影响的地方，因为这些区域曾经有过广大的工会和农协组织，并且有过进行政治斗争的经验。第三，全国革命形势的发展，使小块红色区域得以长期存在，并且持续发展以"日渐接近于全国政权的取得"。第四，造成工农武装割据必须要有"相当力量的正式红军的存在"，这也是"红色政权存在的必要条件"。第五，"共产党组织的有力量和它的政策的不错误"，是红色政权长期存在并发展的重要条件。[2] 毛泽东这一思想的提出，在理论上将"工农武装暴动"上升为"工农武装割据"的一个新的高度，解决了红军和农村根据地建立的可能性、必要性及其发展前途等问题，明确主张以红色区域的斗争去促进全国的革命高潮。这表明，毛泽东已开始将红军和农村根据地的斗争置于科学的理论指导之下。

　　1930年1月，毛泽东又写了《星星之火，可以燎原》，科学地阐明了红军和农村根据地斗争的重大意义及其在整个中国革命中的重要地位，分析了半殖民地中国的特殊国情，明确指出"红军、游击队和红色区域的建立和发展，是半殖民地中国在无产阶级领导之下的农民斗争的最高形式，和半殖民地农村斗争发展的必然结果；并且无疑义地是促进全国革命高潮的最重要

---

① 《中国的红色政权为什么能够存在？》（1928年10月5日），见《毛泽东选集》第一卷，人民出版社1991年版，第48—49页。

② 《中国的红色政权为什么能够存在？》（1928年10月5日），见《毛泽东选集》第一卷，人民出版社1991年版，第49—50页。

因素"。他对建设农村根据地的意义作了充分的估计,指出:"必须这样,才能树立全国革命群众的信仰,如苏联之于全世界然。必须这样,才能给反动统治阶级以甚大的困难,动摇其基础而促进其内部的分解。也必须这样,才能真正地创造红军,成为将来大革命的主要工具。总而言之,必须这样,才能促进革命的高潮。"①同时,他还特别尖锐地批判了那种不注重红色政权和根据地建设,"而希望用比较轻便的流动游击方式去扩大政治影响,等到全国各地争取群众的工作做好了,或做到某个地步了,然后再来一个全国武装起义,那时把红军的力量加上去,就成为全国范围的大革命"的错误思想,明确指出,"他们这种全国范围的、包括一切地方的、先争取群众后建立政权的理论,是于中国革命的实情不适合的。"②这实际上也是对共产国际当时主张的通过中心城市武装起义夺取全国政权理论的否定。这些观点也表明,毛泽东已开始将红军和农村根据地的斗争置于科学的理论指导之下,关于农村包围城市、武装夺取政权的中国革命道路理论已初步形成。

毛泽东的这些正确主张,在此后不久的苏维埃革命斗争中得到了运用和体现,即在实践中把"工农武装暴动"的阶段上升为"工农武装割据",开展以政权建设为核心的包括政治、文化、经济等各个方面的根据地建设,彻底摧毁半殖民半封建的基础,创造出一个工农民主专政下的革命民主主义的社会形态。体现毛泽东苏维埃政权建设理论构想的实践,可以从赣西南苏维埃政府和闽西苏维埃政府的建立中找到其基本特点。本书拟以闽西革命根据地为个案,系统梳理这一时期农村工农武装割据局面的形成和苏维埃政权的建立,并在此基础上深入解读苏维埃政权的组织形式和主要特征。

1. 农村区域性苏维埃政权的建立

自1927年7月大革命失败以后,中国共产党的首要任务就是要在中国农村建立根据地,在那里领导中国人民继续进行革命,并希望引导革命走向最后胜利。这对于一个"被查禁和受迫害的党来说,似乎没有其他途径可供选择"③。红四军入闽以后,毛泽东对农村苏维埃政权的建设极为重视。他在《乡苏怎样工作?》中明确提出:"乡苏维埃(与市苏维埃)是苏维埃的基

---

① 《星星之火,可以燎原》(1930年1月5日),见《毛泽东选集》第一卷,人民出版社1991年版,第98—99页。

② 《星星之火,可以燎原》(1930年1月5日),见《毛泽东选集》第一卷,人民出版社1991年版,第97—98页。

③ [美]费正清、费维恺编:《剑桥中华民国史(1912—1949)》(下卷),刘敬坤等译,中国社会科学出版社1994年版,第182页。

本组织,是苏维埃最接近群众的一级,是直接领导群众执行苏维埃各种革命任务的机关。在国内战争环境内,战争动员工作十分紧张,群众生活需要更加改善,因此极力改善乡苏(与市苏)的工作,健全乡苏的组织与领导,使它能够完全适合发展革命战争与改善群众生活的需求,是非常重要的事。"①可以说,闽西革命根据地是土地革命时期中国共产党在南方建立较早而比较巩固的红色区域,也是福建党和群众基础比较好的地区。"闽西包括:龙岩、漳平、宁洋、永定、上杭、长汀、连城、武平、归化、宁化、清流、平和等十二县,全闽西的人口统计有二百五十万,其中有百分之八十以上是农民。"②1926年,当北伐军抵达福建境内后,广大共产党人不仅在龙岩、永定、上杭、长汀等地相继建立党支部,并将福建西部很多县的国民党党部逐步掌握在自己手中。同一时间内,大量的革命刊物,如《奋斗》《岩声》《虹痕》《汀雷》《新龙岩季刊》等都极有影响,在当地的共产党人、先进青年的努力下如雨后春笋般浮现,积极揭批地方军阀反动势力的罪恶行为,积极宣传革命思想和北伐斗争。

　　大革命失败以后,特别是在党的八七会议精神传达以后,闽西的农民革命运动一度发展迅速,在当地党组织的领导下,与豪绅地主及军阀统治势力展开了激烈的斗争,这些斗争很快发展为武装暴动,从而把农民运动推到一个推翻国民党反动派、创建苏维埃政权的阶段。1928年9月,成立了永定县溪南区苏维埃政府。这个政权虽然只存在两个多月,但这是大革命失败后由中共领导的在闽西乃至福建所建立的第一个苏维埃政府。闽西地区革命斗争的开展和苏维埃运动的展开,为毛泽东、朱德等率领红四军开辟新的革命根据地奠定了基础。

　　1929年上半年,闽西的客观形势十分有利于红军在这一地区实施割据的行动,蒋桂战争刚一结束,粤桂两派军阀又重新开火,在粤东地区打得难解难分。1929年3月,红四军在毛泽东、朱德的领导下,巧妙地利用了军阀混战、敌人处于内部分裂状态的有利时机,进入闽西境内,在长汀一举击败了当地军阀郭凤鸣;5月中旬再次入闽,又在龙岩重创陈国辉守军。在短短两三个月内,红四军采取分兵以发动群众,集中以应付敌人的

---

　　① 《乡苏怎样工作?》(1934年4月10日),见《毛泽东文集》第一卷,人民出版社1993年版,第343页。

　　② 《中共闽西第二次代表大会情况及各项文件》之《中共闽西特委工作报告》(1930年7月8日至20日),见中共龙岩地委党史资料征集领导小组、龙岩地区行政公署文物管理委员会:《闽西革命史文献资料》第三辑,1982年印行,第372页。

游击战术,实行"坚决的帮助闽西群众暴动,夺取政权,深入土地革命"①的方针,首先占领汀州,然后直入闽西腹地,连克龙岩、永定、白砂、旧县、新泉等重要城镇。闽西党组织与红四军的行动密切配合,经过将近半年的艰苦奋斗,闽西的革命局面大为改观。至 1929 年 7 月前后,初步形成了以上杭、古田和龙岩大、小池为中心区域的红色政权的割据区域。至同年冬,闽西的割据区域已经有永定、上杭、龙岩、武平四个县召开了工农兵代表大会,成立了县苏维埃政府,另长汀、连城两县成立了革命委员会。红色政权建立以后,立即领导群众实行土地革命,没收与分配土地。与此同时,各县分别建立了一支具有一定战斗力的地方红军和群众游击武装,以长汀县为例,当地在革命委员会成立不久,立即组建成立了六十余人的赤卫队维护新政权的稳定,防止敌对势力捣乱,这些赤卫队成员均从当地农会、工会中筛选,从而基本完善了作为独立存在的苏维埃政权割据所必须具备的条件。对于当时福建所处之革命形势,1929 年 4 月中共中央在给福建省委的信中亦有明确阐述:"军阀更加加深群众的痛苦,更加暴露统治阶级的罪恶,暴露改良主义的欺骗,所以军阀战争是我们工作发展的客观的有利的条件。在福建还有更大的便利,就是朱毛的影响。单靠朱毛的力量,当然不能取得福建的政权,但是因朱毛来到福建,使我们的政治影响更易为扩大,更易为深入群众,这是我们决不可以轻易放过的机会。"②

对于刚刚形成的闽西苏维埃区域来说,首要的任务就是发展土地革命的成果,壮大红色武装,扩大群众斗争,进而稳定地建立苏维埃政权,闽西苏维埃党的代表大会就是在这样的背景下召开的。在红四军前委的指示下,中共闽西特委具体负责组织此次会议的召开和政策方针的制定等工作。1929 年 7 月 20 日,中共闽西第一次大会在蛟洋召开。大会总结了闽西党领导人民武装暴动的经验教训,提出了闽西党的总任务在于"坚决地领导群众,为实现闽西工农政权的割据而奋斗"③。中共闽西一大后,为了加强闽西各级苏维埃政权的建设,闽西特委于 1929 年 8 月 15 日颁布了《苏维埃组织法》。组织法对苏维埃政府的性质,对县、区、乡三级苏维埃政府的选举程序,以及各级政府成员的任期等,都作了明确规定。组织法的

---

① 《红四军前委关于目前政治的分析》(1929 年 9 月 12 日),转引自蒋伯英、郭若平:《中央苏区政权建设》,厦门大学出版社 1999 年版,第 40 页。

② 《中共中央给福建省委的信》(1929 年 4 月 24 日),见中共中央文献研究室、中央档案馆编:《建党以来重要文献选编》第六册,中央文献出版社 2011 年版,第 177 页。

③ 张鼎丞:《中国共产党创建闽西革命根据地》,福建人民出版社 1982 年版,第 28 页。

颁布,使闽西苏维埃政权建设有了基本的法律依据,促进了闽西各地苏维埃政权的建立。至同年 9 月,闽西苏维埃政权的建立表现出蓬勃发展的趋势,"永定除太平里,胜远里外,其余都成立了苏维埃,龙岩已成立了区苏,有白土、东山、大小池、湖邦、黄坊、内外江山、西山等区,县苏亦于本月十五日成立",①上杭县北四区和东五区、东二区也相继建立了苏维埃政权。11 月,闽西特委对闽西苏维埃政权建设的情况也有如下的估计:"闽西岩杭永武汀连六县之间,数百里赤色区域,几十万劳苦群众已普遍的建立了苏维埃政权(已成立县苏四个、区苏五十个、乡苏四百余个),而且经过了五六个月的长期的光荣战争,虽然目前因为反动势力之进攻城市政权不能保守,然而乡村政权则确有坚固的基础。"②对此,张鼎臣在 1978 年给"古田会议前后"的一份证明材料中也表示:"一九二九年十二月初,毛主席把部队集中到连城的新泉开展整训",主要是因为"连城新泉的工作基础好,群众发动得好,粮食等方面也较充裕"。③

随着革命形势的发展,到 1930 年 2 月中共闽西特委召开第二次扩大会议,闽西革命根据地的发展足以建立统一的苏维埃政权。闽西各县已经普遍建立了各级苏维埃政权,长汀、永定、龙岩、上杭等县已有 50 多个区、400 多个乡,由下而上地召开了各级工农兵代表大会,成立了县、区、乡各级苏维埃政府。由于闽西苏区的不断巩固和扩大,特别是由于各级红色政权的建立,以及党的力量较大发展和土地分配的完成,使得闽西最高政权机关——闽西苏维埃政府建立的条件已经基本成熟。为此,中共闽西特委于 1930 年 1 月成立了闽西苏维埃政府筹备处,并于 2 月 6 日颁布了《闽西工农兵代表会(苏维埃)代表选举条例》。

在经过民主选举代表,并做好各项准备工作后,闽西第一次工农兵代表大会于 1930 年 3 月 18 日在龙岩城召开。大会发布了宣言和一系列决议案、法案和条例,并选举了闽西最高领导机关——闽西苏维埃政府。邓子恢、张鼎丞等 35 人当选为政府执行委员,推选邓子恢为主席。据报载:闽西根据地"以上杭、长汀为基础,现在占有地盘,据有上杭、长汀、龙岩、连城、

---

①　《中共闽西特委报告——闽西暴动及政权、武装、群众组织情况》(1929 年 9 月),见中共龙岩地委党史资料征集领导小组、龙岩地区行政公署文物管理委员会:《闽西革命史文献资料》第二辑,1982 年印行,第 305 页。

②　《中共闽西特委通告第十四号》(1929 年 11 月 2 日),见中共龙岩地委党史资料征集领导小组、龙岩地区行政公署文物管理委员会:《闽西革命史文献资料》第二辑,1982 年印行,第 289 页。

③　林永海:《珍贵的史料　永恒的铁证——解读张鼎臣写的一份证明材料》,见政协连城县委员会文史与学习宣传委员会编:《连城文史资料》第三十五辑,2008 年印,第 211 页。

永定、和平、武平、清流、宁化、宁泽各县,大有席卷闽西之概。在以上各县城,均设有所谓苏维埃政府,施行政权……虽江西老巢,亦不过如此也。"长汀与瑞金,"相隔不过八十里,一日可以来往",故中共领导人如毛泽东、朱德、项英等,"亦尚来长汀,朱德有时且至上杭及前方视察,故今日之闽西",已不啻成为中共第二根据地。[1]

闽西苏维埃政府内部的组织机构可分为两部分:一是权力机关(即工农兵代表大会执行委员会)和政府的行政机关。权力机关的组织系统可分为三级:闽西工农兵代表大会、县工农兵代表大会、区乡工农兵代表大会。《苏维埃政府组织法案》对这三级权力机关的下设机构作了如下规定:闽西工农兵代表大会下设执行委员会、常务委员会、主席,常务委员会下设机构有土地、经济、军事、财政、粮食、裁判肃反、文化建设、妇女等八个委员会;县工农兵代表大会下设执行委员会、常务委员会、主席,常务委员会下设机构有土地、经济、军事、财政、粮食、裁判肃反、文化建设、妇女等八个委员会;区乡工农兵代表大会下设执行委员会、常务委员会、主席,常务委员会下设土地、军事、财政、粮食、裁判、文化建设等六个委员。同样,苏维埃政府的行政机关也分为三级:闽西苏维埃政府在主席之下设秘书长和秘书处,再设土地、经济、军事、财政、粮食、裁判、文化建设、妇女等八个部;县苏维埃政府在主席之下设秘书长和秘书处,再设土地、军事、财政、粮食、裁判、文化建设等六个部;区乡苏维埃政府在主席之下只设秘书,再设土地、军事、财政、粮食、裁判、文化建设等六个委员。[2]

闽西工农兵代表会议是在各县代表会议的基础上召开,和办事机关的设置基本相同,但也根据各地各级的实际情况,在具体委员会或办事机关部门的设置上适当调整。各委员会是在民主选举的原则上建立起来的,各委员会和办事机关各部门的主要负责人均由各级执行委员会委员兼任。闽西苏维埃政权"必须由各县代表大会产生代表,组织几县的工农代表大会为政权的最高机关,绝对禁止由党指派的非群众的无权力的空招牌机关"[3]。总之,闽西苏维埃政权是由人民选出,"授权于人民,服务于人民,民主原则

---

① 亦我:《闽西"匪区"之现状》,《社会新闻》1932 年第 1 卷第 9 期,第 196 页。

② 《闽西第一次工农兵代表大会宣言及决议案》(1930 年 3 月 25 日),见中共龙岩地委党史资料征集领导小组、龙岩地区行政公署文物管理委员会:《闽西革命史文献资料》第三辑,1982 年印行,第 197—199 页。

③ 《中共中央关于鄂西党目前的政治任务及其工作决议案》(1929 年 8 月 24 日),见中共中央文献研究室、中央档案馆编:《建党以来重要文献选编》第六册,中央文献出版社 2011 年版,第 406 页。

在各级政府机关中得到了充分体现"①。闽西苏维埃政府及下属各级政府各部门的职能,有如其名称所示,分别负责和管理其职责范围内的实际工作。闽西各级苏维埃政权组织系统架构如下图②。

一、闽西苏区苏维埃政府组织系统图

权力机关系统图:

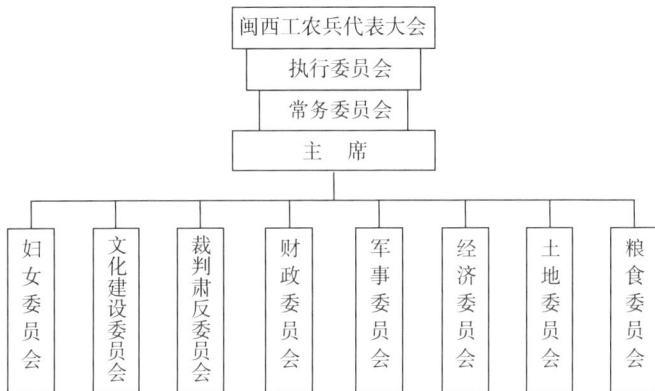

```
          ┌─────────────────┐
          │  闽西工农兵代表大会  │
          └─────────────────┘
            ┌─────────────┐
            │   执行委员会   │
            └─────────────┘
            ┌─────────────┐
            │   常务委员会   │
            └─────────────┘
          ┌─────────────────┐
          │      主　席      │
          └─────────────────┘
```

妇女委员会	文化建设委员会	裁判肃反委员会	财政委员会	军事委员会	经济委员会	土地委员会	粮食委员会

办事机关系统图:

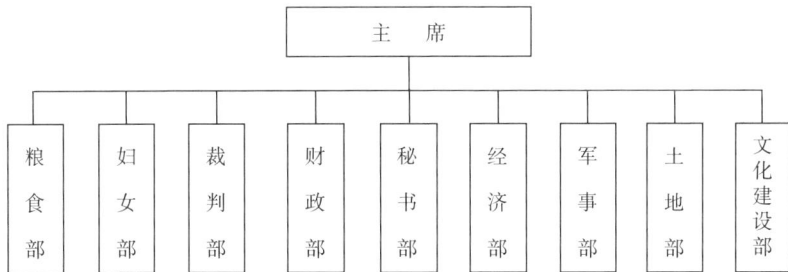

```
              ┌──────────┐
              │   主　席   │
              └──────────┘
```

粮食部	妇女部	裁判部	财政部	秘书部	经济部	军事部	土地部	文化建设部

---

① 　参见陈君聪:《试论闽西苏维埃政府的民主选举制度》,《史学月刊》1984 年第 4 期。

② 　参见蒋伯英、郭若平:《中央苏区政权建设史》,厦门大学出版社 1999 年版。

二、闽西县级苏维埃政府组织系统图

权力机关系统图：

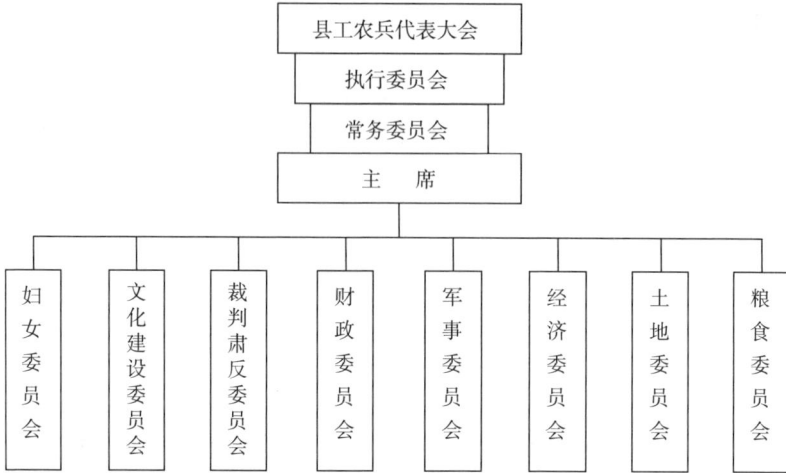

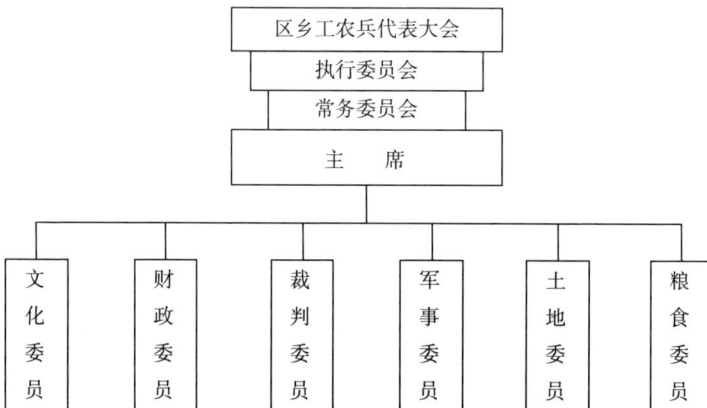

```
              ┌─────────────────┐
              │  县工农兵代表大会  │
              ├─────────────────┤
              │    执行委员会     │
              ├─────────────────┤
              │    常务委员会     │
              ├─────────────────┤
              │    主　席        │
              └─────────────────┘
```

| 妇女委员会 | 文化建设委员会 | 裁判肃反委员会 | 财政委员会 | 军事委员会 | 经济委员会 | 土地委员会 | 粮食委员会 |

办事机关系统图：

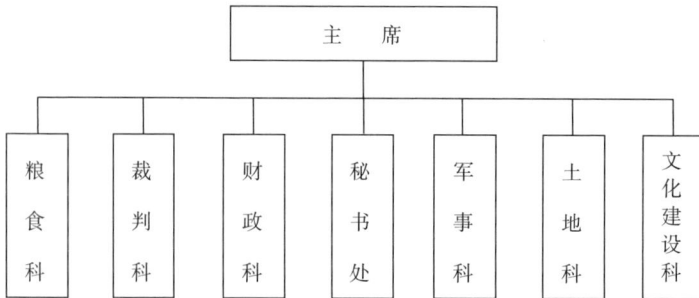

```
              ┌─────────────────┐
              │    主　席        │
              └─────────────────┘
```

| 粮食科 | 裁判科 | 财政科 | 秘书处 | 军事科 | 土地科 | 文化建设科 |

三、闽西区、乡级苏维埃政府组织系统图

权力机关系统图：

```
              ┌─────────────────┐
              │ 区乡工农兵代表大会 │
              ├─────────────────┤
              │    执行委员会     │
              ├─────────────────┤
              │    常务委员会     │
              ├─────────────────┤
              │    主　席        │
              └─────────────────┘
```

| 文化委员 | 财政委员 | 裁判委员 | 军事委员 | 土地委员 | 粮食委员 |

办事机关系统图：

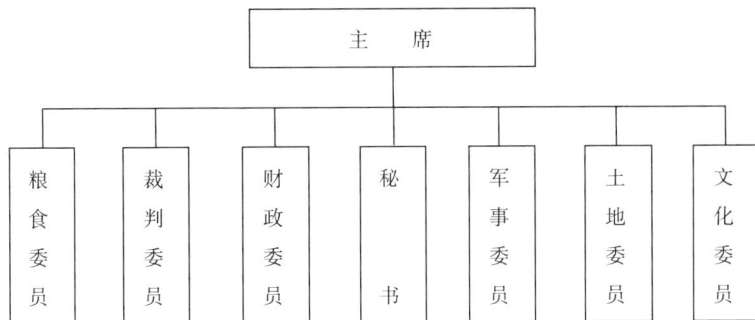

```
                        ┌─────────────┐
                        │   主   席   │
                        └──────┬──────┘
       ┌────────┬────────┬─────┼─────┬────────┬────────┐
    ┌──┴──┐  ┌──┴──┐  ┌──┴──┐ ┌┴┐ ┌──┴──┐  ┌──┴──┐  ┌──┴──┐
    │粮食 │  │裁判 │  │财政 │ │秘│ │军事 │  │土地 │  │文化 │
    │委员 │  │委员 │  │委员 │ │书│ │委员 │  │委员 │  │委员 │
    └─────┘  └─────┘  └─────┘ └─┘ └─────┘  └─────┘  └─────┘
```

　　闽西第一次工农兵代表大会的"全部精神是贯彻反帝反封建的革命运动,推翻帝国主义和国民党反动统治,保障劳动人民彻底解放的根本利益",它"选出的政权是按照民主集中制组成的,它实行了真正的民主制度,是代表人民利益的权力机关"。[1] 闽西苏维埃政府的成立,标志着闽西革命根据地在形态和实质上已经形成。它不仅实现了中共闽西一大所提出的奋斗目标,在南方各省蓬勃兴起的苏维埃运动中建立了一片坚固的苏维埃中心区域,而且也为不久以后形成的中央革命根据地打下了坚实基础。中共中央巡视员恽代英在视察福建后评价称:"闽西八十万工农群众从斗争中建立的苏维埃政权,获得朱毛红军长期游击战争经验的帮助与指导,在政治上确实已表现了伟大的成绩。……他们的政治影响在全福建乃至东江赣南工农群众中间都普遍的扩大。"[2]

　　2. 农村苏维埃政权的主要特征及其作用

　　从严格意义上讲,在中华苏维埃共和国成立之前,各革命根据地所建立的苏维埃政权,在中国共产党政权建设史上,都属于早期政权。在这些农村苏维埃政权的建立中,虽然中共六大通过了《苏维埃政权组织问题决议案》,但该决议案只是对苏维埃的特点、苏维埃的建立、苏维埃的组织以及党政关系等作出原则性的规定;再加上当时客观条件的限制,共产国际和中共中央与各苏区几乎处于隔绝状态,因而各苏区政权的具体的组织建立、发展建设,基本上靠当地党组织和领导人在实际斗争中摸索来进行。1930年6月,中共中央政治局会议通过了《新的革命高潮与一省或几省首先胜利》

---

[1]　张鼎丞:《中国共产党创建闽西革命根据地》,福建人民出版社1982年版,第35页。

[2]　恽代英:《闽西苏维埃的过去与将来》(1930年3月26日),见中共龙岩地委党史资料征集领导小组、龙岩地区行政公署文物管理委员会:《闽西革命史文献资料》第三辑,1982年印行,第220页。

的决议,指出:在产业落后的中国,在新的革命高潮日益接近的形势之下,"革命可以在一省或几省重要省区首先胜利"①。可以说,在这些取得胜利的省区所建立的苏维埃政权,无论在政权的性质上,还是在政权的体制和形态上,都与中国以往旧的剥削政权是完全不同的,具有以下几个重要特征。

首先,苏维埃政府代表了工农兵的根本利益,初步实现了工农兵的真正民主。闽西第一次工农兵代表大会通过的《闽西第一次工农兵代表大会法案》明确规定:"苏维埃是工农兵自己选举代表组织的政权机关,一切行动政纲,都要根据工人、农民、士兵及其他贫民利益去决定。"②这鲜明地阐明了苏维埃政权的基本性质及其宗旨。为了取得广大民众的信任和支持,体现新政权的民主精神,《苏维埃政府组织法》还在总纲中专列一项规定:"下级苏维埃不能代表工农兵群众利益时,上级苏维埃得改组之;上级苏维埃不能代表群众利益时,有下级苏维埃三分之二的请求时,须召集代表会改组之。"③这一规定,不仅把苏维埃政府的委员个人,而且将整个苏维埃机构置于工农兵贫民的监督之下,从而保证了苏维埃政权的工农民主专政的性质,保证了这个政权的稳固与发展。

在苏维埃政权建设中,人民代表制是政权机关建设的核心。1929年7月中共闽西第一次代表大会通过的《苏维埃政权决议案》就特别指出:"苏维埃不是群众大会,也不是少数委员会而是代表会议,苏维埃是新的国家政权形式,是被压迫工农群众自己管理政事镇压旧统治阶级的政权组织,因此它要吸引广大群众参加管理政事和群众发生密切的联系。"④这为日后闽西各苏维埃政权工作的开展构建了组织原则。1930年3月,闽西第一次工农兵代表大会胜利召开,《苏维埃政府组织法》在此次会议中出台,这一法案对闽西苏维埃政府和其所属的政府组织原则作了更加详细的规定:"各级苏维埃决议并执行各级地区一切事宜,承受上级苏维埃的命令,掌管各该级的一切权力,行使一切职权。""各级代表会为各该级最高机关,代表会闭幕

---

① 《新的革命高潮与一省或几省首先胜利》(1930年6月11日),见中共中央文献研究室、中央档案馆编:《建党以来重要文献选编》第七册,中央文献出版社2011年版,第262页。

② 《闽西第一次工农兵代表大会法案——苏维埃政府组织法(节选)》(1930年3月24日),见福建省档案馆编:《福建党建档案资料选辑》,福建省档案馆2001年版,第115页。

③ 《闽西第一次工农兵代表大会法案——苏维埃政府组织法(节选)》(1930年3月24日),见福建省档案馆编:《福建党建档案资料选辑》,福建省档案馆2001年版,第115—116页。

④ 江西省档案馆、中共江西省委党校党史教研室选编:《中央革命根据地史料选编》(下),江西人民出版社1982年版,第16页。

后,所选执行委员会即代替该代表会为最高权力机关,行使一切职责。"①

为了提高苏维埃权力机关的工作效率,闽西苏维埃又对执行委员会的人数和代表大会代表的职业成分、人数比例作了规定。在执委会人数上,乡苏维埃代表大会选举 7 至 11 人为执行委员,以 3 至 5 人组成常委会;区苏维埃代表大会选举 11 至 15 人为执行委员,以 5 至 7 人组成常委会;县苏维埃代表大会选举 17 至 27 人为执行委员,以 5 至 9 人组成常委会,常委再选出主席。在代表大会代表的职业成分及人数比例上,闽西各县政府代表中工人占 30%,农民占 60%,士兵占 5%,教员学生占 5%,人数不得超过 200人;区政府代表中工人占 20%,农民占 70%,士兵占 5%,教员学生占 5%,但在城区的代表,则工人占 50%,农民占 40%,代表人数不得超过 300 人;乡苏维埃政府中工人占 20%,农民占 80%,教员学生只派代表参加,士兵不另选代表,但在城区的乡政府,则工人农民代表各占 50%,代表人数不得超过60 人。

事实上,对于苏维埃政权机关的上述规定只是一般的原则性规定,在实际实施过程中却经常因环境及革命需要的不同而作适度的调整。例如,根据 1930 年 3 月闽西第一次工农兵代表大会通过的《苏维埃政府组织法》之规定,五千人以上的乡为甲等乡,办事人员为七至九人,但芷溪乡苏维埃政府因政权管理事务的增多,以及连城等地水灾严重,不得不要求增加政府工作人员而向区苏维埃政府提出申请:虽然闽西决议案规定,各级苏维埃政府的工作人员"不得多用,如欲多用者,须得上级允准","敝政府立即召集执委慎重讨论,会议当经议决,办事人员因敝乡地方辽阔、事务特别繁多,至少要有八人。此外,另置伙伕、收发各一人,常备丁三人,又女主席一人,女同志一人,少先队办事员二人,共计十七人,此系关于经常的范围。惟现在水灾过秋成,又届调查灾情和土地以及征收累进税,种种手续非常复杂,实有难于兼顾之势。除由各职员随时协理外,还应添雇临时干事三五人,以资帮助。"②至于代表大会代表在职业成分和人数比例上的规定,在实际执行中也并非严格按照规定办理。在严酷的革命战争年代,为了苏维埃政权的生存和发展,闽西苏维埃政府在"组织法案"的基础上,亦不得不根据实际情

---

① 《闽西第一次工农兵代表大会宣言及决议案》(1930 年 3 月 25 日),见中共龙岩地委党史资料征集领导小组、龙岩地区行政公署文物管理委员会:《闽西革命史文献资料》第三辑,1982 年印行,第 195 页。

② 《芷溪苏维埃政府的公文底稿》,转引自张侃、李小平:《1929—1930 年闽西乡村苏维埃政权的执政实践——以"芷溪苏维埃政府公文底稿"为中心的分析》,《东南学术》2017 年第 1 期。

形而作出必要的应对措施。

其次,坚持了中国共产党对苏维埃政权的领导,保证党在土地革命战争时期方针政策的贯彻。事实上,苏维埃政府就是在党的领导下成立的。在党的八七会议精神传达以后,闽西的革命群众就是在当地党组织的领导下,与豪绅地主及军阀统治势力展开激烈的斗争,开始创建苏维埃政权的。1928年,永定县溪南区各乡和区苏维埃政府也都是在中共闽西特委和永定县委的领导下,根据中共福建临时省委的指示成立起来的。1929年7月,中共闽西第一次代表大会召开,8月和9月间,制定了《苏维埃组织法》,对苏维埃政府的性质,对县、区、乡三级苏维埃政府的选举程序,以及各级政府成员的任期等,都作了明确规定。这样,就使闽西各级苏维埃政权的建设有了基本的法律依据,从而促进了闽西区域性苏维埃政权的建立。

苏维埃政权的机构,也主要由中共党员组成。为了保证党的方针路线的切实贯彻,在政府机关中还设有党的组织。"在苏维埃中,曾组织党的特支。苏维埃的一切工作,均由党决定和指示,故苏维埃在实际上,只是一个机械的执行机关。"[1]对于这种党政关系,中共中央也曾提醒福建省委:"农民群众要自动的起来实行武装斗争,我们当然要积极的领导,实行恢复苏维埃政权。但是要特别注意发动广大的群众来参加政权的组织,决不可如过去一样,一切权力归于党,苏维埃仅成一个空名。"[2]不过,客观而言,这种党政关系,固然有可能产生党包办政府事务的弊端,但是在苏维埃政府初创时期,政府的成员政治素质不高,政府在群众中的威信未真正确立的情况下,还是必要的。

第三,苏维埃政府成立后,政府的基本任务是充分发动群众,深入开展土地革命,彻底消灭封建剥削制度。早在红四军三打龙岩之后,毛泽东、朱德等就签署发布了《红军第四司令部政治部布告》,向闽西人民宣传党和红军的宗旨、任务,公布党的土地政策。布告规定:"收租二百担以上的大地主,家里的谷子及大公会(义仓外)的谷子,一概没收分与贫民";废除工人农民欠田东的债务;"田地归耕种的农民所有。不再交租与田东"[3];等等。中共闽西第一次代表大会也对土地问题作了决议案,对土地没收与分配、

① 中共江西省委党史研究室等编:《江西党史资料》第五辑,1988年印行。
② 《中共中央给福建省委的信》(1929年4月24日),见中共中央文献研究室、中央档案馆编:《建党以来重要文献选编》第六册,中央文献出版社2011年版,第179页。
③ 《红军第四司令部政治部布告》(1929年6月),见中共龙岩地委党史资料征集领导小组、龙岩地区行政公署文物管理委员会:《闽西革命史文献资料》第二辑,1982年印行,第112页。

分田区域标准、分田的数量标准、债务问题作了政策性规定。决议案强调指出:"土地革命的主要目标,在改良农业生产方法,使土地改善,生产力提高,农产品增多,以发展农业经济,解放困苦的农民,而解决全社会的生活问题。""要达到上述目的的根本只有用革命的方式,没收一切地主阶级的土地,归于农民生产者,舍用这样的痛快方法,是决没有其他道路可走的。"①

闽西苏维埃政府成立后,闽西一大通过的《土地法案》,注意了过去土地分配中尚未解决的问题,对分得土地肥瘦不均的农户进行重新调整,进一步完善了分田的制度,使农民群众从土地中得到了真正的实惠,从而调动了他们的劳动积极性和参与政权的积极性。对于闽西苏维埃政府所取得的成绩,中共中央在肯定的同时,也提出如下期望:"恢复闽西苏维埃区域的目的是在扩大我们的政治影响,来推动全省的工作",因此闽西的工作计划是极力地在各县发动农民斗争,扩大农民群众的组织。"以前未经过激烈斗争的区域决不应一开始就做武装斗争的军事准备,而是要极力加紧群众的工作,提出群众迫切要求的口号,鼓动群众的斗争,在斗争中扩大群众的组织(如农民协会等),到了广大群众已经起来,而且要在武装斗争的时候更进一步推翻乡村豪绅统治,建立农民代表会议政权,与已成立的苏维埃区域联合起来。""在已经建立了苏维埃政权的区域,应即刻实行土地革命的政纲,以使土地革命的影响很快的扩大到全省去。"②

当然,由于受战时特殊条件的影响,苏维埃政权的建设也存在很多问题和不完善的地方。譬如,苏维埃政府并不能按照原来的含义是由所辖地区的工农兵代表大会选举产生。前面已提到,各地暴动取得胜利后,并不是直接建立苏维埃政府,而是首先用任命的方式先建立一个叫作革命委员会的临时权力机关,等各种条件成熟以后,再由革命委员会负责组织和领导召开工农兵代表大会,正式选举成立苏维埃政府。可是,许多地方建立红色政权已经相当长的时间,却一直没有召开苏维埃代表大会,行使权力机关的职能,选举产生正式的苏维埃政府。在江西,"苏维埃政府组织的系统是省、县、区、乡、村。这些苏维埃政府中,乡、村苏维埃都是直接从群众大会中产生,区以上是经过群众大会的,有的是经过群众代表大会的。江西省苏维

① 《中共闽西第一次代表大会关于土地问题决议案》(1929年7月27日),见中共龙岩地委党史资料征集领导小组、龙岩地区行政公署文物管理委员会:《闽西革命史文献资料》第二辑,1982年印行,第131页。

② 《中共中央给福建省委的信》(1929年4月24日),见中共中央文献研究室、中央档案馆编:《建党以来重要文献选编》第六册,中央文献出版社2011年版,第179页。

埃,是 1930 年 10 月占领吉安后在 10 万的群众大会上产生的。"①闽西苏区
也不例外,"闽西政权还没有建立在代表会议基础之上。闽西政权虽然有
了一年的历史和庞大的区域,但实际上等于少数包办;尤其是乡苏维埃委员
会,直接由群众大会产生,没有建立起代表会议的规模。每一事件群众大会
庞杂不便讨论,结果只由少数委员处理,客观上便与群众隔绝,所谓引导广
大群众参加管理政事竟成空话。"②

　　而有的苏区将苏维埃代表大会的职能限于选举执行委员会,正式的苏
维埃政府成立后,就将代表大会搁置一边,再不定期召开了。"一些地方有
了代表会,亦仅认为是对执行委员会的临时选举机关;选举完毕,大权揽于
委员会,代表会再不谈起。名副其实的工农兵代表会组织,不是没有,只是
少极了。所以如此,就是因为缺乏对于代表会这个新的政治制度的宣传和
教育。"③正是因为缺乏对代表大会这个权力机关的宣传,再加上"群众的政
治水平线太低,对于政权的认识很薄弱,对于政权的运用,更是不行"④,所
以广大群众并未认识到自己当家作主的权利,也不能区分苏维埃的权力机
关苏维埃代表大会和行政机关,认为就像旧政权一样,选举几个人坐在机关
办公,就是建立了苏维埃。这样,一些地方虽然苏维埃政权建立多年,实际
上由少数执行委员包办,所谓人民当家作主,成了一句空话。所以,如何健
全政权的组织机构,并最大程度地发挥作用,一直是各苏区党和政府努力解
决的重大任务。

　　鉴于上述情况,中共闽西特委在统一的苏维埃政府成立之前,就比较重
视各地区建立起来的苏维埃政权的机构、机制的建设。1929 年 7 月中共闽
西第一次代表大会就通过了《苏维埃政权决议案》;同年 8 月,在毛泽东的
指导下,又制定了闽西苏区第一部《苏维埃组织法》,不仅阐明了苏维埃政
权的基本性质及其宗旨,而且对各级苏维埃政权的产生方法、组织形式、职
权作了明确规定。关于早期苏维埃政权组成的步骤,《苏维埃政权决议案》
规定,在白色政权统治时期,党应在工农群众组织之上成立革命委员会,暴
动一经发动,革命委员会"便成为指挥斗争和群众政权的机关";暴动获得

①　江西省档案馆、中共江西省委党校党史教研室选编:《中央革命根据地史料选编》(上),江
　　西人民出版社 1982 年版,第 393 页。
②　江西省档案馆、中共江西省委党校党史教研室选编:《中央革命根据地史料选编》(下),江
　　西人民出版社 1982 年版,第 15 页。
③　《井冈山的斗争》(1928 年 11 月 25 日),见《毛泽东选集》第一卷,人民出版社 1991 年版,
　　第 72 页。
④　江西省档案馆、中共江西省委党校党史教研室选编:《中央革命根据地史料选编》(上),江
　　西人民出版社 1982 年版,第 49 页。

胜利后,革命委员会即应负责组织地方武装,实行土地革命,并且召开工农兵代表会议选举成立苏维埃。因此,革命委员会只是临时的政权机关,"苏维埃成立,革委会即取消"。① 关于县、区、乡三级苏维埃政府的产生办法及组织机构,《苏维埃组织法》则作了明确规定,同时还规定了各级代表及委员的任期、各级代表大会代表及苏维埃政府委员的成分比例,是迄今为止所见中央苏区最早的也是最为完备的一部组织法。

闽西苏维埃政权的建立,标志着闽西革命根据地的形成。在新兴政权的领导和组织下,根据地的各项工作得到了进一步的发展。土地革命的深入,红色武装的壮大,经济建设和文化建设的加强,人民群众生活状况的改善,都充分体现了苏维埃政权的巨大作用。在土地革命问题上,闽西第一次工农兵代表大会通过了《土地法案》。在此之前,闽西地区就有过分配土地的经验,其分田的政策是:耕地"按人口平均分配,地主富农与雇贫农给得同样一份土地,中农自耕地略多者可以不动";分配办法则"采取按原耕地抽多补少办法,不要打乱平分"。② 闽西一大通过的《土地法案》,进一步解决了土地分配中尚未解决的问题,对分得土地肥瘦不均的农户进行重新调整。分田原则从"抽多补少"发展到"抽肥补瘦",进一步完善了分田的制度,使广大农民从土地中得到了真正的实惠,从而调动了他们的劳动积极性。因此,土地分配的结果,"一方面使多数农民个个俱分有田地,取得了广大的群众起来斗争;一方面分得田地的农民,个个都乐于努力耕种,社会的全部劳动力,都用到土地方面,使土地的生产量大大增加,所以,今年的早禾收获,一般的要比去年增加两成"③。

农业生产的提高,进一步为闽西苏维埃政权的巩固与发展提供了物质基础。在领导苏区人民进行深入土地革命和开展经济建设的同时,闽西苏维埃政府也积极地推动闽西革命武装的壮大。早于1929年12月中共中央就扩大红军问题给福建省委的来信中指出:"根据目前全国的政治形势与我们党的主要任务(见中央六十号通告),福建目前的军事工作无疑的要以扩大红军、发动地方暴动为中心","要以扩大朱毛红军的宣传与扩大闽西

①　江西省档案馆、中共江西省委党校党史教研室选编:《中央革命根据地史料选编》(下),江西人民出版社1982年版,第17页。

②　邓子恢:《龙岩人民革命斗争回忆录》,见中共福建省党史资料征集编写委员会编:《福建党史资料》第三辑,1984年印行,第23页。

③　《闽西第一次工农兵代表大会宣言》(1930年9月9日),见中共龙岩地委党史资料征集领导小组、龙岩地区行政公署文物管理委员会:《闽西革命史文献资料》第四辑,1983年印行,第104页。

游击队、赤卫队和一切农民武装的宣传同时并进","要注意在斗争过程中集中闽西游击队、赤卫队、少年先锋队等一切武装的农民群众,编为红军,统一指挥","要帮助红军吸收广大的失业工人群众及在业的贫农群众","有计划的征调大批的工人与农民□□入进去,使红军的质量加强与数量扩大同时并进"。① 正是在中共中央与闽西地方苏维埃政府的共同努力下,时至1930年6月,闽西革命武装先后编制成三个军,兵力八千多人;赤卫队二三万人。② 武装力量的壮大和发展,从根本上保证了苏区政权的巩固与发展。

总之,像闽西这样的区域性苏维埃政权的建立,不但建设了原来的苏区,而且为苏区扩大和发展奠定了良好的政治基础和物质基础,这对后来苏区人民和红军粉碎国民党大规模的军事"围剿",促进中央革命根据地的形成,都起到了重要作用。到1930年夏,红军和农村革命根据地进一步得到巩固和扩大。红军已发展到十多万人,农村区域性苏维埃政权也纷纷建立,中国苏维埃运动呈现蓬勃发展之势。

除了上述闽西苏维埃外,还有方志敏等创建的赣东北苏维埃,贺龙、周逸群创立的湘鄂西苏维埃,邓小平、张云逸创建的左右江苏维埃,以及赣南苏维埃、鄂豫皖苏维埃、琼崖苏维埃等区域性苏维埃政权。对于各地苏维埃政权建立之情形,毛泽东在1928年11月25日的《井冈山的斗争》中写道:"一国之内,在四围白色政权的包围中间,产生一小块或若干小块的红色政权区域,在目前的世界上只有中国有这种事。"究其原因,是因"中国有买办豪绅阶级间的不断的分裂和战争。只要买办豪绅阶级间的分裂和战争是继续的,则工农武装割据的存在和发展也将是能够继续的"。③ 可以说,中国共产党正是借用军阀豪绅之间的分裂与战争,发动群众,组建红军,采取山地游击战,建立苏维埃政权,实行土地革命,实现自给自足。

综观这一时期中国共产党创建的苏维埃政权,无一例外地都坐落于偏僻落后的农村地带。例如湘鄂西苏维埃政权是当时全国几块较大的苏区之一,它是由洪湖、湘鄂边、巴兴归、荆当远、襄枣宜、鄂西北六块根据地组成,而这六

---

① 《中共中央关于扩大红军问题给福建省委等的信》(1929年12月13日),见中共中央文献研究室、中央档案馆编:《建党以来重要文献选编》第六册,中央文献出版社2011年版,第692—694页。

② 《福建全省群众组织情形报告(节录)》(1930年7月13日),见中共龙岩地委党史资料征集领导小组、龙岩地区行政公署文物管理委员会:《闽西革命史文献资料》第三辑,1982年印行,第352页。

③ 《井冈山的斗争》(1928年11月25日),见《毛泽东选集》第一卷,人民出版社1991年版,第57页。

块根据地之间，亦被敌人分割包围。但它们之所以能够存在，是因它们距中心城市较远，国民党反动统治力量比较薄弱，地方各派封建势力矛盾重重，再加上武陵、印山山脉绵延起伏，纵横全区，巫山、大巴山巍然于其北，群峰林立，地势险要，交通十分不便，易守难攻。①　鄂豫皖革命根据地位于湖北、河南、安徽三省交界处，南濒长江，北抵淮水，东接江淮平原，西扼平汉铁路，大别山脉雄峙于中央。从 1927 年黄麻起义，创建苏维埃政权起，到 1934 年 11 月开始长征止，鄂豫皖苏维埃政权一直在沿着大别山脉运动发展。

　　与湘鄂西、鄂豫皖苏区相比较，左右江根据地的创建和发展可谓是道路艰难。虽然"右江群众斗争的基础与地势的险恶，对于红七军的发展是极有利的条件"，以至于 1929 年 12 月 25 日中共广东省委在"关于百色起义后右江工作给红七军前委的指示"中要求："前委在总的策略上，必须更加坚决的扩大和发展当地的红军及农民的武装组织，普遍的、广大的动员右江（即田南道）的群众斗争，建立和发展苏维埃区域，并深入土地革命"，但中共广东省委也注意到"右江是云桂的交通孔道和两广的财源地（贩卖鸦片），游击战争的发展必然将会引起军阀的进攻"。②　纵观左右江苏维埃政权的发展轨迹，再一次证明在半殖民地半封建的中国国情下农村苏维埃存在和发展的历史逻辑。

　　综上所述，这一时期农村区域性苏维埃政权的建立和农村苏维埃运动的蓬勃发展，与之前以夺取中心城市为目标的南昌起义、秋收起义、广州起义的相继失败形成鲜明对比。这也再次证明：共产国际指导的"以城市为中心"这条革命道路在中国是行不通的。"以城市为中心"和"以农村为中心"都是夺取革命胜利的策略思想，本身无优劣之分，对于各个国家只有适合不适合的问题。如何辩证地全面认识和对待中国工人运动和农民运动的发展不平衡、城市革命运动和乡村革命运动的发展不平衡，才是解决中国革命道路问题的关键。和共产国际在中国建立城市苏维埃政权的失败形成强烈反差的，便是以毛泽东为代表的中国共产党人建立农村苏维埃政权所取得的成功。他们不仅建立了区域性红色政权，把"工农武装暴动"的阶段上升为"工农武装割据"，开展以政权建设为核心的包括政治、文化、经济等各个方面的根据地建设；而且在革命实践中探索适

---

① 胡济民：《湘鄂西革命根据地时期鄂西苏区党和政权建设概况》，《鄂西大学学报（社会科学版）》1986 年第 3 期。

② 《中共广东省委关于百色起义后右江工作给红七军前委的指示》（1929 年 12 月 25 日），见中共中央文献研究室、中央档案馆编：《建党以来重要文献选编》第六册，中央文献出版社2011 年版，第 714—715 页。

合中国国情的革命政权理论。后来中国革命的历史事实也充分说明，走农村包围城市的道路，是苏维埃政权赖以存在、发展的唯一正确道路。这是有别于俄国十月革命城市苏维埃政权模式的新理论，不是"移植"，而是独立创新的学说。从这个角度来看，也可以说是开创了中国式苏维埃政权的道路。

（三）李立三"左"倾错误给苏区政权建设造成的危害

一个新生的事物，其产生、发展和壮大的过程不可能是一帆风顺的。在农村苏维埃革命运动蓬勃发展的同时，李立三、王明"左"倾错误先后在根据地内萌生发芽，并得到不断发展，使得"包括闽西在内的中央苏区在1930年6月以后的四年多时间，不断发展壮大但又不断受到挫折，同时经受了国民党当局连续不断的军事'围剿'与经济封锁，经历了极为复杂而又艰难的发展过程"①。

李立三"左"倾错误，是以共产国际"第三时期"理论及其对中国革命的"左"倾错误指导方针为理论依据的。在中共六大召开后仅隔6天，共产国际就召开了第六次代表大会。这次大会提出了所谓"第一次世界大战后资本主义制度总危机有三个时期"的理论，认为从1928年起，资本主义发展进入第三个时期，即资本主义内外矛盾空前激化，从而引起阶级大搏斗，新的革命高潮即将到来、资本主义即将崩溃的时期。在这个理论指导下，共产国际很快对中国革命局势产生了盲目乐观的估量，而放弃了中共六大的较为正确的判断。这一点在1929年共产国际给中共中央连续发出的四次来信中得到充分体现。2月8日的《共产国际执行委员会与中国共产党书》认为"新的革命高潮"会很快来到，理由是"产生上次中国革命浪潮的基本矛盾并没有解决"。而到了10月份，《共产国际执委致中共中央委员会的信》则公然宣布"中国进到了深刻的全国危机的时期"，所谓"进到了深刻的全国危机的时期"，指的就是进到夺取全国胜利的时期。基于对中国革命形势的错误判断，共产国际再次把注意力放在城市的工人运动上来，而忽视了农村根据地斗争和建设的重要性。这一点在共产国际六大就已充分体现，会上的许多报告和发言都十分重视"总结"广州起义的经验，并且十分强调广州起义在未来中国革命新高潮中的"榜样"作用，认为广州起义的一幕必定在中国重演。所以，在大会讨论布哈林的报告中再次强调，"如果无产阶级的城市起义（如广州起义）不能取胜，如果胜利又得不到巩固"，那么中国革

<hr/>

① 蒋伯英：《闽西革命根据地的创建及其相关问题》，《苏区研究》2015年第1期。

命就不能胜利。① 在 1929 年以后共产国际给中共的指示中,也同样如此。
1929 年 2 月,共产国际东方部中国问题专家马季亚尔在其文章中写道:
"1928 年农民运动的教训告诉我们,中国革命的命运仍将决定于城市,即使
在中国的情况下,农民不同工人阶级结盟是不可能取胜的。"②在十月来信
中,虽然将农民战争看成是中国革命高涨的一个特点,却同时再三强调革命
运动"日益生长的高潮的象征,还是工人运动的复兴"③。在共产国际看
来,红军尽管重要,但也不过是将其视为协助开展城市暴乱、占领主要城
市的一股能量,对此共产国际已有清晰的阐述:"必须集中注意去组织并
且巩固红军,以便在将来依照军事政治的环境,而能够占领一个或者几个
工业的行政的中心城市"④。所谓"军事和政治形势",显然是指城市工
人运动的发展和暴动的准备情况,也包括整个革命形势。工人暴动+红
军力量 = 夺取中心城市,这就是共产国际当时设想的中国共产党夺取
全国政权的公式。

上述共产国际的一系列指示,对中共中央的路线、政策进一步走向
"左"倾所产生的影响是难以估量的。共产国际 1929 年 10 月来信后不久,
1929 年 12 月 20 日中共中央召开政治局会议进行了专门讨论,通过了《中
国共产党接受共产国际第十次全体会议决议的决议》,明确指出:"中央接
到共产国际第十次全体会议的决议,经过详细的讨论后,完全同意第十次全
体会议的精神、路线与一切决议。并且深切感觉全体会议的路线与一切决
议都极适合于领导中国革命斗争的需要,特别反对党内右倾取消派及调和
派的论断是给与中国党战胜取消主义与调和派的最锋利的武器。"⑤也正是
从此时起,李立三的"左"倾冒险主义在中共中央占据了主导,并且得到快
速蔓延。1930 年 1 月 11 日,在《接受国际一九二九年十月二十六日指示信
的决议》一文中,中共中央进一步强调,要与"一切动摇,犹豫,机会主义,取消

---

① 中国社会科学院近代史研究所编译:《共产国际有关中国革命的文献资料(1919—1928)》
　　第一辑,中国社会科学出版社 1981 年版,第 380 页。
② 乌传衮、马宝华合编:《共产国际和中国革命大事提要》,安徽省政府经济文化研究中心、
　　安徽大学苏联问题研究所 1985 年印行,第 203 页。
③ 中共中央党史研究室第一研究部编:《共产国际、联共(布)与中国革命档案资料丛书》第
　　11 卷,中央文献出版社 2002 年版,第 582 页。
④ 中共中央党史研究室第一研究部编:《共产国际、联共(布)与中国革命档案资料丛书》第
　　12 卷,中央文献出版社 2002 年版,第 211 页。
⑤ 《中国共产党接受共产国际第十次全体会议决议的决议》(1929 年 12 月 20 日),见中共中
　　央文献研究室、中央档案馆编:《建党以来重要文献选编》第六册,中央文献出版社 2011 年
　　版,第 705 页。

主义……做无情的斗争",要求各级党部和全体党员都"必须执行公开的自我批评",只有这样,"才能使国际正确的路线,得以坚决的有保证的执行"。①

受到共产国际指示的影响,李立三开始利用国外日益恶化的经济萧条和国内的军事混乱,断言"革命的成果并不决定于有关的政治力量,而决定于所要完成的任务。因此,中国的资产阶级革命可以由无产阶级来领导。无产阶级一旦夺取了政权并实行领导之后,革命向社会主义阶段过渡就可以开始"。② 1930 年 2 月,中共中央发出题为《目前政治形势与党的中心策略》的第七十号通告,再次点名批评了"朱毛与鄂西的红军中还保存有过去躲避和分散的观念",强调"若不努力的加强党的主观力量,若不适当的配合和联系各中心省区的工作,若不无情的肃清党内右倾的政治思想与组织观念,则直接革命形势还会因之延缓"。③ 可以说,第七十号通告是李立三"左"倾冒险错误形成的起点。首先,他对国内革命形势作了不切实际的过高估计,认为民主革命在全国范围内已走向平衡发展的道路,革命已开始出现直接行动的形势。其次,在夺取政权的道路上,他也照搬了共产国际的"城市中心"思想,认为"乡村是统治阶级的四肢,城市才是他的头脑与心腹,单只斩断了他的四肢,而没有斩断他的头脑,炸裂他的心腹,还不能置他的最后的死命",而"斩断统治阶级的头脑,炸裂他的心腹的残酷的斗争,主要是靠工人阶级最后的激烈斗争——武装暴动。所以忽视组织工人的斗争,忽视准备工人阶级的武装暴动,不只是策略上的严重错误,而且会成为不可饶恕的罪过"④。第三,在中国革命与世界革命的关系问题上,认为在"帝国主义束缚世界的锁链中,中国是最薄弱的一环,就是革命最易爆发的地方。所以世界革命有首先在中国爆发的可能,而且这一爆发以后,必要引起整个世界革命的兴起"⑤。1930 年 6 月 11 日,《新的革命高潮与一省或几省首先胜利》经中共中央政治局会议议定发布。这是一份将李立三"左"倾冒险错误全面表述的具有一定纲领性质的文件,错误地评价了当时中国

---

① 《接受国际一九二九年十月二十六日指示信的决议》(1930 年 1 月 11 日),见中央档案馆编:《中共中央文件选集(一九三〇)》第六册,中共中央党校出版社 1989 年版,第 13 页。

② [美]费正清、费维恺编:《剑桥中华民国史(1912—1949)》(下卷),刘敬坤等译,中国社会科学出版社 1994 年版,第 199—200 页。

③ 《中央通告第七十号》(1930 年 2 月 26 日),见中央档案馆编:《中共中央文件选集(一九三〇)》第六册,中共中央党校出版社 1989 年版,第 28、30 页。

④ 《红旗》1930 年 3 月 29 日。

⑤ 李立三:《新的革命高潮前面的诸问题》(1930 年 5 月 15 日),见中共中央文献研究室、中央档案馆编:《建党以来重要文献选编》第七册,中央文献出版社 2011 年版,第 185 页。

革命的形势、性质和任务等，认为中国革命发展新的高潮即将来临，"革命胜利的开始，革命政权建立的开始，就是革命转变的开始，中间决不会有丝毫间隔的"；强调要"注意促进全国革命高潮，注意武装暴动的组织上和技术上的准备，注意布置以武汉为中心的附近省区首先胜利"。① 其根本目的是要在武汉、长沙或南昌这样的中心城市建立苏维埃中央政权，夺取全国胜利，并进而使中国革命迅速转变到社会主义阶段。

毫无疑问，李立三"左"倾冒险错误对蓬勃发展的农村苏维埃革命运动造成了严重的危害。在这一错误路线的指导下，以武汉为中心的全国总暴动、集中红军进攻中心城市等系列"左"倾冒险方针、政策相继出台，各级党、团、工会等组织的领导机构也被整合为行动委员会，一切都为武装起义做准备。之后，红一军团、红二军团、红一军、红十军、红七军分别被要求攻打南昌、长沙、武汉、九江和柳州等重点城市。很显然，在当时敌我力量过分悬殊的情况下，李立三的"争取一省数省首先胜利"的行动计划是处处碰壁，其直接后果是，进攻大城市的红军受到严重削弱，中共六大后刚刚有了较大恢复和发展的革命力量和根据地又遭到重大损失。红二军团奉命攻打长沙和武汉，部队由一万多人减少到两千多人，洪湖根据地遭到很大破坏；红七军奉命进攻柳州、桂林、广州，部队由六千多人减少到两千人，丧失了右江根据地；红一军攻打京汉线，配合攻击武汉，结果丢失了皖西根据地。

由于政治路线的错误，导致苏区各项工作从原来正确的轨道上被纳入了"左"倾错误的轨道。譬如，在苏区的经济建设上，无视苏区经济发展水平，认为在土地革命后，"每个农民都有了土地，把过去的地主垄断土地的剥削经济变成为每人都有土地的小农经济了，农村无产阶级——雇农在表面完全消灭了"②。因此，"现在要组织集体农场……再渐渐推广转私有生产为共同生产，走上社会主义经济的前途"③。这种跨越中国革命阶段的经济政策，显然给苏区的经济发展带来了极大危害。在处理富农的问题上，对富农在革命发展不同阶段的不同态度，不作具体分析，一概将富农看作是"彻头彻尾的反革命"，甚至认为富农"剥削贫农雇农比地主还要厉害残酷些，富农与贫农雇农在利益上是极端冲突的，在任何时候都是要站在反革命

---

①　《新的革命高潮与一省或几省首先胜利》(1930 年 6 月 11 日)，见中央档案馆编：《中共中央文件选集(一九三〇)》第六册，中共中央党校出版社 1989 年版，第 126、128 页。

②　江西省档案馆、中共江西省委党校党史教研室选编：《中央革命根据地史料选编》(上)，江西人民出版社 1982 年版，第 329 页。

③　江西省档案馆、中共江西省委党校党史教研室选编：《中央革命根据地史料选编》(上)，江西人民出版社 1982 年版，第 330—331 页。

的地位"①。显然,这种划分富农的标准,没有正确区分富农与地主的性质,却将实际上可争取的革命力量作为打击对象,反而扩大了反革命队伍,动摇了苏区的社会稳定。

李立三的这些"左"倾错误主张,在苏区一度受到毛泽东、朱德等红军领导人的抵制。他们认为中央对全国形势的分析和对红军的指导,有许多地方脱离中国实际。毛泽东为此而感到担忧,1930年5月上旬,他在寻乌进行了十多天的调研,并写下《反对本本主义》(当时题目为《调查工作》)一文,指出:"不根据实际情况进行讨论和审察,一味盲目执行,这种单纯建立在'上级'观念上的形式主义的态度是很不对的。为什么党的策略路线总是不能深入群众,就是这种形式主义在那里作怪。盲目地表面上完全无异议地执行上级的指示,这不是真正在执行上级的指示,这是反对上级指示或者对上级指示怠工的最妙方法。"②毛泽东对党内存在的盲目执行共产国际指示和机械搬用苏俄(联)做法的教条主义作风提出了批评。

然而,毛泽东的这一系列正确主张并没有在党的指导思想中占据主导地位,反而受到以李立三为代表的"左"倾中央的指责和批判,他们将毛泽东等人在农村开辟革命根据地、进行武装斗争、建立巩固的红色政权的正确主张,称为"党内右倾的政治思想和组织观念";进而否认在农村建立、巩固和发展苏维埃政权的必要性,强调"苏维埃区域的扩大亦必须以组织地方暴动建立城市领导来打破过去苏维埃政权躲避乡村或将苏维埃秘密起来之种种取消和保守倾向",认为"打破游击战争中之上山倾向保守观念分散政策等等农民意识和土匪倾向,是组织地方暴动的必要前提"③。显然,所有这些错误的主张和做法,使苏维埃政权的建设遭到严重损害,甚至一度陷入困境。

当然,因为李立三"左"倾冒险主义错误的发展严重超出了共产国际所能容许的范围,共产国际不得不亲自站出来制止。1930年10月《共产国际执委关于立三路线问题给中共中央的信》明确指出:李立三"左"倾冒险错误对中国革命"不但有害",而且还会带来"极大危险",因为"立三同志并不是从对于客观状态的分析出发的,并不是从对于斗争力量对比的分析出发

---

① 江西省档案馆、中共江西省委党校党史教研室选编:《中央革命根据地史料选编》(上),江西人民出版社1982年版,第332页。

② 《反对本本主义》(1930年5月),见《毛泽东选集》第一卷,人民出版社1991年版,第111页。

③ 《中央通告第七十号》(1930年2月26日),见中央档案馆编:《中共中央文件选集(一九三〇)》第六册,中共中央党校出版社1989年版,第30、31页。

的",他"没有估计到中国现在革命高潮量重要的特点之一……国内革命运动发展的不平衡",甚至"立三同志的观念,是和国际执委的分析互相对立的"。① 他把中国革命与世界革命联系在一起,甚至号召共产国际改变路线——转入进攻和尽快宣布世界革命,要求苏联准备对日本作战。共产国际指责称:"你们在政治局里试图决定世界革命的命运。"②为了"勒住狂奔的马"③,共产国际开展了反"立三路线"的斗争,亲自站出来制止了李立三的错误做法。然而,在共产国际内心深处,对李立三所实行的城市暴动路线并非彻底否定,对于共产国际而言,其仅对李立三在城市工人尚未完全准备充分、革命条件尚未完全符合要求之时盲目开展工作给予否定。正如周恩来在"传达国际决议的报告"中指出的:"中国革命新高潮已成无可怀疑的事实","但是在今天中国工农的力量尚未能聚集起来袭击帝国主义与国民党的统治,今天尚没有全中国客观革命形势,也就是在今天尚不是全国的直接武装暴动的形势"。④ 实际上,在如何夺取政权的基本方针方面,共产国际和"立三路线"并无原则分歧。共产国际在批判"立三路线"时,曾一再申明,它并不是不要城市的武装起义。1930 年 10 月,共产国际执委在关于"立三路线"问题给中共中央的信中,多次强调:"武装暴动的方针是定下来的了。建立苏维埃政府的意义,就在于中国共产党正在走向大城市以及最大城市的武装暴动。"⑤"应当用布尔塞维克的坚持性和彻底性,列宁主义的顽强性,去准备组织暴动。"⑥共产国际还特别反对将暂停起义的做法说成是"退却",并严厉地斥之为:"危害极大的右倾的机会主义。"此外,李立三曾反对毛泽东提出的"乡村包围城市"的理论,认为"不特别注意城市工作,想'以乡村包围城市','单凭红军来夺取城市',是一种极错误的观念"。⑦

① 《共产国际执委关于立三路线问题给中共中央的信》(1930 年 10 月),见中央档案馆编:《中共中央文件选集(一九三〇)》第六册,中共中央党校出版社 1989 年版,第 644—646 页。

② 中共中央党史研究室第一研究部译:《共产国际、联共(布)与中国革命档案资料丛书》第 9 卷,中央文献出版社 2002 年版,第 266 页。

③ 中共中央党史研究室第一研究部译:《共产国际、联共(布)与中国革命档案资料丛书》第 9 卷,中央文献出版社 2002 年版,第 261 页。

④ 周恩来:《关于传达国际决议的报告》(1930 年 9 月 24 日),见中共中央文献研究室、中央档案馆编:《建党以来重要文献选编》第七册,中央文献出版社 2011 年版,第 411 页。

⑤ 中共中央党史研究室第一研究部编:《共产国际、联共(布)与中国革命档案资料丛书》第 12 卷,中央文献出版社 2002 年版,第 354 页。

⑥ 中共中央党史研究室第一研究部编:《共产国际、联共(布)与中国革命档案资料丛书》第 12 卷,中央文献出版社 2002 年版,第 359 页。

⑦ 《新的革命高潮与一省或几省首先胜利》(1930 年 6 月 11 日),见中央档案馆编:《中共中央文件选集(一九三〇)》第六册,中共中央党校出版社 1989 年版,第 123 页。

对李立三的这种不正确观点,共产国际也从来没有批评过。可见,在这个带有根本性的问题上,共产国际与李立三的看法没有本质的区别。

"任何国家的革命道路问题,都要由本国的共产党人自己去思考和解决"①。中国的红色政权理论正是在这样的认知中逐步形成的,其主要来源于由毛泽东等人领导的湘赣边界工农武装割据的具体实践,其最大的特点就是充分了解自身实际需求,并吸收借鉴世界各地的苏维埃政权建设经验做法,"着重解决了在中国进入土地革命阶段以后,共产党应该如何在偏远乡村创造根据地,建立和巩固革命政权,深入开展土地革命的问题"②。正如毛泽东1965年5月重上井冈山时所说:"土地革命时期,我们建立了农村革命根据地,点燃了'工农武装割据'的燎原之火。井冈山的斗争,指出了农村包围城市、武装夺取政权道路的新方向。"③由此可见,当共产国际和中共中央仍热衷于"大城市和最大城市武装暴动"的时候,远离莫斯科和大上海的中国工农红军及苏区却在毛泽东等人的正确领导下,克服了重重困难。特别是在1930年底到1931年秋这段时期,毛泽东等人审时度势,全面分析敌我情况,制定了正确的斗争策略,将国民党军队对苏区三次大的"围剿"逐一粉碎。在斗争中,工农武装力量不断壮大,发展到十多万人;各地农村区域性苏维埃政权也纷纷建立,中国革命形势出现了大革命失败以来未曾有过的高涨。中国共产党人准确抓住中国社会发展的特点,即在广大农村地区国民党统治相对空虚这一现实情况,逐步在全国广大农村地区建立了长期发展的大量革命根据地,这一创举既为"中国革命指示出另外一个可能的方向",也开创了中国共产党人"自主探索革命政权建设的先河"。④

————————

① 《建设社会主义的物质文明和精神文明》(1983年4月29日),见《邓小平文选》第三卷,人民出版社1993年版,第27页。

② 于化民:《苏维埃革命:从宣传口号到行动纲领——以中共早期武装暴动和政权建设为中心的解析》,《近代史研究》2016年第1期。

③ 《汪东兴日记》,中国社会科学出版社1993年版,第230页。

④ 于化民:《苏维埃革命:从宣传口号到行动纲领——以中共早期武装暴动和政权建设为中心的解析》,《近代史研究》2016年第1期。

第三章 共产国际与中华苏维埃共和国的政权建设

1929 年底前后,国际国内形势发生了巨大变化。在国际上,资本主义国家爆发了一场空前严重的经济危机,在经济危机的剧烈震荡下,资本主义固有的各种矛盾都尖锐地暴露出来,各国革命运动出现新的高涨。而在中国国内,虽然李立三的"左"倾错误给红军和苏区的发展造成了巨大危害,但红军和苏区在毛泽东等人的正确领导下,克服了重重困难,特别是将国民党军队对苏区三次大"围剿"的粉碎直接鼓舞了士气,工农武装、革命根据地不断壮大,革命的发展出现了自大革命之后前所未有的高涨形势。随着这一形势的不断推进,共产国际作出了要求中共建立苏维埃中央政府的指示,对此中共中央用实际行动予以回应。历时近两年努力筹备,在共产国际的直接指导、帮助和一再催促下,1931 年 11 月,中华苏维埃共和国在江西瑞金召开了第一次全国代表大会。从此,首个以工农群众利益为代表,由工农群众参加,实行民主管理的新型全国性政权登上了中国政治舞台。

中华苏维埃共和国政权的建立,在很大程度上受共产国际和苏俄(联)的影响。无论是政权的机构设置,还是政权的组织和活动原则,中华苏维埃共和国都是效仿苏俄(联)模式而建立或确立的。也正是这种效仿,才使中国的红色政权在异常艰苦的条件下得以迅速地建立起一套比较完整的政权体系。也正是这种效仿,"党开辟了人民政权的道路,因此也就学会了治国安民的艺术"①。但是,由于幼年的中国共产党缺乏建设全国政权的经验,尤其是受到共产国际把苏俄(联)经验神圣化和模式化的影响,以及中共党内"左"倾政治势力和教条主义占据统治地位,使得对苏俄(联)苏维埃政权建设经验的"利用",在一定程度上成为生搬硬套的"移植"。毋庸置疑,所有这些不仅给中国的红色政权建设造成了巨大危害,也产生了一系列消极影响。其中第五次反"围剿"战争,就是在共产国际来华军事顾问"左"的错误军事路线指挥下进行的,他们以城市为中心的正规战思想几乎使中国革命毁于一旦。

---

① 《〈共产党人〉发刊词》(1939 年 10 月 4 日),见《毛泽东选集》第二卷,人民出版社 1991 年版,第 611 页。

一、共产国际与中华苏维埃共和国的筹建

从 1929 年 10 月以后，共产国际对在中国建立统一的苏维埃政权问题，发出了一系列指示，对苏维埃政权的政治体制作出了具体、详尽的规定。为了贯彻共产国际的指示，中共中央也作出了一系列决议、指示、训令，并从组织上做了相应准备。1931 年 11 月 7—20 日，中华苏维埃第一次全国代表大会（以下简称"一苏大会"）在瑞金召开，通过了《中华苏维埃共和国宪法大纲》等重要文件，宣告中华苏维埃共和国临时中央政府的成立。

（一）共产国际关于建立中华苏维埃共和国的战略策略

在 1929 年下半年，中国革命出现了大革命失败以来未曾有过的高涨形势，各地（尤其是南方）的农村苏维埃运动发展迅速，党领导的白区工人运动也是一浪高过一浪。受此形势鼓舞，共产国际认为中国革命条件已经成熟，于是要求中共在城市建立统一的苏维埃政权。1929 年 10 月 26 日，共产国际在致信中共中央时断定，中国革命已经"进到了深刻的全国危机的时期"；指示中共"现在已经可以开始并且应当准备群众，去实行革命的推翻地主资产阶级联盟的政权，而建立苏维埃形式的工农独裁"①。为此，有必要"巩固并且扩大游击战争，尤其是在满洲，以及在朱毛的区域里"；同时，"要使广东福建湖南湖北的工农红军的零碎行动互相配合"起来，使农村苏维埃连成一片。②

在之后的 1930 年 6 月至 1931 年 11 月"一苏大会"召开之前的这段时间，共产国际多次向中共发出了提议、建议和指示，力促中共尽快召开全国苏维埃代表大会，并成立苏维埃中央政府。1930 年 6 月，共产国际执委政治秘书处作出关于中国问题的决议案，再次肯定中国革命运动的新高涨已经成为不可争辩的事实，认为："苏维埃的运动，已经对于党提出组织苏维埃中央政府，以及调节这一政府的行动的任务。这个任务是有第一等重要意义的。对于中国工农苏维埃政府的问题，党应当注意到：要在最有保障的区域里建立起真正的红军——完全服从共产党的指导而能够做这一政府的

---

① 《共产国际执委致中共中央委员会的信》（1929 年 12 月 26 日），见中央档案馆编：《中共中央文件选集（一九二九）》第五册，中共中央党校出版社 1989 年版，第 791、792 页。

② 《共产国际执委致中共中央委员会的信》（1929 年 12 月 26 日），中央档案馆编：《中共中央文件选集（一九二九）》第五册，中共中央党校出版社 1989 年版，第 798 页。

支柱的红军——然后这个政府才能够有相当的力量和意义"。① 7月下旬，中国工农红军红三军团占领了长沙，得到这个消息后，苏联《真理报》马上就刊发了以《中国革命的重大成就》为题目的社论，文中指出："建立苏维埃政府在中国已成为提上议事日程的任务"。1930年8月，共产国际东方部又专门作出关于中国苏维埃问题的决议案，明确指出"中国南部苏维埃区域广大的发展，使中国共产党要担负起有系统的在村镇（乡）与城市之中建立苏维埃政权，一直到建立这些苏维埃区域的总机关——中央执行委员会的任务"；并要求中共中央为使"苏维埃版图再进一步的扩大起来，召集苏维埃省〈份〉的成立大会，以建立中国苏维埃共和国的问题变成为实际的问题了"。同时，决议案还要求建立起来的全国苏维埃中央政权，应通过宪法和其他法律将其确定下来，"这个大会必须通过苏维埃共和国的宪法及其他基本的法律，指正并确定省，县以及村镇苏维埃的工作，决定各省县一致的法则，选举代表的条例及组织红军等等，最后选举中央执行委员会……组织成临时革命政府"。② 三个月后，共产国际执委会在关于"立三路线"问题的信中又指示中共，当前的任务是"立刻团结锻炼出真正的工农红军"，"立刻建立坚强而有工作能力的苏维埃政府"，切实推行"真正革命的群众工作，苏维埃区域之中实行布尔塞维克主义的组织群众"。③

　　在半殖民地半封建的中国，建立一个全新的、工农民主专政的苏维埃共和国，中国共产党还缺乏足够的经验。共产国际不仅给中共提供了必要的理论指导和关于苏维埃组织、制度的思想，还在法律法规、政策策略制定的具体工作上给予很多的帮助。譬如，1930年7月的《共产国际执委政治秘书处关于中国问题的决议案》，就中华苏维埃共和国中央政府的政权建设、土地政策、经济政策、劳动政策、红军工作、群众工作、少数民族工作及无产阶级领导权等各个方面，提出了建设性意见。同年8月的《共产国际东方部关于中国苏维埃问题决议案》《共产国际东方部关于中国苏维埃政权的经济政策草案》等文件，又对各级苏维埃政权的组建、运作，苏维埃与各种社会团体的关系、苏维埃区域的保卫、党在苏维埃中的任务，以及苏维埃经济政策的目标、目的、基本内容、实施手段等，作了详尽指导。

---

① 《共产国际执委政治秘书处关于中国问题的决议案》（1930年7月23日），见中央档案馆编：《中共中央文件选集（一九三〇）》第六册，中共中央党校出版社1989年版，第585页。
② 《共产国际东方部关于中国苏维埃问题决议案》（1930年8月），见中央档案馆编：《中共中央文件选集（一九三〇）》第六册，中共中央党校出版社1989年版，第616、619页。
③ 《共产国际执委关于立三路线问题给中共中央的信》（1930年10月），见中央档案馆编：《中共中央文件选集（一九三〇）》第六册，中共中央党校出版社1989年版，第651页。

关于党在苏维埃中的任务。共产国际指示中共"在苏维埃成分之中"，"一定要组织共产党的党团"，通过党团领导苏维埃。"党团的领袖应该是最积极和最守纪律的党员，最好是党部委员会的委员。"党团必须服从当地党组织的领导，"党部委员会应当有系统的领导党团工作，坚决的从根本上预防党团的某些同志，尤其是整个党团不肯执行党的指示的最小企图。应当以最坚决的斗争态度，去反对有些指导工作同志之中存在的一些观点"。① 共产国际还规定了党团的任务：一是根据党的方针政策草拟苏维埃法令、决议、提案。"党团必须是苏维埃的提案与决议的创首者及召集报告会与其他各种会议的发起人。"党团要在工作的那一政权组织每一次会议前召集党团会议，讨论在会上怎样实现党的路线、方针、政策，并使之成为经常的惯例。二是监督苏维埃政权执行党的路线、方针政策。党团"必须注意整个苏维埃的工作及苏维埃每个委员的工作情形，并须留心不要使富农，已经被剥夺选举权的人及其他劳动民众的仇敌混进了苏维埃。要把广大的无产阶级，雇农与贫农及红军士兵的积极分子团结在苏维埃的周围"。②

关于苏维埃的选举原则。共产国际特别强调阶级成分，尤其是工人成分。"当苏维埃选举的时候，革命委员会须公布：地主，绅士，土豪，军阀及经常雇用劳工（雇农工人）的富农，以及使用一个雇员以上的商人一概剥夺其选举权。其他民众：产业及手工（业）工人，雇农，苦力，贫农与中农以及各级红军士兵得享有选举权与被选举权。"为了保障苏维埃政权中无产阶级与雇农成为骨干，共产国际在选举比例上也作了详细的规定，"工人，雇农与苦力可以由二十五人选出一个代表，而红军士兵就由五十人，贫农与中农则由一百人选出一个代表"，即使"在工人，雇农与苦力的人数没有到选举的法定数目的场合之下，也必须使他们有自己的代表参加苏维埃"。③

关于各级苏维埃国家机关的性质、任务。共产国际指出：苏维埃是国家政权的机关，必须依据工人、雇农、苦力与乡村贫民等组织。在基层设立村苏维埃政权。村苏维埃政权是最低一级苏维埃，叫某村工农兵代表会议。"不满十户的小村必须联合两个至三个同样的小村，而选举共同的苏维埃（某某几村工农代表会议）。各村苏维埃及由几个小村联合组成的村苏维

---

① 《中国共产党的最近组织任务——共产国际东方部议决案》（1930 年 8 月），见中央档案馆编：《中共中央文件选集（一九三〇）》第六册，中共中央党校出版社 1989 年版，第 605 页。

② 《共产国际东方部关于中国苏维埃问题决议案》（1930 年 8 月），见中央档案馆编：《中共中央文件选集（一九三〇）》第六册，中共中央党校出版社 1989 年版，第 620—621 页。

③ 《共产国际东方部关于中国苏维埃问题决议案》（1930 年 8 月），见中央档案馆编：《中共中央文件选集（一九三〇）》第六册，中共中央党校出版社 1989 年版，第 616—617 页。

埃必须选举代表与候补代表共五人,组织成乡苏维埃(以某镇为中心)。"乡
苏维埃的任务是召集会议,"讨论革命委员会的工作,通过他们应提出的临
时法律,并以该苏维埃的名义创立新的革命法令,重新分配土地给农民"。
为了更切实地解决具体问题,共产国际要求,在苏维埃之下组织各种委员
会,如经济、财政、教育、总务等委员会。当然还要选举执行委员会。不过小
地方,如九人以下组成的村苏维埃,只需选出一个书记经常在苏维埃工作即
可。"镇苏维埃(包括许多村而以某镇为中心的乡苏维埃)的执行委员会,
须由三人至五人组成之。小城市(县)苏维埃的执行委员会,应按照代表人
数的多少与苏维埃的工作之轻重,由二十五至三十五人组成之,并选出三人
至五人的常务委员会,候补常务委员二人。"而省苏维埃代表大会的代表从
县苏维埃代表大会和基层选出。省苏维埃代表大会的任务是"解决全省的
事务,选举省执行委员会"。全国苏维埃代表大会的任务是通过苏维埃共
和国宪法及其他基本法律,指示并确定省、县以及村镇苏维埃的工作,决定
各省县一致的法规,选举代表的条例及组织红军等等,并"最后选举中央执
行委员会",由"中央执行委员会组织成临时革命政府"。① 中国苏维埃运
动蓬勃发展,共产国际执委会认为中国革命新的革命高潮很快就会到来,所
以,要求中国共产党加强对全国各苏区斗争的领导,同时还要求全国各苏区
之间能互通信息,加强联络,以便在斗争中更好地互相配合。

对共产国际接连的指示,中共中央作出了积极的回应。中共中央政治
局于 1930 年 1 月 20 日决定召开一次全国苏维埃区域代表大会,共商大计。
5 月 20 日,全国苏维埃区域代表大会在上海英租界秘密开幕。会议历时 3
天,在最后一次会议上,主席团作出一项重要决议:1930 年 11 月 7 日召开
中华苏维埃第一次全国工农兵代表大会,成立中华苏维埃共和国临时中央
政府,以集中革命的指挥力量,统一全国各苏区的政权和法令。这表明,中
国共产党已将建立全国性的中央苏维埃政权列入重要议事日程。为此,组
成了中国工农兵会议第一次全国代表大会中央准备委员会(以下简称"中
准会")。然而,正当"一苏大会"的筹备工作紧锣密鼓进行之时,国民党军
队对中央苏区连续发动了三次大规模"围剿",致使会议被迫四次延期。
1931 年 2 月,共产国际执委会东方书记处在书面报告中措辞严厉地指示:
"我们认为再拖延苏区中央局和苏维埃民政当局的建立是极端危险的,有
碍于建立根据地和纪律严明的红军。请采取措施,立即在赣南建立有威信

---

① 《共产国际东方部关于中国苏维埃问题决议案》(1930 年 8 月),见中央档案馆编:《中共中
央文件选集(一九三○)》第六册,中共中央党校出版社 1989 年版,第 617—619 页。

的中央局"，并责成中央局完成"召开苏维埃代表大会"，"在代表大会上选举中央苏维埃人民委员会"和建立中华苏维埃共和国的任务。① 针对"一苏大会"的一再延期，共产国际主席团于同年7月再次指示中共中央，在最短的期限内，"赶快把中央苏维埃政府巩固的建立在最安全的区域"②。三个月后，在共产国际的一再督促下，在中国共产党经过两年多的艰辛筹备后，1931年11月，中华苏维埃共和国临时中央政府正式在赣南瑞金成立。

不过，在此需要说明一个问题，那就是即使在中华苏维埃共和国临时中央政府筹备阶段，共产国际也并未对其一直所坚持的"左"倾错误路线方针进行调整。特别是其"第三时期"的错误理论导致中国共产党产生了李立三、王明等"左"倾路线，进而对中华苏维埃共和国的筹备和发展带来极大破坏。一直以来，苏联对外方针、共产国际路线，及其在中国执行的政策，它们间的关系密不可分。在"第三时期"的理论表述中，"第三时期"的到来代表着世界资本主义完全解体，已经为世界资本主义总危机发展的最后阶段，但各帝国主义依然可能进行反苏斗争，所以这便需要全世界的革命力量联合起来，共同抵御外敌守护苏联这个世界上唯一的社会主义国家，其核心要义也正如此。"第三时期"理论在中国的加快推行起因于1929年7月爆发的"中东路事件"。在苏联为赢得对张学良作战胜利和防止日本乘机发动反苏战争的努力中，共产国际迫切需要中国国内出现全国武装暴动的形势。此时中共占领的根据地虽达十余块，但相互分割且都在各地边缘或省交界处，此种情形被共产国际视为中共"苏维埃运动的根据地彼此没有联系，同所谓外部世界隔绝"，是"红军作战态势的消极面"。③ 这样，不仅导致"各独立苏区之间行动的不协调"的现象经常发生，有时"在同一个苏区，甚至在同一个军内，行动也不协调"，④不能集中优势兵力发动强有力的进攻。因此，其多次要求中共尽快建立苏维埃中央政府，这样既能对全国革命有效有力集中领导，进行更大范围的战斗，进而对国民政府统治下的各中心城市开展猛攻；同时能够与国民党统治的政权进行对抗，与帝国主义的代理人国民党决战。

---

① 中共中央党史研究室第一研究部译：《共产国际、联共（布）与中国革命档案资料丛书》第10卷，中央文献出版社2002年版，第112—113页。

② 《共产国际执委主席团给中国共产党的信》（1931年7月），见中央档案馆编：《中共中央文件选集（一九三一）》第七册，中共中央党校出版社1991年版，第760页。

③ 中共中央党史研究室第一研究部译：《共产国际、联共（布）与中国革命档案资料丛书》第10卷，中央文献出版社2002年版，第57页。

④ 中共中央党史研究室第一研究部译：《共产国际、联共（布）与中国革命档案资料丛书》第10卷，中央文献出版社2002年版，第279页。

事实上，无论共产国际目的何在，正因为他们积极推进"城市中心论"，以及在多次要求中共尽快成立苏维埃中央政府的这一进程中，红军、苏区的斗争也得到了持续的重视。1929年7月8日，在给共产国际的信中，远东局成员雷利斯基就指出，尽管全国各地武装斗争不断发生，但中共已有举措使参与战斗人员"不蜕化成土匪集团"，同时指出："在革命运动日益高涨的情况下，红军可能成为全国革命红军的萌芽"。[1] 1930年朱毛红军在赣南、闽西站稳脚跟并取得一定发展后，共产国际、联共（布）领导人不时接到驻华代表有关朱毛红军活动情况的报告，从而对苏区红军有了更多的了解。1930年5月，斯大林与周恩来等人谈话，就开始突出强调了中国革命发展不平衡的特点和意义。他明确指出："由于中国是一落后国家，政治经济发展不平衡，因此，中国的情况与西欧不同……中国革命只能是从敌人统治最薄弱而党的工作最发达的地域发展起，首先发动广泛的群众斗争，进而创立和扩大红军，巩固党的领导，并逐渐开辟和扩大革命根据地，一步一步有力地向外发展，争取中心城市。"[2]

斯大林的这些讲话，表明共产国际已经认识到在中国城市地区不存在建立苏维埃的条件，不再把夺取大城市当作现阶段中国红军必须完成的任务，已经认识到红军、根据地和苏维埃政权的重要作用，确信红军是中国革命的希望所在。从1930年下半年开始，共产国际就农村工作发出大量指示，基本上涵盖了红军、根据地和土地革命等一系列重要问题。[3] 据此，7月23日共产国际关于中国问题的决议案首次正式提出"建立完全有战斗力的政治上坚定的红军，在现时中国的特殊条件之下，是第一等重要的任务"，认为只要"解决这个任务，就一定可以保障革命的强大的开展"[4]。这些判断和指示，对当时的红军和苏区斗争的发展无疑是有积极意义的。

同一时间，在充分了解李立三"左"倾冒险错误所带来的极大牺牲后，共产国际对这一错误思想进行了制止，并逐步意识到当前中国革命形势以中心城市暴动夺取政权不切合实际，苏维埃中央政府仍要建立在苏区。因此，在1930年8月13日，知道了李立三等人不顾远东局的反对而大力推进

① 中共中央党史研究室第一研究部译：《共产国际、联共（布）与中国革命档案资料丛书》第8卷，中央文献出版社2002年版，第141页。

② 杨奎松：《中国地带的革命——中国革命的策略在国际背景下的演变》，中共中央党校出版社2010年版，第226页。

③ 曹建坤：《共产国际对于中国革命道路的探索——1927—1931年共产国际档案资料评析》，《重庆社会科学》2006年第2期。

④ 《共产国际执委政治秘书处关于中国问题的决议案》（1930年7月23日），见中央档案馆编：《中共中央文件选集（一九三〇）》第六册，中共中央党校出版社1989年版，第585页。

"庞大而宏伟"的暴动计划的情况后,斯大林给予了措辞激烈的批评:"在当前形势下,在中国举行总暴动,简直是胡闹。""中国人急于攻占长沙,已经干了蠢事。现在他们要在全中国干蠢事。决不能容许这样做。"①8 月 25日,联共(布)中央政治局会议指出:中国在目前情况下,"还没有占领大城市的重大机会。现在号召工人在汉口、上海、北京、奉天等大城市举行武装暴动(就像李立三所希望的那样)是最有害的冒险主义。"②要求巩固根据地,不要热衷于试图立即扩大苏维埃根据地,指示中共应该依靠真正的红军在湘、鄂、赣三省建立中央苏区,"至少在一个生活有保障的地区建立和巩固中国的苏维埃政府"③。由此可以看出,此时斯大林与共产国际已经发生转变,建立苏维埃政权与大城市已经没有了必然的关系,加之已把建设红军作为首要任务,从而在整体工作中开始放弃"以城市为中心"的思想,并开始了向"以农村为中心"的转变。所以,共产国际在 10 月份关于"立三路线"问题给中共中央的信中,对中国形势有了进一步的认识,提出"苏维埃政府应当建立在革命的根据地"④里,而且应"依靠真正的红军"⑤。

　　1930 年底至 1931 年秋,这一时期的红军和苏区,由于毛泽东等人的正确方针策略的指导,"左"倾错误产生的问题逐步减少,特别是连续粉碎国民党"围剿",在国内外以及世界各地产生了很大的影响,甚至包括敌对势力也十分震惊,共产国际更是格外重视。而各中心城市中,城市工会所开展的工作事实上成了"竹篮打水一场空"⑥。在此情形下,共产国际在经过不断了解之后,对中国革命和中国社会特性的认知更加深入,将工作侧重点也逐步由城市转变为农村。1931 年之后,王明等共产国际的拥护者也转变了完全依靠中心城市暴动的思路,对红军以及苏区工作积极赞赏。特别是在1931 年 3 月召开的共产国际执委第十一次全会上,曼努伊尔斯基在大会报告中指出:"在中国,革命危机加深的实际表现是,在拥有数千万人口的土

①　中共中央党史研究室第一研究部译:《共产国际、联共(布)与中国革命档案资料丛书》第 9卷,中央文献出版社 2002 年版,第 300 页。

②　中共中央党史研究室第一研究部译:《共产国际、联共(布)与中国革命档案资料丛书》第 9卷,中央文献出版社 2002 年版,第 331 页。

③　中共中央党史研究室第一研究部译:《共产国际、联共(布)与中国革命档案资料丛书》第 9卷,中央文献出版社 2002 年版,第 331 页。

④　《共产国际执委关于立三路线问题给中共中央的信》(1930 年 10 月),见中央档案馆编:《中共中央文件选集(一九三〇)》第六册,中共中央党校出版社 1989 年版,第 651 页。

⑤　中共中央党史研究室第一研究部译:《共产国际、联共(布)与中国革命档案资料丛书》第 9卷,中央文献出版社 2002 年版,第 331 页。

⑥　中共中央党史研究室第一研究部译:《共产国际、联共(布)与中国革命档案资料丛书》第10 卷,中央文献出版社 2002 年版,第 123 页。

地上建立了苏维埃和红军。这是当前中国革命高涨的决定因素,它使中国站到整个殖民地世界的民族革命运动的最前列。"①他还把中国苏维埃和红军的建立列为共产国际六大以来世界革命的三大成就之一。4月14日、15日,共产国际执委会主席团召开的关于中国问题的会议,标志着对中国革命规律的认识达到了一个新的水平。库西宁的讲话是一个代表。他明白无误地指出了中国革命和欧洲革命的重大区别。"中国的红军是跟任何别的地方完全不一样的。苏维埃也是完全不同的。富农也是另一种样子。中国的资产阶级民主革命也跟其他任何地方的资产阶级民主革命不同。"苏区的情形也和"欧洲标准所应有的完全不同"。欧洲革命走的是"以城市为中心"的革命道路。而中国革命则是完全不同的顺序,"先是个别共产党人组建红军支队,而这些支队建立起新的无产阶级政权。然后建立苏维埃的基础,后来开始——只是今天才开始——建立党的中心;然后着手组织贫农,最后才解决最重要的任务——发展广泛的无产阶级阶层"。② 即中国革命的道路是从农村到城市,实际上是"以农村为中心"逐步展开的。接着在1931年8月,在《共产国际执行委员会主席团关于中国共产党的任务的决议》中,再次对红军和苏区斗争中所蕴含的代表性和革命意义表示赞赏,指出"中国苏维埃运动促进了整个殖民地世界的革命化,而中国苏维埃运动的进一步发展是由于苏维埃和红军根据地的扩大与巩固而造成的";并赞扬红军已"成为聚集、团结和组织工农革命力量的核心,成为整个革命运动高涨的最重要的杠杆,成为中国革命危机的最高体现,成为推翻国民党的主要斗争形式,成为保证革命必将进一步猛烈向前发展的力量"。③

　　各方态度的转变成为红军的壮大以及推动革命根据地建设的积极因素,在宣传红军、农村根据地建设以及发动党的集体力量提升红军和苏区工作等各个方面作用明显,其中最主要的作用之一是促使中共党内一些人员的思想发生了转变。在1938年时,毛泽东曾指出:"一九二七年以后的一个长时期中,许多同志把党的中心任务仍旧放在准备城市起义和白区工作方面。一些同志在这个问题上的根本的转变,是在一九三一年反对敌人的第三次'围剿'胜利之后。但也还没有全党的转变,有些同志仍旧没有如同现

---

① 中共中央党史研究室第一研究部编:《共产国际、联共(布)与中国革命档案资料丛书》第12卷,中央文献出版社2002年版,第597页。

② 中共中央党史研究室第一研究部译:《共产国际、联共(布)与中国革命档案资料丛书》第10卷,中央文献出版社2002年版,第237—238页。

③ 中国社会科学院近代史研究所翻译室编译:《共产国际有关中国革命的文献资料(1929—1936)》第二辑,中国社会科学出版社1982年版,第145—147页。

在我们这样想。"①毛泽东所说的"一些同志"的转变,显然与当时共产国际和中共中央的态度有关。

上述分析表明,在中华苏维埃共和国建立的过程中,共产国际无论出于一个什么样的目的,它都产生了重要的影响和作用;尽管共产国际的一系列"左"倾错误的指导,给中国革命造成了很大损失,但它对红军和苏区的关注,及其某些策略的调整,在一定意义上加速了中华苏维埃共和国的成立。

(二)中共中央关于建立苏维埃中央政府的准备

上述共产国际的这些指示,对中共中央对形势的估量和采取的策略产生了重大影响。革命形势不断好转,武装斗争持续推进,各地不断建立苏区,红军持续壮大,特别是第三次反"围剿"的成功使得赣南苏区逐步稳定。因此,在1931年10月,中共苏区中央局作出在赣东南苏区设立江西省的决策,中共江西省临时省委地点设在了兴国县,任弼时被任命为临时省委书记,陈正人任命为宣传部部长。中共江西省临时省委则主要领导之前已经设立的赣东、赣南和永吉泰3个特委。同时,将之前分裂的赣南、闽西革命根据地相连接,苏区的范围大为增加,这也为在这一区域筹备建立中华苏维埃共和国中央政府提供了有利条件。到1931年打破敌人第三次"围剿"后,全国正规红军有红一方面军、红四方面军、红二军、赣东北的红十军、湘赣的红八军、湘鄂赣的红十六军以及陕北红军、琼崖红军等,总数在12万人以上。农村革命根据地特别是中央革命根据地形成较大规模,拥有21座县城,总面积达到5万平方公里,人口250万人。全国苏维埃区域扩大到十五六万平方公里,人口达到1000多万人。红色区域内,贫苦农民普遍分配了土地。红军和农村革命根据地成为中国苏维埃运动发展的基础,令中共中央欣喜,也令中央政治局转变思路,进一步了解到提升全国红军和苏区工作的重要性。但也面临着一个极大的问题,就是全国各苏区相对分散,湘、鄂、粤、赣、闽、皖、桂等各省均建有苏区,各苏区互相不通信息,与上海的中共中央联系也极不方便。接到1929年共产国际的"十月来信"后,中共中央就召开"一苏大会"和成立临时中央政府进行了一系列的筹备工作。1930年1月11日,中共中央政治局作出了《中共中央接受共产国际一九二九年十月二十六日指示信的决议》,这也代表着临时中央政

---

① 《战争和战略问题》(1938年11月6日),见《毛泽东选集》第二卷,人民出版社1991年版,第544页。

府筹备工作的开始。而第一次全国苏维埃区域代表大会、全国苏维埃大会中央准备委员会全体会议的召开则成为筹备工作的重点,也为"一苏大会"的召开以及临时中央政府的成立奠定了基础,特别是对于政治、组织、宣传等领域更是如此,从而使中华苏维埃共和国的成立成为现实。

　　1. 全国苏维埃区域代表大会的召开

　　中共中央收到共产国际 1929 年的"十月来信"后,很快发出接受国际上述指示信的决议,认为:"十月二十六日的国际来信,对半年来的中国事变与党的目前主要任务都给了明确的分析和指示,这足以证明中央于二中全会后,在这一方向上的努力一般的是正确的,只是中央在策略的运用和工作的布置上,尚仍不免犯有错误,虽中央已曾自觉的改正过来,但国际这一指示确给了中央更有力的督促与帮助。"①中共中央表示:为"实行武装暴动直接推翻反动统治","在现在就准备群众"。② 1930 年 1 月 20 日,中共中央政治局举行会议,会议决定根据共产国际提议召开全国苏维埃区域代表大会。

　　推翻剥削阶级,建立人民政权,始终是中国共产党领导新民主主义革命的根本任务。1927 年八七会议把土地革命和武装反抗国民党确定为党的总方针后,中共中央很快就作出了"统一中国,造成新中国——工农兵劳动贫民代表会议(苏维埃)的中国"③的斗争策略。经过两年多的艰苦斗争,到 1929 年下半年,中国革命出现了大革命失败以来未曾有过的高涨形势。各地(尤其是南方)的苏维埃运动迅速发展、工农武装力量不断壮大,革命根据地也日益扩大和巩固。革命形势确实令人鼓舞。但是,它们大多处于分割状态,难以形成统一领导,形成更大更集中的势力。这个问题不解决,势必阻碍革命进程。1930 年 2 月 3 日,中共中央政治局专门讨论筹备召开全国苏维埃区域代表大会(以下简称"苏代会")的问题。2 月 4 日,会议发出了由周恩来起草的《中央通告第六十八号——关于召集全国苏维埃区域代表大会》。通告向全党通报了自中共八七会议以来全国苏维埃运动蓬勃发展的有利形势,指出:"苏维埃区域与红军的扩大,的确

---

①　《中共中央接受共产国际一九二九年十月二十六日指示信的决议》(1930 年 1 月 11 日),见中共中央文献研究室、中央档案馆编:《建党以来重要文献选编》第七册,中央文献出版社 2011 年版,第 14 页。

②　中共中央文献研究室编:《周恩来年谱(一八九八——一九四九)》(修订本),中央文献出版社 1998 年版,第 181 页。

③　《中国共产党、中国共产主义青年团反对军阀战争宣言》(1927 年 10 月 23 日),见中央档案馆编:《中共中央文件选集(一九二七)》第三册,中共中央党校出版社 1989 年版,第392 页。

要成为决定新的革命高潮的主要动力之一。……因此党的策略更必须注意于全国各苏维埃区域与红军的联系,要使广大的农民政权与武装不仅在土地革命的过程中发展起来,并要使其在无产阶级坚强的领导下联合起来,更有组织性的行动起来,而成为新的革命高潮生长的一个直接动力。"通告决定在1930年五一劳动节召开全国苏维埃区域代表大会,"以联系全国苏维埃区域与红军",从而使"全国苏维埃区域与红军之更一致的联合行动,他要在无产阶级坚决的领导之下实行工农联合,实行彻底的土地革命,没收一切地主土地,分配给农民耕种,肃清一切反动武装,坚决反对富农,根本消灭豪绅地主的乡村统治,普遍的建立农民苏维埃政权,实行土地政纲,集中农民武装,建立红军赤卫队,加增雇农工资,发展雇农工会"。① 这次会议还提出,"苏代会"将由全国总工会、中国共产党为主要的发起者;关于参加这一大会的人员,除工会代表外,"各苏维埃区域应有二人以上之主要代表,红军如军应有一人以上之主要代表,其他游击区域及农民斗争区域亦有一人以上之主要代表,至其他群众代表农民赤卫队代表则由各地酌选,但每区至多不得超过五人"。②

中共中央第六十八号通告发出后,"苏代会"筹备委员会随即成立。1930年2月7日,筹备委员会召开会议,周恩来出席并作报告,对会议日期、代表名额、会议议程和决议草案作了说明。会后,以任弼时为主席的筹备委员会迅速开始"苏代会"的筹备工作。2月15日,中共中央和全国总工会联合发表了《召集苏维埃区域代表大会宣言》。宣言宣布:"五月三十日召集全国苏维埃区域代表大会,解决当前的一切重要问题。广东、广西、福建、江西、湖南、湖北、安徽、河南、四川,各苏维埃区域,各红军,各游击队,及其他各省之一切农民团体与武装组织,都希望各派其主要负责代表,来参加这一全国伟大的革命的代表会议。"③

经过三个多月的紧张筹备,全国苏维埃区域代表大会于1930年5月20日在上海秘密召开,同时召开的还有全国红军代表大会。参加大会的有

---

① 《中央通告第六十八号——关于召集全国苏维埃区域代表大会》(1930年2月4日),见中央档案馆编:《中共中央文件选集(一九三〇)》第六册,中共中央党校出版社1989年版,第16—18页。

② 《中央通告第六十八号——关于召集全国苏维埃区域代表大会》(1930年2月4日),见中央档案馆编:《中共中央文件选集(一九三〇)》第六册,中共中央党校出版社1989年版,第19页。

③ 《红旗》1930年2月26日。

各苏维埃区域和红军、各党组织、各革命团体的代表,共38人。① 大会通过了《全国苏维埃代表大会宣言》《全国苏维埃代表大会政治决议案》《土地暂行法》《劳动保护法》《告全国工人书》等决议草案。《全国苏维埃代表大会政治决议案》宣布了全国苏维埃政府的十大政纲:"(一)取消帝国主义一切特权,没收帝国主义在华一切财产;(二)消灭军阀制度与官僚制度;(三)颁布劳动保护法令;(四)颁布土地法令;(五)实现国内少数民族自决;(六)革命群众的言论结社罢工的自由;(七)取消苛捐杂税;(八)设立农民银行消灭高利贷资本;(九)建设水利改良农业;(十)联合苏联,援助殖民地革命。"②大会主席团最后一次会议还作出了两项决议:第一,在1930年11月7日召开第一次全国苏维埃代表大会,成立中华苏维埃共和国临时中央政府;第二,成立全国苏维埃代表大会中央准备委员会,负责第一次全国苏维埃代表大会的筹备工作。这是一个重要的决定,表明中国共产党即将领导人民建立全国性政权。

2."中准会"的成立及其工作开展

全国苏维埃区域代表大会召开后,参加大会的代表立即回到各苏区,传达、贯彻大会的内容和精神。为了广泛宣传全国苏维埃区域代表大会的意义和作用,1930年6月10日,中共中央发布了《第八十一号通告——扩大全国苏维埃区域代表大会的宣传运动》,《红旗》杂志刊发了题为《全国第一次苏维埃区域代表大会宣传纲要》的文章。通告和纲要强调,应将"苏代会"当成全国性革命政权的一种组织形式,这样就形成了代表帝国主义和军阀官僚的国民党政权与劳动人民自己领导、直接参与治理的工农民主政权"对立的形式"。通告与纲要认为,积极宣传建立苏维埃政权的意义与作用,其目的在于为中华苏维埃共和国的诞生做舆论宣传准备。

为筹备召开第一次全国苏维埃代表大会,在全国苏维埃区域代表大会期间,大会主席团决定邀请包括中共中央、少共中央、全国总工会等在内的各苏维埃区域和红军、各党组织、各革命团体等45个单位,派出代表组成中国工农兵会议第一次全国代表大会中央准备委员会(以下简称"中准会")。这些被邀请单位的代表,本拟1930年8月20日在上海集中召开"中准会"的成立大会。可是,全国苏维埃区域代表大会主席团认

---

① 参见中共党史人物研究会编:《中共党史人物传》第四、五卷,陕西人民出版社1982年版。有的著作称,参加此次全国苏维埃区域代表大会的人数共49人。

② 《红旗》1930年6月21日。

为第一次全国苏维埃代表大会的筹备工作非常重要，便决定在"中准会"正式成立之前，先由驻沪的中共中央、少共中央、全国总工会、革命互济会、上海总工会、自由大同盟、反帝大同盟、社会科学家联盟、左翼作家联盟等九个单位的代表组成一个全国苏维埃大会中央准备委员会临时常务委员会，执行中央准备委员会的职权，筹备中央准备委员会会议。经过认真筹备，"中准会"临时常委会在 1930 年 7 月 13 日组织召开了第一次临时常务会议。这次会议研究制定了中央准备委员会工作计划大纲、"中准会"临时常务委员会组织大纲以及临时常委会全部预算开支等各项议案。为了便于开展工作，第一次临时常委会会议还推举了中共中央、全国总工会、少共中央、左联、社联等各组织和革命团体的代表分别为临时常委会主席、秘书长、组织部长、宣传部长和机关报编辑主任等，而上海工联、反帝大同盟、自由大同盟与互济总会代表则被推举为编辑委员。

"中准会"临时常委会成立后，第一次全国苏维埃代表大会的筹备工作便紧锣密鼓地开展起来。根据"苏代会"关于筹备成立临时中央准备委员会的决定，"中准会"临时常委会于 1930 年 7 月间向全国各苏维埃区域、红军、党组织和革命团体共计 45 个单位发送了邀请，希望于 8 月 20 日派遣相关代表人员，积极到场出席第一次全国苏维埃代表大会中央准备委员会。这次会议的主要任务为"积极进行鼓动、宣传和组织等工作，以准备全国苏维埃大会，建立苏维埃，特别是要号召全国的工农兵贫民发动各样的斗争，积极准备武装暴动，以完成这一历史上伟大的使命，建立全国苏维埃政权"。① 7 月 18 日，中共中央发出第八十三号通告，特别强调此次大会所要确定召开的第一次全国苏维埃代表大会与 5 月份所召开的"苏代会"有着不同的意义，指出"苏代会"的任务只是"决定全国——特别是苏维埃区域革命斗争的策略路线，制定苏维埃政府的根本法令，并汇合全国各种革命势力，以促进革命高潮的迅速到来，而尚未建立统一的全国的苏维埃的政权，以与国民党反动的政权对抗"，但召开第一次全国苏维埃代表大会，则是要建立一个与国民党反动政权相对立的全国统一的苏维埃政权，因此其意义"与上次苏维埃区域代表大会的意义显然不同，而其政治任务较之上次大会当然更为伟大和重要"。②

---

① 《苏维埃代表大会中央准备临时常委会报告》，《红旗日报》1930 年 9 月 12 日。
② 《中央通告第八十三号——为苏维埃政权而斗争》(1930 年 7 月 18 日)，见中央档案馆编：《中共中央文件选集(一九三〇)》第六册，中共中央党校出版社 1989 年版，第 170 页。

在这期间，中共中央接连收到共产国际的决议和指示，催促中共尽快召开第一次全国苏维埃代表大会，并成立临时中央政府。在此情形下，1930年9月12日，中华苏维埃第一次全国代表大会中央准备委员会成立大会在上海召开。到会代表共八十多人，超过了原定人数的2/3。这次会议中对"中准会"临时常委会工作报告、政治宣言、"一苏大会"代表选举条例等议案进行了研究审议，对宪法、劳动法、土地法、经济法以及关于红军问题决议案等一系列即将向"一苏大会"报送的议案草案进行了细致研讨审定。会上还专门讨论通过了第一次全国工农兵代表大会准备委员会组织大纲，要求中央及各地区、各团体均需成立"准备委员会"，分别处理代表选举事宜。鉴于"一苏大会"的准备尚未就绪，大会还作出决定：将原定于1930年11月7日在上海召开的中华苏维埃第一次全国工农兵代表大会，推迟到1930年12月11日广州暴动三周年纪念日召开；"将中央准备委员会移到赤色区域去，公开的号召广大群众起来，准备全国苏维埃大会。在反动统治区域设立中央办事处，代理中央管理指定区域之准备工作"①。

为了加强党对召开全国苏维埃代表大会工作的领导，中共中央于1930年9月23日在《红旗日报》上发布题为《加紧准备全国苏维埃代表大会的工作》的通告，其中对苏维埃区域的党组织提出了如下的要求：第一，"各级党部应极广大的宣传苏维埃大会的意义和任务"，并同当地的各种工作联系起来进行；第二，应坚决地引进广大群众参加苏准会工作，因此，除党部提出候选名单外，必须引进青年团、工会、雇农工会、赤卫队、少年先锋队，尤其是贫农团等群众团体，提出候选名单，由苏准会收集起来，在党部领导之下，将正式公布这些名单；第三，党应利用"苏准会"的工作，开始组织贫农团，通过扩大深入宣传组织工作，在选举中发挥贫农团的积极作用；第四，"各苏维埃区域，应利用苏维埃代表大会准备会的机会，实行自乡村下级苏维埃的改选"；第五，党应组织当地工会和雇农苦力工会的积极分子，参加贫农团工作并起领导作用；第六，各级苏维埃代表人数，应分别按工农的比例；第七，"各苏维埃区域，实行选举运动时，应当扩大的征求下层工农群众的意见"，以便将这些意见编成书面材料，提供给全国苏维埃代表大会参考。②

中央通告发布后，为了使第一次全国苏维埃代表大会能顺利召开，《红旗日报》于 1930 年 9 月 25 日发表了由中共中央提出的、准备提交"一苏大会"讨论的《中华苏维埃共和国根本法（宪法）大纲草案》。自 1931 年 3 月 9 日起，又陆续发表了劳动法、土地法、经济问题决议案和红军问题决议案等文件草案。这些草案发表的主要目的在于让广大群众充分讨论，最后修改成较完善的文件，提交"一苏大会"通过。

3. 苏区中央局的成立与"一苏大会"筹备工作的积极展开

从 1930 年下半年开始，由于国内军事形势的变化，国民党军队连续对苏区进行了三次大规模"围剿"，"一苏大会"的召开又被迫几次延期。对此，共产国际领导人十分不满。在 1930 年 8 月共产国际东方部就中国苏维埃问题作出专门的决议案后，1931 年初共产国际执委会给驻上海的共产国际远东局发来电报，批评中共这种做法是"极其危险的"，并进一步作出指示，尽快"组建有较高威信的中央局"，并由其负责"举行苏维埃代表大会"以及"在会上选举中央人民委员会"。①

根据共产国际的指示，中共在艰苦的条件下仍积极开展着"一苏大会"的筹备工作，其中最重大的举措，就是建立中央苏区和成立苏区中央局。1930 年 8 月 29 日，在接到共产国际东方部关于中国苏维埃问题的决议后，中共中央在给长江局并转湖南省委、湘鄂赣前委的信中指出："中央决定在湘鄂赣这一广大苏维埃区域成立中央局，其管辖区域以所有苏维埃区域为范。"②1930 年 9 月 24 日，中共中央在上海召开的六届三中全会，重点研究了建立中央苏区和成立苏区中央局的问题。会议首先结束了李立三"左"倾错误在中央机关的领导，并根据共产国际有关中国苏维埃运动的指示精神，讨论了苏维埃政权的建设问题。会议认为："革命势力——工农红军的发展，正在从零星散乱的游击战争，进到反对军阀和帝国主义的正式革命战争……中国红军的三，四，五，八军的汇合和广大的苏维埃运动的发展，正是证明当前第一等重要的任务是——建立巩固的阵地，就是建立集中统一的真正和工农群众密切联系的苏维埃临时中央政府"。③ 为了实现这个目标，会议在《组织问题决议案》中提出："扩大的三中全会完全同意中央政治局立即在苏维埃区域建立中央局的办法，以统一各苏区之党的领导。当着苏维埃临时中央政权建立起来后，苏区中央局应经过党团在政权中起领导作

---

① 《共产国际执委会致共产国际执委会远东局电》，转引自《中共党史研究》1988 年第 2 期。
② 中国人民解放军政治学院党史教研室编：《中共党史教学参考资料》第十四册，中国人民解放军政治学院 1985 年编印，第 48—49 页。
③ 《关于政治状况和党的总任务议决案》（1930 年 9 月），见中央档案馆编：《中共中央文件选集（一九三〇）》第六册，中共中央党校出版社 1989 年版，第 286 页。

用。苏区各特委凡能与苏区中央局发生直接关系的地方,都应隶属其指挥。"①这两个决议将建立中央苏区和成立苏区中央局作为党当时的重要工作,并在实际工作中贯彻执行。

中共六届三中全会结束后,中央政治局于1930年10月24日再次对全国苏区工作的组织开展情况进行了分析研究。也正是在此次会议中,湘鄂赣、赣西南、赣东北、湘鄂边、鄂豫皖边、闽粤赣边和广西左右江七大特区得以建立。11月,湘鄂赣与赣西南在中央政治局苏区形成的工作计划中成为整体,"要巩固和发展它为苏区中央根据地",指出设立中央局的目的是"在指导整个苏维埃区域之党的组织,并在苏区成立中央军事委员会以统一各苏区军事指挥"。②

为了加紧筹备苏维埃代表大会,共产国际远东局根据共产国际执委会的电报指示,向中共中央提出:从政治局开始60%的人员须到苏区去,目的在于提升苏区组织领导;而90%的军事干部也要到苏区,其中既包括莫斯科回国人员,也包括国内从事的军事人员,目的在于强化红军组织领导。鉴于此,1930年12月,项英到达闽西苏区,与在那里活动的毛泽东、朱德会合,传达了六届三中全会的有关决议和组建中共苏区中央局的精神。经过短时间的准备,1931年1月15日,中共苏区中央局在江西宁都成立,与此同时,还成立了归苏区中央局领导的中央军事委员会。随后,中央苏区中央局发布了《苏维埃区域中央局的成立及其任务》第一号通告。通告宣布,苏维埃区域中央局"现已正式成立,开始工作,以后全国各苏区及红军中党部(总前委取消)应直接受苏区中央局指导"。通告还根据党中央的决定,对全国苏维埃区域作了具体划分,并就如何巩固和发展苏维埃区域作出了明确规定,要求"建立和改造各级苏维埃机关,发动广大群众来积极参加选举……使苏维埃政府真正成为工农劳动群众自己的政权"。③ 苏区中央局的成立,迈出了建立苏区领导中心的重要一步。

在此之后,苏区中央局便负责组织筹办全国"一苏大会"和成立苏维埃中央政府。中共中央决定把曾经定于1930年12月11日召开但未能如期举行的中华苏维埃第一次全国工农兵代表大会改为1931年2月7日举行,指出:"最好很快在苏区召集全国苏维埃代表大会(不应机械地一定要在2

---

① 《组织问题决议案》(1930年9月28日),见中央档案馆编:《中共中央文件选集(一九三〇)》第六册,中共中央党校出版社1989年版,第314页。
② 中国人民解放军政治学院党史教研室编:《中共党史教学参考资料》第十四册,第604页。
③ 中国人民解放军政治学院党史教研室编:《中共党史教学参考资料》第十四册,第622页。

月7日来开,再延期与否应由苏区中央局去定),委托苏区中央局领导召集。"①在1931年4月召开的苏区中央局扩大会议上,确定了建立苏维埃中央政府为其当前的第一要务,并在会议召开不久,制定出台了《关于召集全国苏维埃代表大会的决议》这一文件。6月1日,在打破国民党第二次"围剿"后的第二天,苏区中央局又发表了《中共苏区中央局为第一次全国苏维埃代表大会宣言》,强调在革命形势发展的情况下,"召集全国苏维埃第一次代表大会,成立中国苏维埃临时中央政府,就为革命目前最迫切的需要"。中华苏维埃中央革命军事委员会已决定"在今年八月一号(现已改期至公历十一月七号)召集全国苏维埃代表大会及产生中华苏维埃临时中央政府,来领导全国的革命斗争,来对抗反革命的中央政府——南京政府","来统一各苏区及全国红军的革命行动,来推翻帝国主义国民党的统治,来建立全国的苏维埃政权"。② 可在宣言发布后的第六天,蒋介石又发动了对中央苏区的第三次"围剿","一苏大会"的召开再次被迫延期。针对这一情况,6月16日,中共中央给苏区各级党部及各红军下达的训令指出:"国际屡次指示中国党在苏维埃区域必须建立起临时中央政府,中央亦屡次指示中央苏区要定期召集全国苏维埃代表大会,并要其他苏区选派代表到中央苏区去,各苏区党部对于这一任务的执行却非常迟缓,直到现在各地代表大会还多未开成。"中央训令要求各级党组织必须坚决地执行国际与中央的一切指示,限定"江西中央苏区必须在八一以前开成全国苏维埃代表大会,成立中华苏维埃共和国中央临时政府"。③ 接到中央训令后,6月20日中华苏维埃中央军事委员会发出了第十四号通令,决定"将全国苏维埃代表大会,改在十月革命纪念节(公历十一月七日)举行",并要求"各地代表应在十月十五日以前选举完毕,听候通知出席"。④ 通令发布后,各地纷纷建立苏"准会",负责宣传鼓动和选举代表的工作,召开"一苏大会"的准备工作进一步开展。

与此同时,在苏区中央局的领导下,红一方面军很快击溃了国民党军

---

① 中国人民解放军政治学院党史教研室编:《中共党史教学参考资料》第十四册,第39页。

② 《中共苏区中央局为第一次全国苏维埃代表大会宣言》(1931年6月1日),见中共中央文献研究室、中央档案馆编:《建党以来重要文献选编》第八册,中央文献出版社2011年版,第440页。

③ 《中央给苏区各级党部及红军的训令》(1931年6月16日),见中央档案馆编:《中共中央文件选集(一九三一)》第七册,中共中央党校出版社1991年版,第312页。

④ 中共中央书记处编:《六大以来党内秘密文件》(上),人民出版社1981年版,第141页。

对苏区的第三次"围剿"。三次反"围剿"的成功对革命发展起到了积极作用,赣西南、闽西这两个革命根据地在1931年冬季时已经逐步相连成为整体,发展为全国最大的一个根据地,胜利完成了创建全国苏维埃中心区即中央苏区的伟大战略任务。中央苏区的形成,为不久以后在瑞金召开第一次全国工农兵代表大会、成立中华苏维埃共和国奠定了基础。

在此期间,对中华苏维埃共和国临时中央政府的成员名单,重点是政府主席、副主席候选人名单的酝酿,是筹建工作中的重中之重。中央政治局最初决定,"苏区局的全体成员都列入政府成员,此外,向[忠发]、张国焘、陈郁、陆宗泽(音)、明大英(音)等以个人身份参加"。张国焘还建议"任命共产国际代表为政府机关主席或首脑"。共产国际代表雷利斯基否定了这一提议,认为"外国同志在党内是共产国际执委会的代表,在广大群众面前是外国同志",不应该进入政府;同时他还提出苏区局"就不一定也不需要让它的所有成员都成为政府成员"。[①] 1931年2月20日,中共中央政治局会议专门讨论了这一问题。会上,周恩来代表政治局所属苏区委员会提出了初步意见:政府主席由时任中共中央政治局主席、政治局常务委员会主席的向忠发担任,毛泽东、项英为副主席。刚从苏联回国,到达上海仅三天的张闻天,这次以列席身份参加会议,却提出了不同意见:"我觉得特生(即向忠发)做政府主席是没有必要的",与会的其他人员在这个问题上看法不一。最后是向忠发本人表态,同意张闻天的意见,"觉得泽东可以做主席"。会议最后议决:这个问题待与共产国际执委会远东局相商后决定。后来商议的结果是,国际远东局同意毛泽东担任苏维埃中央政府主席的人选方案。[②] 从实际情形来看,共产国际的这个决定对于稳定和鼓舞苏区(尤其是中央苏区)的士气民心,保证"一苏大会"、临时中央政府的筹备工作顺利进行,以至于中央苏区的进一步巩固发展,临时中央政府成立后顺利施政等,都具有重大的意义。

在1931年10月20日,中共中央向全党全社会公开发布了《中国共产党为第一次全国苏维埃代表大会告全国工农劳苦民众》,文中对中央临时政府成立的意义和作用进行了阐述,指出"毫无疑义将要成为全国工农革命运动的指导者与组织者","他将一定成为中国工农民主专政在全国范围

---

① 中共中央党史研究室第一研究部译:《共产国际、联共(布)与中国革命档案资料丛书》第10卷,中央文献出版社2002年版,第88—89页。

② 参见张培森:《毛泽东为何看重张闻天》,纪念中华苏维埃共和国成立七十周年学术研讨会入选论文。

内胜利和奠定的先声,创造中国新社会的序幕"。① 至此,召开第一次全国苏维埃代表大会的筹备工作宣告完成。

二、以苏俄(联)为模式的中华苏维埃共和国政权的建立

历时两年多的筹备,终于在 1931 年 11 月 7 日这一天,在江西瑞金举行了中华苏维埃共和国第一次全国代表大会。与会人员包括各苏区、红军、全国总工会、海员等多个单位和组织的代表,总人数达到了 610 人。此次会议的重要成果为:成立了中华苏维埃共和国临时中央政府,其为全国苏维埃政权中央领导机构,选举毛泽东为中华苏维埃共和国临时中央政府主席,项英、张国焘为副主席。《中华苏维埃共和国宪法大纲》《地方苏维埃政府的暂行组织条例》《中华苏维埃共和国划分行政区域暂行条例》《中华苏维埃共和国的选举细则》《中华苏维埃共和国婚姻条例》等一系列法律条文和规章制度议定出台,其中,《中华苏维埃共和国宪法大纲》是苏维埃共和国的根本大法。此次会议的胜利召开有着十分深刻的含义,其不仅仅表明了中华苏维埃共和国的正式成立,同时也象征着在中国共产党领导下完整国家政权组织的产生,更代表着在中国革命历史上首个维护工农群众利益以及由其直接参与民主管理的新型政治制度开始凸显能力。

在这一过程中,中华苏维埃共和国的成立仍未脱离共产国际和苏俄(联)的影响,特别是政权体系建设基本效仿了苏俄(联)模式。因此可以看出,中国苏维埃政权的建设"在基本模式上曾是苏俄(联)苏维埃在一定程度上的移植"②。

(一) 苏维埃共和国的本质特征——工农民主专政

中华苏维埃共和国的国体,是无产阶级领导下的工农民主专政。中华苏维埃共和国成立后,《中华苏维埃共和国宪法大纲》就开宗明义地宣示:"中国苏维埃政权所建设的是工人和农民的民主专政的国家。苏维埃政权是属于工人、农民、红军兵士及一切劳苦民众的。在苏维埃政权下,所有工人、农民、红军兵士及一切劳苦民众都有权选派代表掌握政权的管理;只有

---

① 《中国共产党为第一次全国苏维埃代表大会告全国工农劳苦民众》(1931 年 10 月 20 日),见中央档案馆编:《中共中央文件选集(一九三一)》第七册,中共中央党校出版社 1991 年版,第 440、441 页。

② 王永祥:《中国现代宪政运动史》,人民出版社 1996 年版,第 211 页。

军阀、官僚、地主、豪绅、资本家、富农、僧侣及一切剥削人的人和反革命分子是没有选派代表参加政权和政治上自由的权利的。"①

1. 无产阶级及其先锋队中国共产党是苏维埃政权的领导者

中华苏维埃共和国从它诞生之日起就始终处于中国无产阶级及其先锋队中国共产党的领导之下。这是中国苏维埃政权最主要的特点之一,也是中国共产党在经历了第一次大革命时期政权建设上的挫折后,吸取沉痛的历史教训而自觉采取的措施。中共尽管早在大革命时期就对无产阶级领导权等进行过探讨,然而在右倾机会主义占据主导地位的情形下,对在政权建设中领导权的作用未能高度重视。正是大革命时期在政权建设问题上付出了惨重的代价之后,中国共产党人才认识到无产阶级及其政党掌握政权的领导权的重要性。所以,在《关于苏维埃建设决议案》中特别强调:"为着保证苏维埃工作的猛烈的开展,必须用力巩固苏维埃中的无产阶级领导。我们苏维埃是工农专政的政权机关,只有强有力的无产阶级的领导,才能使苏维埃彻底完成民主革命,并成为将来革命转变的杠杆。所以在苏维埃中,一时一刻也不忽视加强无产阶级领导的实际工作。"②

但中国处于半殖民地半封建社会,资本主义发展缓慢导致无产阶级力量十分弱小,因此只有在制定选举规则中,将无产阶级区别对待才能实现无产阶级对苏维埃政权的绝对领导,《中华苏维埃共和国宪法大纲》指出:"为着只有无产阶级才能领导广大的农民与劳苦群众走向社会主义,中国苏维埃政权在选举时给予无产阶级以特别的权利,增多无产阶级代表的比例名额。"③显然,这是对苏俄不平等选举方式的模仿,实行工人阶级在代表数量中占有优势,确保苏维埃中工人阶级的代表能占到一定比重。1918年《俄罗斯社会主义联邦苏维埃共和国宪法(根本法)》(以下简称"1918年《苏俄宪法》")规定:"全俄苏维埃代表大会按下列名额组成之,市苏维埃按每选民25000人选派代表1人,郡苏维埃代表大会按每居民125000人选派代表1人。"④工人阶级在各地方苏维埃代表大会中也具有名额优势,如"乡代表会

① 《中华苏维埃共和国宪法大纲》(1931年11月7日),见中共中央文献研究室、中央档案馆编:《建党以来重要文献选编》第八册,中央文献出版社2011年版,第649—650页。
② 江西省档案馆、中共江西省委党校党史教研室选编:《中央革命根据地史料选编》(下),江西人民出版社1982年版,第354页。
③ 《中华苏维埃共和国宪法大纲》(1931年11月7日),见中共中央文献研究室、中央档案馆编:《建党以来重要文献选编》第八册,中央文献出版社2011年版,第650页。
④ 姜士林、陈玮主编:《世界宪法大全》(上卷),中国广播电视出版社1989年版,第1039页。

每居民 10000 人选派代表 1 人,市苏维埃以及工人区苏维埃及边远区工厂苏维埃每选民 2000 人选派代表 1 人"。① 而 1924 年《苏维埃社会主义共和国联盟根本法(宪法)》(以下简称"1924 年《苏联宪法》")对苏联苏维埃代表大会组成人员的产生办法予以同样的规定:"苏维埃社会主义共和国联盟苏维埃代表大会按下列代表组成之,市苏维埃和市镇苏维埃每25000 人选派代表 1 人,郡苏维埃代表大会每居民 125000 人选派代表1 人。"②

效法苏俄,中华苏维埃共和国的《苏维埃暂行选举法》也明确规定:"无产阶级是苏维埃革命的先锋队,领导农民推翻地主资产阶级的国民党政权,建立工农民主专政的苏维埃政权。为加强无产阶级在苏维埃机关中的领导,对于居民与代表人数比例,工人比别的居民要享受优先的权利。"③在《苏维埃暂行选举法》中,地方、中央等各级均对工人阶级的优先权有明确要求,从全国苏维埃代表大会的代表名额分配上就可以得出结论,如其明确要求"城市居民每 1500 人得选举正式代表 1 人,乡村居民每6000 人得选举正式代表 1 人,代表成分,工人须占 25%—30%";出席省苏维埃代表大会的代表,"城市居民每 1500 人得选举正式代表 1 人,乡村居民每 6000 人得选举正式代表 1 人,代表成分,工人须占 25%—30%";出席县苏维埃代表大会的代表,"城市居民每 400 人得选举正式代表 1人,乡村居民每 1600 人得选举正式代表 1 人,代表成分,工人须占20%—30%"。④

对于工农阶级在苏维埃政权选举中的优先地位,毛泽东在《今年的选举》中亦有明确的阐述:"要用选举的方法,把大批最觉悟、最先进、最积极的分子选进苏维埃去,而把旧人员中那些不中用的分子淘汰出来",并以此"建立强有力的工农民主专政的苏维埃"。⑤ 这样严格按苏维埃的选举法进行选举,对于确保在国家权力机关中拥有大量的先进工人阶级代表和无产阶级对苏维埃的领导具有重要作用。

---

① 姜士林、陈玮主编:《世界宪法大全》(上卷),中国广播电视出版社 1989 年版,第 1045 页。
② 姜士林、陈玮主编:《世界宪法大全》(上卷),中国广播电视出版社 1989 年版,第 1052 页。
③ 韩延龙、常兆儒编:《中国新民主主义革命时期根据地法制文献选编》第一卷,中国社会科学出版社 1981 年版,第 153 页。
④ 韩延龙、常兆儒编:《中国新民主主义革命时期根据地法制文献选编》第一卷,中国社会科学出版社 1981 年版,第 159 页。
⑤ 毛泽东:《今年的选举》(1933 年 9 月),见中共中央文献研究室、中央档案馆编:《建党以来重要文献选编》第十册,中央文献出版社 2011 年版,第 501、502 页。

2. 一切政权为劳动人民所有，劳苦大众当家作主

与以往欺压劳苦大众的各种旧政权相比，苏维埃政权有着本质的不同，最大差异在于其彻底代表着劳动人民的切身利益。在《中华苏维埃共和国宪法大纲》（以下简称《宪法大纲》）中就有具体阐述："在苏维埃政权领域内的工人、农民、红军兵士及一切劳苦民众和他们的家属，不分男女、种族（汉、满、蒙……）、宗教，在苏维埃法律前一律平等，皆为苏维埃共和国的公民。为使工农兵劳苦民众真正掌握着自己的政权，苏维埃选举法特规定：凡上述苏维埃公民在十六岁以上皆享有苏维埃选举权和被选举权，直接选派代表参加各级工农兵会议（苏维埃）的大会，讨论和决定一切国家的地方的政治事务"；同时，《宪法大纲》还规定："中国苏维埃政权以彻底的改善工人阶级的生活状况为目的，制定劳动法，宣布八小时工作制，规定最低限度的工资标准，创立社会保险制度与国家的失业津贴，并宣布工人有监督生产之权。"①

在半殖民地半封建的中国，中华苏维埃政权的建立颠覆了封建帝王时代中国社会固有的统治模式，将传统社会中长期居于社会底层的工人、农民、士兵等提高到国家主人翁的地位，建立了"千年未有"的"工农民主专政的政权"，这在中国历史上是亘古未有。正如《中华苏维埃第一次全国代表大会告全中国工人与劳动民众》中所说："几十年来帝国主义地主资产阶级的统治，在全中国造成了贫穷、灾荒、战争、疫疠与死亡！千万万的外债，重重叠叠的苛捐杂税，百分之七八十的地租，高利贷等等一切重担，都加在全中国劳动民众的仔肩上"，"在帝国主义国民党统治下，我们的生命真是蚂蚁都不如"，"我们终究再不能忍耐下去了"，我们开始在"中国共产党的领导之下"，"举行武装暴动，推翻帝国主义国民党的统治，而建立我们工人与劳动民众自己的政权了"。②

3. 在苏维埃共和国，剥削阶级及一切反革命分子被剥夺参政议政的权利

工农民主专政的苏维埃政权具有两个鲜明特点：对工农民主、对除工农外的所有剥削者和反动分子专政，这两个特点应同样重视。苏维埃政权的阶级性质，决定了它一开始就把大军阀、大地主、大官僚排斥在这个政权体

---

①　《中华苏维埃共和国宪法大纲》（1931年11月7日），见中共中央文献研究室、中央档案馆编：《建党以来重要文献选编》第八册，中央文献出版社2011年版，第650—651页。

②　《中华苏维埃第一次全国代表大会告全中国工人与劳动民众》（1931年11月9日），见中共中央文献研究室、中央档案馆编：《建党以来重要文献选编》第八册，中央文献出版社2011年版，第657—658页。

系以外,不仅不允许其参与政权,同时将其划定在专政的范围。在《宪法大纲》中就作出了明确规定:"军阀、官僚、地主、豪绅、资本家、富农、僧侣及一切剥削人的人和反革命分子是没有选派代表参加政权和政治上自由的权利的。"①之所以要剥夺剥削阶级及一切反革命分子的参政议政的权利,是因为:"地主资产阶级,因为他们是剥削者,因为他们是过去的统治者,所以他们对于苏维埃是怀着极端深刻的仇恨的。因为他们虽被推翻但并未消灭,他们还有深根固蒂的社会基础,他们还有优越的知识和技术,所以他们被推翻,却时时企图复辟,企图推翻苏维埃政权,恢复原来的剥削制度。"②所以,只有动用武力、法庭等专政手段全面压制反革命行为,与所有反动势力坚决斗争,才能保证苏维埃政权真正被无产阶级和工农大众所掌控。

(二) 苏维埃共和国政权组织形式的确立

与工农民主专政的国体相对应,中华苏维埃共和国的政权组织形式是苏维埃代表大会制。

政权组织形式也就是通常所称的政体,根据特设的组织原则,统治阶级结合自身的意志和任务以国家的名义行使权力的一种政治组织形式。一个国家以什么样的形式组织政权与这个国家的阶级在本质上是相互对应的,政权组织形式从属于国家阶级本质,反映这个国家的阶级本质。中华苏维埃共和国实行的苏维埃代表大会制,这一政权组织形式就是以工农民主专政为国体,这一制度所包含的政权机构体系建设、政权组织机构设立以及政权组织活动原则等各方面,从根本上而言也是学习模仿苏俄(联),以苏俄(联)模式为蓝本。

1. 国家权力机构体系的构建

首先,看一下国家权力机构体系对照图③。

苏俄国家权力机构体系(1918 年):

---

① 《中华苏维埃共和国宪法大纲》(1931 年 11 月 7 日),见中共中央文献研究室、中央档案馆编:《建党以来重要文献选编》第八册,中央文献出版社 2011 年版,第 650 页。
② 江西省档案馆、中共江西省委党校党史教研室选编:《中央革命根据地史料选编》(下),江西人民出版社 1982 年版,第 311 页。
③ 参见王永祥:《中国现代宪政运动史》,人民出版社 1996 年版。

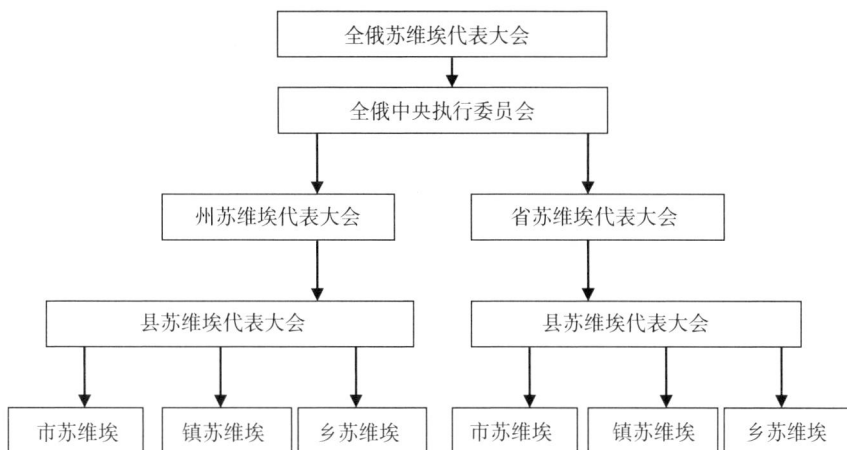

中华苏维埃共和国国家权力机构体系(1931 年):

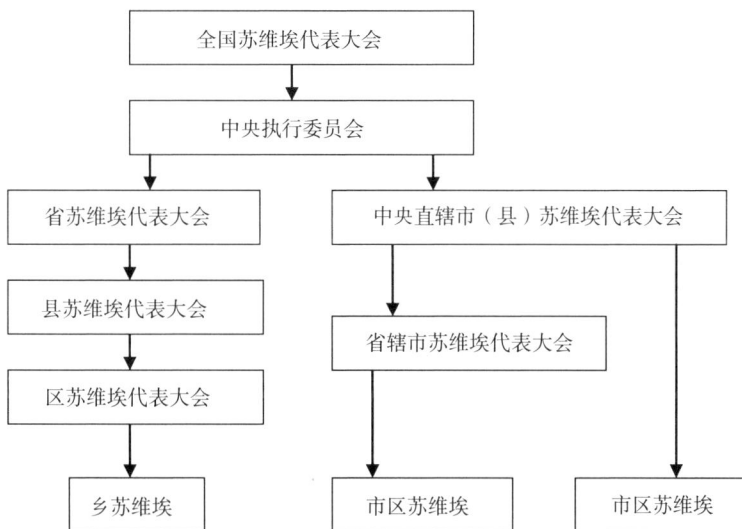

　　从上面两个图可以看出,1931 年中华苏维埃共和国的权力机构体系构建,基本上效仿了 1918 年苏俄的国家权力机构体系。从地方到中央,每一梯次都由一个级别的苏维埃组成,自下而上构成了金字塔形的国家权力机构体系。由上而下,位于塔尖的是最高权力机关。对最高权力机关职能的规定,同样是效仿苏俄,"全国苏维埃代表大会是中华苏维埃共和国的最高政权机关",有权"制定和修改宪法及其他法律,决定全国的大政方针,改选中央执行委员会"。① 在1918年《苏俄宪法》中,同样能看到类似的规定:全俄苏维埃代表大会有权"管理全国性的一切事宜",选举产生全俄中央执行委员会。在它们闭会期间,各自的最高权力机关为中央执行委员会。根据1918年《苏俄宪法》规定:在全俄苏维埃代表大会闭会期间全俄中央执行委员会为最高权力机关,有权"指导工农政府及全国一切苏维埃政权机关的活动,统一协调立法工作和管理工作,并负责监督苏维埃宪法、全俄苏维埃代表大会及苏维埃政权中央机关各项决定的实施情况";"审查和批准人民委员会或各主管部门所提交的法令草案及其他建议,并颁布自己的法令及命令";全俄中央执行委员会对全俄苏维埃代表大会负责。② 在中国,在全国苏维埃代表大会闭会期间,"全国苏维埃临时中央执行委员会为最高政权机关,中央执行委员会下组织人民委员会处理日常政务,发布一切法令和决议案。"③可见,《宪法大纲》对中央执行委员会职权的规定基本与上述全俄中央执行委员会职权的内容相同。可以"颁布各种法律和法令,并施行于中华苏维埃共和国的全境","审核和批准一切关于全国政治上经济上的政策和国家机关的变迁","中央执行委员会主席团、人民委员会及其他机关的法令和决议,中央执行委员会有停止和变更之权",④中央执行委员会则仅向全国苏维埃代表大会这一最高政权机关负责。这两个国家权力机构体系的共同点在于,在中央执行委员会休会期内,中央执行委员会主席团便成为其最高政权机关,只不过中华苏维埃共和国直到1934年才设立中央执行委员会主席团。

就地方国家权力机构体系而言,中华苏维埃共和国的设置为省(中央直辖市或县)、县(省辖市)、区(市)苏维埃代表大会和乡(市)苏维埃代表大会,也基本效仿苏俄的地方权力机构体系的设置——州(省)、县和乡(市、镇)苏维埃代表大会。至于对地方国家权力机关职权的规定,同样如此。1918年《苏俄宪法》规定地方各级权力机关的职权是:"一、执行各该上级苏维埃政权机关的一切决议;二、采取一切办法提高本管区内的文化与经济建设事业;三、解决本管区内一切纯地方性的问题;四、统一本管区内全部

① 《中华苏维埃共和国中央苏维埃组织法》(1934年2月17日),见中共中央文献研究室、中央档案馆编:《建党以来重要文献选编》第十一册,中央文献出版社2011年版,第219—220页。
② 姜士林、陈玮主编:《世界宪法大全》(上卷),中国广播电视出版社1989年版,第1040页。
③ 《中华苏维埃共和国宪法大纲》(1931年11月7日),见中共中央文献研究室、中央档案馆编:《建党以来重要文献选编》第八册,中央文献出版社2011年版,第650页。
④ 韩延龙、常兆儒编:《中国新民主主义革命时期根据地法制文献选编》第二卷,中国社会科学出版社1981年版,第88页。

苏维埃的活动。"①而《中华苏维埃共和国地方苏维埃暂行组织法》对地方各级权力机关的职权也作出了基本相同的规定:"1.执行中央政权机关的一切法律、命令、决议与指示,执行各该上级机关的命令、决议与指示。2.决定并执行本区域内关于各种苏维埃建设工作的计划。3.解决一切地方性质的问题。4.统一本区域内各级苏维埃机关的行政工作。"②

塔的底层是作为基层权力机构的市(区)苏维埃和乡苏维埃,是苏维埃政权的基层组织。其既要解决自己辖区内各地方事务性工作,也要听取上一级苏维埃的指示及向其汇报工作,它们是苏维埃政权组织与群众紧密联系、听取群众声音的直接联系者。"一方面是代表选举他们的选民到苏维埃去工作,传达选民意见,将选民所要进行的工作提到乡苏维埃去讨论。另一方面是将上级苏维埃所要进行的工作,经过代表会议或主席团讨论之后,传达到群众中去,领导各代表所在范围内的居民,坚决执行上级命令和指示,执行苏维埃的决议。"③

第一次全国苏维埃代表大会以后,各级苏维埃组织不断充实,如在上杭的上、下才溪两个乡中,分别增加了110名工农积极分子充实到乡苏维埃的各委员会;在瑞金石水乡、兴国长冈乡等地也成绩突出,其分别充实了118人和100余人参与各委员会;兴国长冈乡还组织成立了大量村级委员会。此外,群众参加苏维埃选举的人数增加了。据称,一般"平均在百分之七十五以上,有的达到百分之九十五"。苏维埃的工作方式也有了相当的改善。④

2.各级政权组织机构的建立

(1)中央政权组织

在中央政权组织机构的设置上,甚至在机构的名称上,中华苏维埃共和国也效仿苏俄,采取了全国苏维埃代表大会及其中央执行委员会、人民委员会、各人民委员部三级形式,见下图⑤。

苏联中央政权组织机构设置(1924年):

---

① 姜士林、陈玮主编:《世界宪法大全》(上卷),中国广播电视出版社1989年版,第1047页。
② 韩延龙、常兆儒编:《中国新民主主义革命时期根据地法制文献选编》第二卷,中国社会科学出版社1981年版,第75页。
③ 韩延龙、常兆儒编:《中国新民主主义革命时期根据地法制文献选编》第二卷,中国社会科学出版社1981年版,第38页。
④ 《第二次全国苏维埃代表大会苏维埃建设决议案》(1934年1月),见中共中央文献研究室、中央档案馆:《建党以来重要文献选编》第十一册,中央文献出版社2011年版,第175页。
⑤ 参见王永祥:《中国现代宪政运动史》,人民出版社1996年版。

```
苏联苏维埃代表大会
        │
   中央执行委员会
      主席团
     ┌───┴───┐
  最高法院   人民委员会
```

人民委员会下设：外交人民委员部、陆海军务人民委员部、对外贸易人民委员部、交通人民委员部、邮电人民委员部、工农检察人民委员会、国民经济最高委员会、劳动人民委员部、粮食人民委员部、财政人民委员会、联合国家政治保卫局

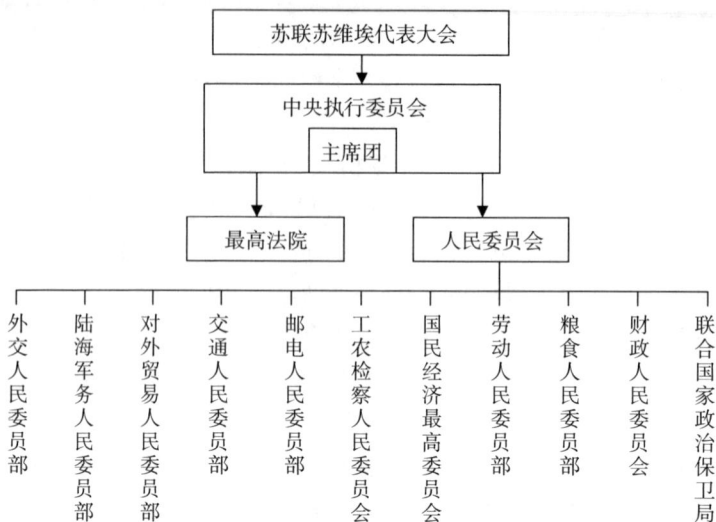

中华苏维埃共和国中央政权组织机构设置(1934年)：

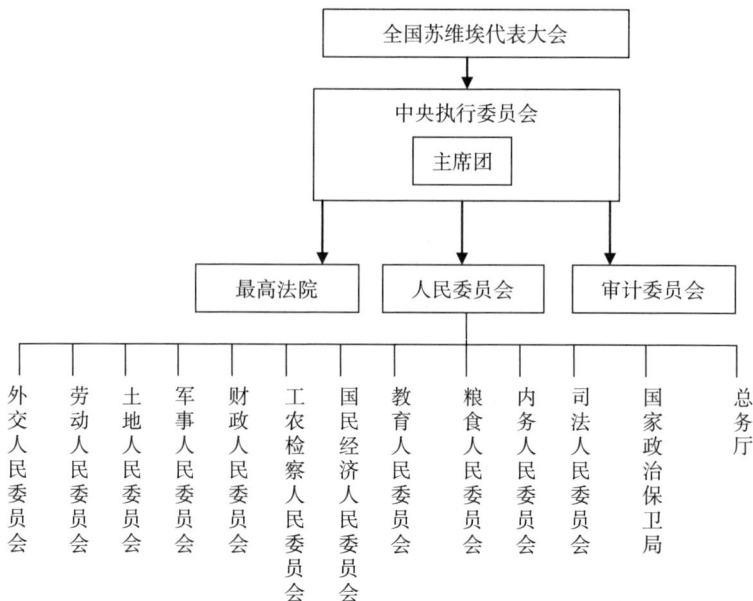

```
全国苏维埃代表大会
         │
    中央执行委员会
       主席团
   ┌─────┼─────┐
最高法院 人民委员会 审计委员会
```

人民委员会下设：外交人民委员会、劳动人民委员会、土地人民委员会、军事人民委员会、财政人民委员会、工农检察人民委员会、国民经济人民委员会、教育人民委员会、粮食人民委员会、内务人民委员会、司法人民委员会、国家政治保卫局、总务厅

　　前一部分研究已经表明,中华苏维埃共和国对国家最高权力机关职权的规定,基本与苏俄相同。而对人民委员会的职权,《中华苏维埃共和国中央苏维埃组织法》也大体沿用了 1924 年苏联宪法有关条文的规定。1924 年《苏联宪法》规定:"苏维埃社会主义共和国联盟人民委员会为苏

维埃社会主义共和国联盟中央执行委员会的执行及指挥机关,由苏维埃社会主义共和国联盟中央执行委员会组成之",它的"全部工作对苏维埃社会主义共和国联盟中央执行委员会及其主席团负责"。① 中华苏维埃共和国的人民委员会也是"中央执行委员会的行政机关,负指挥全国政务的责任"②。

中央政权体系下,人民委员会拥有较高的权力,包括最高行政管理权以及部分立法权,但其制定的法规将有可能被中央执行委员会及其主席团否决或改变,这在 1924 年《苏联宪法》中得以充分体现:人民委员会"在苏维埃社会主义共和国联盟中央执行委员会所赋予的权限,并依据苏维埃社会主义共和国联盟人民委员会条例颁发法令及决定,此项法令及决定,在苏维埃社会主义共和国联盟全境均须执行";"审查苏维埃社会主义共和国联盟各人民委员部以及各加盟共和国中央执行委员会及其主席团所提交的法令及决定";但凡是人民委员会的法令及决定,"得由苏维埃社会主义共和国联盟中央执行委员会及其主席团停止及废除之"。③ 效仿 1924 年《苏联宪法》,在《中华苏维埃共和国中央苏维埃组织法》中,中华苏维埃共和国人民委员会也拥有同样的权力:人民委员会"在中央执行委员会所指定的范围内得颁布各种法令和条例,并得采取适当的行政方针,以维持行政上的迅速和秩序","人民委员会的决议及所颁布的各种法令和条例,须报告中央执行委员会主席团","人民委员会有审查修改或停止各人民委员部所提出的法令及其决议之权","各人民委员部及各省苏维埃执行委员会,如对人民委员会的决议和各种法令有不同意见时,可向中央执行委员会或他的主席团提出意见,但不得停止执行",等等。④

人民委员部的活动方式,也是效仿苏俄,实行首长负责制与合议制的结合。由人民委员会的委员领导各人民委员部,在每一个人民委员之下,设立人民委员所主持的部务会议,其委员由人民委员会任命,"委员的人数,由人民委员会随时规定增减","各人民委员在他的权限内有单独解决一切问题之权。但重要的问题须交该部的委员会去讨论"。⑤ 当对人民委员决定

① 姜士林、陈玮主编:《世界宪法大全》(上卷),中国广播电视出版社 1989 年版,第 1053 页。
② 《中华苏维埃共和国中央苏维埃组织法》(1934 年 2 月 17 日),见中共中央文献研究室、中央档案馆编:《建党以来重要文献选编》第十一册,中央文献出版社 2011 年版,第 223 页。
③ 姜士林、陈玮主编:《世界宪法大全》(上卷),中国广播电视出版社 1989 年版,第 1053 页。
④ 《中华苏维埃共和国中央苏维埃组织法》(1934 年 2 月 17 日),见中共中央文献研究室、中央档案馆编:《建党以来重要文献选编》第十一册,中央文献出版社 2011 年版,第 224 页。
⑤ 《中华苏维埃共和国中央苏维埃组织法》(1934 年 2 月 17 日),见中共中央文献研究室、中央档案馆编:《建党以来重要文献选编》第十一册,中央文献出版社 2011 年版,第 226 页。

有异议时,各部务会议及其各委员可向相关部门申诉,但对于这一决定却仍需继续执行,受理申诉部门为人民委员会或中央执行委员会主席团。各人民委员部发布的指示命令,可由中央执行委员会主席团及人民委员会进行废除。所有的人民委员均须对人民委员会、中央执行委员会及其主席团负责。

(2)地方各级政权组织

中华苏维埃共和国执行委员会 1931 年颁布的《地方苏维埃政府的暂行组织条例》和 1933 年颁布的《中华苏维埃共和国地方苏维埃暂行组织法(草案)》对地方政权机构体系和职权的规定,也基本效仿苏俄。中华苏维埃共和国自建立至 1935 年 11 月,先后建立省级以及相当于省级苏维埃政权 17 个,其中在中央苏区就设立了江西省、福建省、闽赣省、粤赣省和赣南省等 5 个;而在十数个省先后建立的县苏维埃政权多达 250 多个。在政权组织机构的设置上,省、县、区三级基本相同,各级都实行工农兵代表会议制,各级执行委员会都由工农兵会议选出,并且设立主席团。县、区两级苏维埃政府组织系统与省级大致相同,只是工作人员减少。省(县区)级政权组织机构设置见下图①。

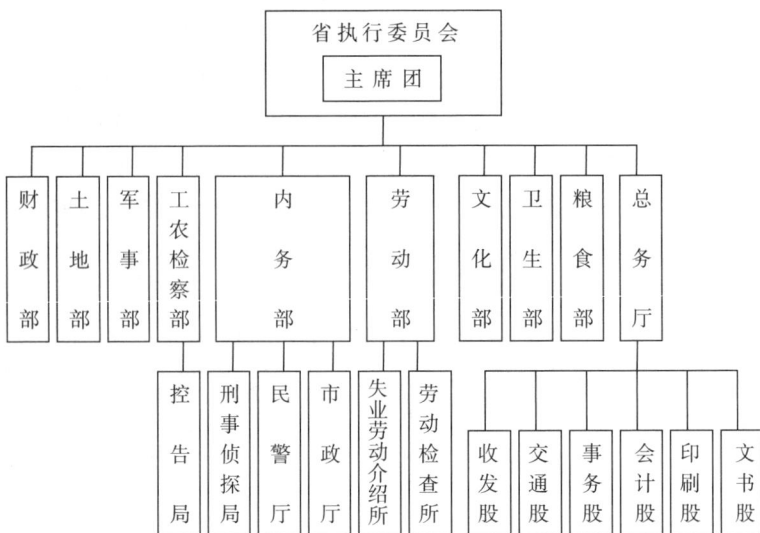

```
                    省执行委员会
                    ┌───────┐
                    │ 主 席 团 │
                    └───────┘
  ┌──┬──┬──┬────┬──────┬──────┬──┬──┬──┬────┐
 财  土  军  工农  内务   劳动   文  卫  粮  总务厅
 政  地  事  检察  部     部     化  生  食
 部  部  部  部                 部  部  部
            │     │      │              │
          控告局 民警厅 失业劳动介绍所   收发股
          刑事侦探局 市政厅 劳动检查所    交通股
                                        事务股
                                        会计股
                                        印刷股
                                        文书股
```

而乡(市)苏维埃是中华苏维埃共和国政权的基层组织,主要特点是经常性的代表会议制度。《地方苏维埃政府的暂行组织条例》规定"乡苏维埃不设立执行委员会,也不设立主席团,只设主席一人,大的乡可设副

---

① 参见蒋伯英、郭若平:《中央苏区政权建设史》,厦门大学出版社 1999 年版。

主席一人"。

在没收分配土地、发行公债、突击扩红等重大事项时可临时组织相关委员会负责执行相关事宜。在临时委员会的成员构成方面,既包括乡苏维埃代表,也可由乡活动分子和积极分子等人员参与,不过"这些临时来参加委员会工作的人有发言权而无表决权"。[①]　乡苏维埃的工作人员以不脱离生产为原则。

城市苏维埃(即市镇苏维埃政府)同乡苏维埃一样,也是苏维埃共和国的基层政权组织。但城市苏维埃在组织系统上,与上级苏维埃政府相对应,也分别设置了市一级的苏维埃代表会议、执行委员会和主席团等组织架构,在其之下则根据工作分工分别设置了涵盖内务、土地、财政、军事、总务、粮食等各相关职能部门。

3.国家政权的组织和活动原则的确立

在政权的组织和活动原则上,中华苏维埃共和国实行了无产阶级领导的原则、民主集中制原则和议行合一原则。

(1)无产阶级领导的原则

中国无产阶级及其政党——中国共产党在苏维埃政权居于绝对领导地位,是中国革命发展的结果。大革命失败后,以蒋介石为代表的国民党新军阀建立起封建法西斯统治。大革命时代工农群众争得的民主权利被剥夺殆尽。中国共产党肩负起独立领导中国革命的重任,以土地革命和武装斗争反对国民党新军阀的统治,"继续高举革命的旗帜,保持革命的传统,提出工农民主共和国的口号,且为此口号而艰苦奋斗了许多年"[②]。为了有一个更加稳固的革命根据地和坚定的领导中心,中国共产党在1931年11月召开了中华苏维埃第一次全国代表大会,建立起工农民主专政的国家制度。

中国的革命是在无产阶级及其政党的领导下进行的,因而坚持无产阶级领导成为其政权组织活动的第一原则,而由无产阶级的先锋队中国共产党领导就是其直接表现。对于无产阶级专政下党领导苏维埃的本质,列宁已作出说明:"专政是由组织在苏维埃中的无产阶级来实现的,而无产阶级是由布尔什维克共产党领导的"。[③]　因此,在共产国际直接指导召开的中共六大上,中共所制定的《苏维埃政权组织问题决议案》明确规定:"党随时随

①　韩延龙、常兆儒编:《中国新民主主义革命时期根据地法制文献选编》第二卷,中国社会科学出版社1981年版,第38页。

②　《中国共产党在抗日时期的任务》(1937年5月3日),见《毛泽东选集》第一卷,人民出版社1991年版,第260页。

③　《列宁全集》第31卷,人民出版社1958年版,第28页。

地都应作苏维埃思想上的领导者,而不应限制自己的影响。……苏维埃政权之正确的组织,是要以党的坚固的指导为条件的。"①

"无产阶级政党是苏维埃政权的缔造者、是苏维埃政权的灵魂,并对苏维埃政权的一切工作负有绝对责任。"②共产党对苏维埃的领导,主要的是确定苏维埃有决定意义的活动,制定苏维埃的政治路线,作出重要指示,指导苏维埃实现党的政策,选拔和教育苏维埃工作的干部,监督苏维埃机关执行党的指示,检查苏维埃和国家机关中的工作等。而苏维埃的活动要服从于党的政策,以党的原则、立场为自己的出发点。正如在中华苏维埃共和国第二次全国代表大会上通过的《苏维埃建设的决议案》指出的那样:"为着巩固与加强无产阶级的领导,苏维埃首先必须坚决拥护无产阶级的政党——共产党——的领导,并与共产青年团取得密切的联系,用全部力量来执行党所指出的任务,实现党所指出的工作,为党的路线与主张而坚决奋斗。"③

(2)民主集中制原则

民主集中制原则,是在民主基础上的集中,也是在集中指导下的民主,苏俄(联)苏维埃政权和中华苏维埃共和国政权建设都是以此作为组织原则的,由国家权力机关民主选举产生、选举和被选举权为劳动人民所有是这一原则的基本内涵。如毛泽东于《在第二次全国苏维埃代表大会上的报告》一文中所阐述的,苏维埃以工农民主专政的特点,决定了其为人民自己的政权并与之有着十分紧密的联系。尽管苏维埃"具有绝大的力量,他已经成为革命战争的组织者与领导者","但他的力量完全依靠于民众,他不能够一刻离开民众"。苏维埃政权对于一切阶级敌人"如秋风扫落叶般残酷",但对于"自己的阶级——工人劳苦群众",则表现出"最宽泛的民主主义"。④

第一,苏维埃的选举权及被选举权属于劳动群众,不给剥削分子和反革命分子。

《宪法大纲》及其选举法基本沿用了1918年《苏俄宪法》的选举原则,

---

① 《苏维埃政权组织问题决议案》(1928年7月10日),见中央档案馆编:《中共中央文件选集(一九二八)》第四册,中共中央党校出版社1989年版,第408页。

② 王永祥:《中国现代宪政运动史》,人民出版社1996年版,第218页。

③ 《苏维埃建设的决议案》(1934年1月),见中央档案馆编:《中共中央文件选集(一九三四——一九三五)》第十册,中共中央党校出版社1991年版,第643页。

④ 《在第二次全国苏维埃代表大会上的报告》(1934年1月24日、25日),见中共中央文献研究室、中央档案馆编:《建党以来重要文献选编》第十一册,中央文献出版社2011年版,第102页。

只有工农劳动群众享有选举权和被选举权。《宪法大纲》规定：中国苏维埃所建设的是工人和农民的民主专政的国家。"苏维埃全部政权是属于工人、农民、红军兵士及一切劳苦民众的"；"在苏维埃政权领域内的工人、农民、红军兵士及一切劳苦民众和他们的家属，不分男女……在十六岁以上皆享有苏维埃选举权和被选举权，直接选派代表参加各级工农兵会议（苏维埃）的大会"，"只有军阀、官僚、地主、豪绅、资本家、富农、僧侣及一切剥削人的人和反革命分子是没有选派代表参加政权和政治上自由的权利的"。①在1918年《苏俄宪法》中，我们能找到类似的条款规定，譬如，"俄罗斯社会主义联邦苏维埃共和国的全部权力都属于联合在城乡苏维埃之中的本国全体劳动居民"②；凡是俄罗斯社会主义共和国的下列居民，"（一）一切以生产劳动及社会有益劳动谋得生活资料者以保证前者能够进行生产劳动而从事家务之人员，如工业、商业、农业等所使用的各种工人及职员；不以谋取利润为目的而使用雇佣劳动的农民及哥萨克农夫。（二）苏维埃海陆军兵士。（三）在某种程度上丧失劳动能力，本条（一）（二）两条款所列举的各种公民"，"不问其信仰、民族、居住情况等情况如何，凡在选举日前已年满18岁者，均享有各级苏维埃的选举权及被选举权"。③ 除上述人员之外的剥削分子和革命敌人，没有选举权和被选举权。

选举权和被选举权是公民最基本、最重要的民主权利之一，此权利为劳动人民所有是苏维埃制度民主实质的直接表现之一，它远远超过了代议制下的普选权，它明确规定，选民对代表拥有监督权和罢免权。正如列宁所说："任何由选举产生的机关或代表会议，只有承认和实行选举人对代表的罢免权，才能被认为是真正民主的和确实代表人民意志的机关。这是真正民主制的基本原则"④。按照这一原则，《宪法大纲》明确规定："选举人无论何时，皆有撤回被选举人及实行新选举的权利。"⑤

第二，国家权力机关由民主选举产生。

1918年《苏俄宪法》规定，全俄工农红军及哥萨克苏维埃代表大会由市苏维埃、郡苏维埃代表大会选举的代表组成；地方国家权力机关同样由民主

①　《中华苏维埃共和国宪法大纲》（1931年11月7日），见中共中央文献研究室、中央档案馆编：《建党以来重要文献选编》第八册，中央文献出版社2011年版，第649—650页。
②　姜士林、陈玮主编：《世界宪法大全》（上卷），中国广播电视出版社1989年版，第1038页。
③　姜士林、陈玮主编：《世界宪法大全》（上卷），中国广播电视出版社1989年版，第1049页。
④　《列宁全集》第26卷，人民出版社1959年版，第314页。
⑤　《中华苏维埃共和国宪法大纲》（1931年11月7日），见中共中央文献研究室、中央档案馆编：《建党以来重要文献选编》第八册，中央文献出版社2011年版，第650页。

选举产生,"各级(郡、县、乡)苏维埃代表大会应由各该行政单位地区内所有苏维埃之代表以及农村、工厂等地的代表参加"①。在《中华苏维埃共和国中央苏维埃组织法》中也有相似的制度,全国各级苏维埃代表大会都是由下到上以民主选举的方式产生的。

国家权力机关经人民选举产生,就要对人民负责并被其监督。而各级行政机关是经由国家权力机关选举产生的,就要对其进行选举的工农兵代表大会负责并向其进行工作汇报。1918 年《苏俄宪法》规定,最高国家行政机关对国家权力机关负责,"人民委员会对全俄苏维埃代表大会及全俄苏维埃中央执行委员会负责"②;地方各级国家行政机关由该级国家权力机关选举产生,并对权力机关负责。中华苏维埃共和国政权建设中同样遵循了这一民主原则,"中央执行委员会是全国苏维埃代表大会闭幕期间的最高政权机关","中央执行委员会对全国苏维埃代表大会负责,应向全国苏维埃代表大会作工作报告";③同样,各省、县、区执行委员须向本级苏维埃代表大会做工作报告。为了增强苏维埃的动员力量,亦须加紧推进市区苏维埃、乡苏维埃的工作,"因为市乡苏维埃是苏维埃政权的基本组织,一切苏维埃的法律、命令与决议,都要经过乡苏维埃与市区苏维埃传达到群众中去,并由他们发动群众来执行"。同时,在乡苏维埃及市区苏维埃下面,也应依照地方苏维埃组织法,并按本地的需要,设立各种经常的临时的委员会,"吸收每个代表参加一个到二个的委员会,同时必须吸收更广大的工农积极分子来参加各种委员会的工作"。④ 另外,所有政府机关都要执行组织纪律,即个人服从组织、少数服从多数、下级服从上级、地方服从中央,以此为基本要求确保各项决策的上通下达。

(3)议行合一原则

议行合一原则,是民主集中制原则在国家机关间工作关系上的体现。所谓"议行合一",是指由国家权力机关统一行使立法权和行政权,而不是使二者各自分立,平等分权,相互制衡。这一原则,是 1871 年巴黎公社首创的。由人民群众直接选出的代表所组成的公社委员会,同时是行政和立法

---

① 姜士林、陈玮主编:《世界宪法大全》(上卷),中国广播电视出版社 1989 年版,第 1045 页。

② 姜士林、陈玮主编:《世界宪法大全》(上卷),中国广播电视出版社 1989 年版,第 1044 页。

③ 《中华苏维埃共和国中央苏维埃组织法》(1934 年 2 月 17 日),见中共中央文献研究室、中央档案馆编:《建党以来重要文献选编》第十一册,中央文献出版社 2011 年版,第 220 页。

④ 《第二次全国苏维埃代表大会苏维埃建设决议案》(1934 年 1 月),见中共中央文献研究室、中央档案馆编:《建党以来重要文献选编》第十一册,中央文献出版社 2011 年版,第 177、178 页。

的工作机关。马克思在总结巴黎公社的经验时指出:"公社不应当是议会式的,而应当是同时兼管行政和立法的工作机关。"①俄国十月革命胜利后,苏维埃就是作为这样的工作机关建立和发展起来的,采取"议行合一"的原则。虽然它有立法和行政的分别,但其行政机关与立法机关是从属关系而不是平行关系,行政机关由立法机关选举产生并由其授权。1924年《苏联宪法》明确规定,苏联苏维埃代表大会及其中央执行委员会同样也是最高行政机关的人民委员会,根据规定其既被赋予了最高立法权,同时,"全部工作对苏维埃社会主义共和国联盟中央执行委员会及其主席团负责"②,人民委员会事实上成为苏联苏维埃代表大会及其中央执行委员会的执行机构,负责具体执行其指令。"议行合一"这一工作原则在《中华苏维埃共和国中央苏维埃组织法》中也有体现,全国苏维埃代表大会及其中央执行委员会虽为最高权力机关,但同时也拥有最高立法权和最高行政权,而中央人民委员会这一最高行政机关,作为"中央执行委员会的行政机关,负指挥全国政务的责任",其全部工作要"对中央执行委员会及其主席团负责,须按时向他们做工作报告"。③

同样,"议行合一"也是各地方政权机关的组织工作原则,议事机关与工作机关也合为一体,辖区内所有事情均由其解决,并行使着所有权力。地方各级执行委员会既是各级苏维埃代表大会闭会期间地方唯一的最高权力机关,也是地方唯一的最高行政机关,"决定并执行本区域内关于各级苏维埃建设工作的计划",以及"解决一切地方性质的问题"。④ 正如周恩来在《关于党的"六大"的研究》中指出的:"关于苏维埃,不管名词是否妥当,但苏维埃是工农代表会议,它与资产阶级的议会制度是有原则区别的。……这种政权是一元化的,不是两权并立的。"⑤这样就保证了由工农群众选出的各级代表大会,有充分的权力,不仅可以反映、讨论,而且还可以直接实现、贯彻执行广大工农群众的意愿和要求。

从以上分析可以看出,中共无论是对苏维埃政权性质的认识,还是构建

---

① 《马克思恩格斯选集》第2卷,人民出版社1972年版,第375页。
② 姜士林、陈玮主编:《世界宪法大全》(上卷),中国广播电视出版社1989年版,第1053页。
③ 《中华苏维埃共和国中央苏维埃组织法》(1934年2月17日),见中共中央文献研究室、中央档案馆编:《建党以来重要文献选编》第十一册,中央文献出版社2011年版,第223、224页。
④ 韩延龙、常兆儒编:《中国新民主主义革命时期根据地法制文献选编》第二卷,中国社会科学出版社1981年版,第74页。
⑤ 《关于党的"六大"的研究》(1944年3月3日、4日),见《周恩来选集》(上卷),人民出版社1980年版,第161页。

苏维埃政权组织形式,基本都效仿了苏俄模式。客观评价,这是和当时特殊的历史条件有着必然联系的。从1927年中国共产党开始独立领导新民主主义革命、创建苏维埃政权之日起,就面临着一种选择:建立一种什么样的区别于白色政权的新型政权呢?从历史条件看,这是由于当时中共在政权建设上尚无自己的直接经验可以利用,加上当时斗争形势紧迫,中共也不可能有过多的时间研究这个问题;无产阶级先锋队的性质、革命的性质和政权性质决定了中共不可能去效仿资本主义国家的政权体制模式。这样,第一个无产阶级专政的社会主义国家——苏俄(联)苏维埃,就成为现实的、唯一可供选择的模式,除此之外,别无选择。

当然,苏联当时的政治制度及其运行机制已经出现了许多弊端,如权力高度集中、以党代政等问题,这些必然会给中华苏维埃共和国的政权建设带来很多不利的影响。但是,我们应清醒地认识到,如果没有对苏俄(联)政权建设经验的学习与模仿,在中国历史上就不会有1931年的中华苏维埃共和国临时中央政府的成立;如果没有对苏俄(联)政权建设经验的学习与模仿,中国的红色政权就不可能在当时如此艰难困苦的条件下,得以迅速地建立起一套比较完整的政权体系。

三、中华苏维埃共和国政权建设的主要成就

中华苏维埃共和国,在中国历史上是亘古未有的新政权。它与以往的剥削政权有着本质的不同,是剥夺剥削者的政权,是中国工农大众统治剥削阶级的新型政权;它彻底打破了中国几千年来奴役人民的剥削体制,第一次实现了中国人民自己管理自己的愿望。这是历史的进步。

这一时期,中国共产党人不仅吸收了共产国际指示和苏俄(联)模式中的正确部分,而且立足于苏区的客观实际,创造性地把马克思主义的立场、观点运用到苏区政权建设中来,发展了政治民主,加强了法制建设,开展了廉政建设运动,从而把中国苏维埃政权的建设水平发展到一个新的高度。

(一)发展了民主政治

中华苏维埃共和国是中国历史上第一个使广大劳苦大众当家作主的工农民主政权。中华苏维埃共和国成立伊始,《宪法大纲》宣告:"中国苏维埃政权所建设的是工人和农民的民主专政的国家。苏维埃全部政权是属于工人、农民、红军士兵及一切劳苦民众的。"在苏维埃政权下,他们都有"苏维埃选举权和被选举权,直接选派代表参加各级工农兵会议(苏维埃)的大

众,讨论和决定一切国家的和地方的政治事务"。① 在第一次全国苏维埃代表大会上,毛泽东就曾着重指出:工农、贫民、雇员、具有革命性的知识分子等为苏维埃政权建立和发展的基础,这些阶层涵盖了全国大多数民众,而在这其中工农联盟无疑是最重要的。这便不难得出结论:"工农民主专政的苏维埃,是民众自己的政权","这个政府是工农的政府"。②

为了保障广大劳苦民众当家作主的权利,提高当家作主的本领,启发广大苏区民众的民主意识、阶级意识,提高其政治素质和政治技能,中华苏维埃共和国时期,不仅制定和颁布了民主选举、民主监督的制度和法规,同时以文体活动、报刊杂志等多种方式引导启迪苏区工农群众,不断培养其民主理念和阶级观念,不断强化其政治素养和斗争本领,广泛地吸收工农群众参与到基层民主政权管理中来。

1. 实行民主选举

民主制度离不开选举权,选举权得不到切实落实也意味着民主的消亡。原因在于:"选举与民主有十分深刻的内在的联系:选举是民主生活的必要前提,民主的发展是实现公正选举的基础。"③

在中华苏维埃共和国临时中央政府成立不久,选举工作就被提上了日程,强调须以民主选举方式、由下及上、经群众会议选举产生各级苏维埃组织及所有委员。在1931年11月到1934年初之间,根据指示各地相继在召开苏维埃大会的同时进行了声势浩大的民主选举工作,其中中央苏区更是组织了三次民主选举工作,产生了很大的影响。对于这一现象,毛泽东曾进行深刻阐述:"苏维埃给予一切被剥削被压迫的民众以完全的选举权与被选举权,在女子的权利与男子同等。工农劳苦群众对这样的权利的取得,乃是历史上的第一次。"④

为了从制度上保证民主选举的顺利开展,苏维埃政权制定和颁布了一系列的选举法规。早在1930年9月12日在上海召开的全国苏维埃代表大会中央准备委员会全体会议上,就通过了《中国工农兵会议(苏维埃)第一次全国代表大会苏维埃选举暂行条例》《中国工农兵会议(苏维埃)第一

---

① 《中华苏维埃共和国宪法大纲》(1931年11月7日),见中共中央文献研究室、中央档案馆编:《建党以来重要文献选编》第八册,中央文献出版社2011年版,第649—650页。

② 中共中央党校党史教研室选编:《中共党史参考资料》第6册,人民出版社1979年版,第522、519页。

③ 复旦大学马克思主义研究中心:《资本主义发展的历史进程研究》,上海人民出版社2001年版,第155页。

④ 《在第二次全国苏维埃代表大会上的报告》(1934年1月24日、25日),见中共中央文献研究室、中央档案馆编:《建党以来重要文献选编》第十一册,中央文献出版社2011年版,第103页。

全国代表大会苏维埃区域选举暂行条例》《中国工农兵会议（苏维埃）第一次全国代表大会反动统治区域选举法公函》。1931 年 11 月，由中华苏维埃共和国第一次全国代表大会、中央执行委员会第一次全体会议议定的《中华苏维埃共和国宪法大纲》《中华苏维埃共和国的选举细则》《中华苏维埃共和国选举委员会的工作细则》等制度法规的制定实施，对选举制度的根本原则和制度更是作出了细致的规范。特别是《苏维埃暂行选举法》这一专门针对选举工作并被视为最为全面完善的法律实行，在 1933 年 9 月经中央执行委员会审定通过后就成为开展第三次选举工作的基础。

这一系列规章制度的制定实施，既从制度层面保障了各地选举工作的顺利进行，同时也为苏维埃选举工作奠定了民主基础。在苏维埃共和国内，工农群众享有最普及的最广泛的选举权，"苏维埃最宽泛的民主，首先表现于自己的选举。苏维埃给予一切被剥削被压迫的民众以完全的选举权与被选举权"。[1] 所有生活在中华苏维埃共和国土地上的工农人民，不论性别差异、有无财产、是否信仰宗教以及何种文化程度，只要达到一定年龄、拥有政治权利和自身行为能力，就会被赋予选举权和被选举权。对于所有参选选民而言，这两个权利既是普遍的也是平等的，都可平等参选并有一次登记投票权，参选人员占苏维埃共和国总人数的比例相对较大。1933 年下半年，各地参加选举大会的选民平均都在 80% 以上，有的地区（如兴国、上杭才溪区、瑞金武阳区）达 90% 以上。1933 年 8 月，新制定的《苏维埃暂行选举法》对选举工作进行完善，进一步扩大了选民范围，对之前所规定的牧师、僧侣、道士、阴阳先生等以传教为职业的人员家属的选举权和被选举权被取消等限制作出修订，指出："靠传教迷信为职业者的家属，如果是靠自己的劳动生活者，就享有选举权和被选举权。"[2]

从 1931 年至 1934 年间，各地苏维埃开展了一系列的选举运动，纵观这三年来的选举经验，取得了很大的成绩的。其主要表现在：第一，以红、白榜方式对居民是否拥有选举权进行区别，进一步完善了选民登记工作，"以不准任何剥削分子参加的选民大会的选举，代替了过去开群众大会选举的办法"。第二，为了保证无产阶级在苏维埃政权中的领导骨干，在选举名额分配上明确了成分比例。例如，在组织市乡代表会议时，工人及其家属、农民及贫民分别为 13 名选举代表 1 人和 15 人选举代表 1 人。实际上，工民代

[1] 江西省档案馆、中共江西省委党校党史教研室选编：《中央革命根据地史料选编》（下），江西人民出版社 1982 年版，第 306 页。

[2] 韩延龙、常兆儒编：《中国新民主主义革命时期根据地法制文献选编》第一卷，中国社会科学出版社 1981 年版，第 155 页。

表在从中央到地方的各级代表人会与执行委员会中都占有一定的比例。此种措施便使得"苏维埃政权的组织上保证了工人与农民的联盟,并使工人占着领导的地位"。第三,为实现更多选民参选,保证工人阶级选出符合其利益的代表进而参加苏维埃政权,在1933年9月中央执行委员会对以往选举制度作了修订,在新选举法中各乡、市苏区被划分为若干个单位,即"农民以村为单位进行选举,工人则单独为一单位进行选举",这样就使民众参加选举变得更加便利。第四,苏维埃选举运动的影响力不断扩大,使群众充分了解到自身与选举的关系,提升了选民对选举的认识,群众参与选举的积极性大为提高。第五,随着选举运动的逐步深入,1933年下半年进行的选举,开始采用候选人名单制度,使选民在选举之前就有应否选举某人的准备。第六,广大的劳动妇女开始参与国家政权的管理。"如上杭的上才溪乡,七十五个代表中妇女四十三个,占了百分之六十;下才溪乡九十一个代表中妇女五十九个,占了百分之六十六"。[①]

受客观环境以及革命斗争形势所影响,中华苏维埃共和国的民主选举,采取了直接选举和间接选举相结合的选举方式。因为中华苏维埃共和国政权所在地地处偏远乡村,经济环境、交通条件以及辖区内群众的受教育程度都相对较差,一直被敌人围困并多次遭受国民党的"围剿",在这样的情形下进行全国直选并不现实。因此,只能结合工作实际进行直接、间接选举相结合。根据1933年《苏维埃暂行选举法》之规定,上一级的苏维埃代表大会代表由下一级苏维埃代表大会、苏维埃组织和辖区内的红军选举产生,而最基层的乡苏维埃代表大会代表则由基层选民直接选举产生。

一般而言,作为苏维埃政权的基本组织,同时因与群众关系最为紧密,乡、市两级的苏维埃选举工作就重要性而言意义重大。"上级苏维埃的一切法令政策,一切扩大红军,查田运动,实行劳动法,经济建设,文化建设等等工作,均须经过城乡苏维埃才能实际去执行,所以城乡苏维埃的选举,是最基本最重要的选举。"[②]一般在距离选举大约一至两个月时间内,各乡、市选举委员会便成立并开始选民登记工作,对选民是否具有选举权进行认真划定,之后以红、白榜的形式进行公布接受监督;人民群众可在各候选人名下以"好""不好",或者"同意""不同意",以及"官僚"等字样各抒己见。如:"有一个省苏工作人员闽聚五,是通贤东里乡的富农,他的名字是写在

---

① 《在第二次全国苏维埃代表大会上的报告》(1934年1月24日、25日),见中共中央文献研究室、中央档案馆编:《建党以来重要文献选编》第十一册,中央文献出版社2011年版,第103—104页。

② 《今年的选举》,《红色中华》1933年9月6日。

红纸上,该乡群众立刻到乡苏向选举委员会来斗争,不准在红纸上发布,不准他有选举权,足见才溪工农群众对于选举权的拥护与尊重,及对于敌人对阶级的监督是非常认真的。"①

根据规定,参会人员要达到选民总数的一半才能召开选举大会,否则选举将会推迟。在符合选举大会召开条件的选举中,首先由主席对参会人数进行公布,依法对人员是否具有选举和被选举资格进行说明,之后将依次选举出正式代表和候补代表。根据选民文盲率高的问题,在选举时以举手表决、"投豆"等方式取代投票,最后将进入提案通过环节。如在"投豆"中,若要在六人中选出三人,投票时就让这六个人并排背对选民,一个选民分三粒黄豆,同意谁当代表,就在谁背后碗内放一粒,得豆最多的三人当选。这种选举方式使群众能够切实了解选举过程和选举工作所具有的民主性,进而有更深的感受。在1933年的中央苏区群众参选热情不断高涨,如长冈乡"工人在乡苏开会,到了百分之九十,余是病的,未到。农民分四村开会,到了百分之九十三"②;才溪乡召开的选举大会,"选民到百分之八十。病的,放哨的,在合作社工作出外办货的,女子坐月的,共约百分之二十没有到。老人撑着棍子到会"。③

苏维埃共和国的选举法中,选民在具有选举权、被选举权的同时也具有对代表的罢免权。列宁认为:"任何由选举产生的机关或代表会议,只有承认和实行选举人对代表的罢免权,才能被认为是真正民主的和确实代表人民意志的机关。这是真正民主制的基本原则"④。分别在1931年11月和1933年8月制定实施的《中华苏维埃共和国的选举细则》以及《苏维埃暂行选举法》中,对列宁的这一论述都作出了明确规定:市、乡苏维埃代表在不按规定履行职责、背离选民意愿或违法等情形下,选举其的选民可在任意时间将其罢免另选新代表。1933年12月发布的《中华苏维埃共和国地方苏维埃暂行组织法(草案)》又特别规定:代表中有违背选民的公意者,或无故连续两个月不出席代表会议者和违抗代表会议决议经过警告拒不改正者以及犯有其他重大错误者,原选举代表的选民可撤换、召回代表。⑤

① 张鼎臣:《选举运动的好模范》,《红色中华》1933年11月17日。
② 《长冈乡调查》(1933年11月),见《毛泽东文集》第一卷,人民出版社1993年版,第285页。
③ 《才溪乡调查》(1933年11月),见《毛泽东文集》第一卷,人民出版社1993年版,第326页。
④ 《列宁全集》第26卷,人民出版社1959年版,第314页。
⑤ 韩延龙、常兆儒编:《中国新民主主义革命时期根据地法制文献选编》第二卷,中国社会科学出版社1981年版,第37页。

就中华苏维埃共和国选举工作开展的实际情况而言,很多地区的选民们确实也在运用着选举法案所赋予自身的权利,履行着自身职责。如在1933年7月的江西兴国县长冈乡的4个乡代表遭到选民罢免,原因在于经常不到会且工作态度恶劣。在对代表政治表现进行评分时,最好、中等、最差依次分别占比为60%、35%和5%(4个),指出在最差的四个人中男女各占一半,既笨又工作不主动,60%的会议都不参加,即使到会也不认真参会或不发言,对群众态度很差,群众对四人意见很大。待改选时,把这四个最差的代表撤换了。长冈乡的女代表有16个,其中既积极又有工作能力的有8个,工作能力一般且积极性不足的有6个,而最差的有2个,“交给工作也不做”。① 与此类似,在福建上杭县才溪区上才溪乡,1932年11月该乡经选举大会选出了53个代表,经选民评选,其中最积极的20多个,中等的20多个,最差的1个。“这个最差的代表,十次会只到三次,忙于找自己的生活,分配工作不上紧做,批评了多回,被代表会开除。”②事实上,罢免权是民主制度的重要体现,其的合理使用既能促使代表切实履职尽责、不负民望,更能够提高工作积极性,避免衙门作风。

不可否认,在乡、市苏维埃的选举中还存在着这样或那样的不足,但纵观两年来市与乡代表会议制度的完善,确已取得了很大的进步。第一,为强化代表群众间的关系、及时地听取群众反映的意见建议以及更好地开展群众组织领导工作,根据代表与群众居住地距离将群众置于各个代表之下,保证了代表与群众关系的固定强化,“从组织上看这样一来群众和苏维埃就联系更紧了”。第二,乡、市苏维埃的代表按其居住地接近的原则,将代表依照3—7人选1人担任代表主任一职,代表主任将在乡、市苏主席团的带领下组织代表开展工作、传达指示、召集群众召开会议,并解决自身联系的群众身边的较小问题。第三,在乡苏维埃与市苏维埃之下,组织各种经常的及临时的委员会,如“乡有委员会,村亦应该有某些必要的委员会”,这样就可以把“苏维埃工作组织成了网,使广大民众直接参加了苏维埃的工作”。第四,乡、市苏维埃在选举制度中要求每6个月开展一次选举工作以便苏维埃及时了解反馈群众意见建议。第五,在两次选举之间,如有代表犯了重大错误,得由选民10人以上的提议,经选民半数以上之同意撤回,或由代表会

---

① 《长冈乡调查》(1933年11月),见《毛泽东文集》第一卷,人民出版社1993年版,第283页。

② 《才溪乡调查》(1933年11月),见《毛泽东文集》第一卷,人民出版社1993年版,第324页。

议通过开除。[①]

　　总之,中华苏维埃共和国的民主选举运动是一定历史环境下的特殊产物,"苏维埃政权的民主发展到了这样的程度,实在是历史上任何政治制度所不曾有的。而苏维埃依靠这一制度,同广大民众结合起来,他就使苏维埃成为最能发扬民众创造力的机关,使苏维埃成为最能动员民众以适应国内战争、适应革命建设的机关,这也是历史上无论什么政府所做不到的"[②]。因此,民主选举运动切实保障体现了民主和权利归民所有的思想,使广大工农切实履行了自己当家作主、参与国家治理的权利。

　　2. 实行民主监督

　　民主监督是保障民主运行的基础,权利必须经群众的全面监督才能确保其合理有序运行。苏维埃是以工农群众为基础的政权组织形式,其权利自然属于人民。中华苏维埃共和国也是如此,其所领导的各级政府机关及其工作人员均需接受群众的监督,所有苏维埃共和国的工农群众均有权对政府工作进行批评监督,并检举揭发工作人员一切滥用职权的行为。早在1930年5月,中共制定的《中华苏维埃共和国国家根本法(宪法)大纲草案》中就明确提出了选举人对被选举人的监督:"苏维埃的组织立法机关和执行机关融化在一起,劳动民众所选出来的代表自己直接的去执行代表选举人所决定的一切行政事务,自己直接对选举人负责。工农兵会议的代表和执行委员……要定期对选举人作报告。他们如果是不称职,不能代表大多数民众的意见时,选举人立刻可以决定撤销他们的代表资格。"[③]不但如此,"为了巩固工农民主专政,苏维埃必须吸引广大民众对于自己工作的监督与批评,每个革命的民众都有揭发苏维埃工作人员的错误、缺点之权。当着国民党贪官污吏布满全国,人民敢怒而不敢言的时候,苏维埃制度之下则绝对不允许此种现象。苏维埃工作人员中,如果发现了贪污腐化、消极怠工以及官僚主义的分子,民众可以立即揭发这些人员的错误,而苏维埃则立即

---

①　《在第二次全国苏维埃代表大会上的报告》(1934年1月24日、25日),见中共中央文献研究室、中央档案馆编:《建党以来重要文献选编》第十一册,中央文献出版社2011年版,第104、105页。

②　《在第二次全国苏维埃代表大会上的报告》(1934年1月24日、25日),见中共中央文献研究室、中央档案馆编:《建党以来重要文献选编》第十一册,中央文献出版社2011年版,第105页。

③　《中华苏维埃共和国国家根本法(宪法)大纲草案》(1930年5月),见中共中央文献研究室、中央档案馆编:《建党以来重要文献选编》第七册,中央文献出版社2011年版,第223页。

惩办他们,决不姑息。这种充分的民主精神,也只有苏维埃制度下才能存在。"①这一制度是苏维埃实行民主执政的基础,也正是对这一制度的有效执行,确保了苏维埃政权的稳固。中国共产党领导的苏维埃政府作为这一制度的执行者,在具体工作中也采取了多种措施,形成了一种有效的发扬民主强化监督的工作机制。

一是注重发挥行政部门监督职能。临时中央政府成立后,在各级苏维埃政府内部设立了工农检察部(后改为工农检察委员会),作为苏维埃政府机关的一部分。其主要职能任务为:对苏维埃政府各项规章制度和决策指示要求的执行情况开展监督,对在政府部门特别是经济部门任职人员发生的贪腐、违规违纪等行为进行检举揭发。与此同时,另设置专职受理工农群众监督的部门——控告局为各工农检察部所属部门,由其对检举问题调查,进而实施法律裁决。不可否认,当时的中国发展极不平衡,经济社会发展十分滞后,人民大众受教育水平普遍较低,这就给工农阶级以外的人员甚至部分敌对势力提供了可乘之机,使得在一些苏维埃政府机关内多多少少存在着不正之风。为此,第二次全国苏维埃代表大会强调:"苏维埃必须以最大的阶级警觉性与极严厉的手段,开展反官僚主义与反机会主义的斗争,来洗刷潜藏在苏维埃内部的阶级异己分子及一切不良的分子。各级工农检察委员会必须经过各种群众团体,领导广大工农群众,来进行反官僚主义的以及反贪污浪费的斗争。"②

二是积极引导强化舆论监督力量。中国共产党自成立之日起就十分注重媒体舆论引导的作用,在各党组织及其所属的政府机关、群团组织和军队中都创建了宣传自身工作的报纸杂志,在民主监督中也不例外。这一情形在临时中央政府机关报《红色中华》的"发刊词"中就有体现,其写道:"要引导工农群众对于自己的政权尽到批评、监督、拥护的责任。"③除《红色中华》外,苏区的一些其他具有很大影响力的媒体如《斗争》《红星》《青年实话》等,也成为中国共产党舆论监督的重要工具,多次对临时中央政府和各地惩腐反腐工作的开展情况进行报道。同时,《突击队》《警钟》《自我批

① 《在第二次全国苏维埃代表大会上的报告》(1934年1月24日、25日),见中共中央文献研究室、中央档案馆编:《建党以来重要文献选编》第十一册,中央文献出版社2011年版,第106页。

② 《第二次全国苏维埃代表大会苏维埃建设决议案》(1934年1月),见中共中央文献研究室、中央档案馆编:《建党以来重要文献选编》第十一册,中央文献出版社2011年版,第180页。

③ 《红色中华》创刊号,1931年12月11日。

评》等各个媒体期刊还结合自身工作实际开辟很多专栏反对腐化现象。这些媒体的舆论监督得到了中国共产党与苏维埃政府的大力支持,特别是党内领导的重视。如1933年12月1日在中央局机关刊物《斗争》杂志上,中共中央局常委、宣传部部长兼中央党报委员会书记张闻天亲自撰文写道:"我们的报纸是革命的报纸,是工农民主专政的报纸,是阶级斗争的有力武器,我们对于一切损害革命利益,损害苏维埃政权的官僚主义者,贪污腐化分子,浪费者,反革命异己分子,破坏国家生产的怠工工人等,必须给以最无情的揭发与打击,使他们在全苏区工农劳动群众的面前受到唾骂、讥笑与侮辱,使他们不能在苏维埃政权下继续生存下去,这样来改善我们各方面的工作,来教育广大群众。"当然,我们报刊在揭发这些不好的现象的同时,并不影响对模范和光荣事例的报道,"我们要尽量的散布每一新的经验,新的模范,赞扬在军事,政治,经济,劳动的各个战线上的英雄",①宣传他们的先进事迹和感人故事,推出典型模范,更好地体现出舆论监督的意义。

三是充分提升党的自我净化监督职能。在中央苏区党的一大中对此有详细阐述:"为防止一切腐化官僚化贪污等现象的产生,党必须严格的执行纪律","一切违反苏维埃法律对于革命有损害行为的党员必须比非党员的工农分子受更严厉的革命纪律制裁。"②毛泽东在第二次全国苏维埃代表大会上再一次强调:必须"森严工作纪律,一切对于工作不积极,玩忽与废弛职务,把苏维埃工作放在不要紧的位置等等的分子,应该向之作严厉的斗争,至开除他们的工作。……在这一方面,各级苏维埃的主要负责人,特别是工农检察委员会,应该对于苏维埃工作人员,进行充分的说服教育工作"③。在1933年9月,中共中央为切实提升党的自我净化监督能力,在中央苏区成立了党的监察机构,形成了《中共中央关于成立党务委员会及中央苏区省县监察委员会的决议》。在这份决议案中,对党的监察机构在职责、权限等方面都提出了要求,形成了规范,进一步完善了中共党的内部监督程序。

---

① 《关于我们的报纸》(1933年12月1日),见《张闻天文集(一九一九——一九三五)》第一卷,中共党史出版社1990年版,第292—293页。

② 江西省档案馆、中共江西省委党校党史教研室选编:《中央革命根据地史料选编》(下),江西人民出版社1982年版,第353页。

③ 《在第二次全国苏维埃代表大会上的报告》(1934年1月24日、25日),见中共中央文献研究室、中央档案馆编:《建党以来重要文献选编》第十一册,中央文献出版社2011年版,第140页。

四是切实动员群众完善外部监督机制。人民群众历来是中国共产党的力量源泉，相信依靠发动群众也是在强化民主监督方面的有力支撑。群众充分参与民主监督是"人民群众是历史创造者"这一理念的具体实践，也只有这样，才能更好地保障其对执政党的监督，也更有利于密切执政党和人民群众的关系，权力才能得到约束。对于这一观点，毛泽东有着清醒的认识，曾讲道："苏维埃工作人员中，如果发现了贪污腐化、消极怠工以及官僚主义的分子，民众可以立即揭发这些人员的错误，而苏维埃则立即惩办他们，决不姑息。"①为此，突击队、轻骑队、工农通信员和群众法庭这四类监督方式，作为苏维埃司法部门的辅助，承担起了群众性反腐败监督职能，陆续在全国广大革命根据地建立，积极开展民主监督和反腐工作，极大地预防了腐败情况的出现和延伸。可以说，只有将苏维埃的干部置于群众的监督之下，他们才能更好地进行工作，才能仔细地解决问题，在革命面前才能真正负起责任，使得他们既能将"群众生活和革命战争联系起来"，也能把"革命的工作方法问题和革命的工作任务问题同时解决了"；他们既是"革命战争的良好的组织者和领导者"，"又是群众生活的良好的组织者和领导者"。② 正是以这样公开透明的民主监督方式，苏维埃政权的廉洁程度自古难寻，对中国共产党在执政中更好地注重加强民主奠定了基础。

3. 接收工农大众使其在基层民主政权中发挥更大作用

实行工农民主专政是中华苏维埃政权的本质特征，一方面，它作为"消灭一切封建残余，赶走帝国主义列强在华的势力，统一中国，有系统的限制资本主义的发展，进行国家的经济建设，提高无产阶级的团结力和觉悟程度，团结广大的贫农群众在它的周围，以转变到无产阶级专政"；另一方面，它是"属于工人、农民、红军兵士及一切劳苦民众的。在苏维埃政权下，所有工人、农民、红军兵士及一切劳苦民众都有权选派代表掌握政权的管理"。③ 这种积极吸收工农大众，使其成为政权管理的重要组成部分的举措，使得苏维埃政权的建立和运行切实反映了广大工农群众的意愿。

---

① 《在第二次全国苏维埃代表大会上的报告》(1934 年 1 月 24 日、25 日)，见中共中央文献研究室、中央档案馆编：《建党以来重要文献选编》第十一册，中央文献出版社 2011 年版，第106 页。
② 《关心群众生活，注意工作方法》(1934 年 1 月 27 日)，见《毛泽东选集》第一卷，人民出版社 1991 年版，第 140 页。
③ 《中华苏维埃共和国宪法大纲》(1931 年 11 月 7 日)，见中共中央文献研究室、中央档案馆编：《建党以来重要文献选编》第八册，中央文献出版社 2011 年版，第 649、650 页。

市乡苏维埃与群众关系最为紧密,作为苏维埃政权的基层组织,其所实行的代表固定联系居民制度极大地提升了苏维埃政权的民主性和人民性。毛泽东将这一制度称为:"是苏维埃组织的基础,是苏维埃领导群众、动员群众最有力的基本组织。"[1]"为着使乡苏、市苏的代表与当地居民密切联系,便于吸收居民的意见,并便于领导工作起见,依照代表与居民住所接近,将全体居民适当分配于各个代表的领导下……使各个代表对于其领导下的居民发生固定的关系。"[2]这个制度的一个重要特点为在分配联系的群众时,并非简单机械操作,而是充分结合了代表自身的工作能力和便利性。在组织召开会议时,代表应对上级指示要求准确解读,全面聆听群众反馈,研究具体问题,对今后工作认真部署。

对于居民会议,则履行具体职责,如:"检查各家执行苏维埃工作的情形,讨论现在要做的工作,报告竞赛条约,报告乡苏的决议,征集群众的意见向村乡代表会议做报告。"[3]居民会议对巩固维护苏维埃政权的稳定意义重大,对各级苏维埃政府的各项决策贯彻落实、工作有序进行、群众生活好转以及战斗热情调动作用明显。选民亲自参与代表选举,代表来自于选民、服务于选民。

委员会制度这一立足于在更多范围内使工农群众直接参与苏维埃政权的形式主要在基层建立,其并非普通的群团组织,是基于乡、市苏维埃领导,作为苏维埃的组成部分,协助组织管理的各专门委员会。根据这一制度,所有乡市苏维埃代表都应加入数个委员会,发挥组织带头作用,使这一制度成为强化群众关系、强化工作开展的重要方式。这些委员会加强了与工作的关系,奠定了更好开展工作的基础,也使得苏维埃工作呈现网状,群众能够更直接地参与苏维埃工作。在毛泽东看来,这一制度不仅使"苏维埃工作发展到高度时的很好的创造"[4],也是"联系广大群众推进苏维埃工作的一种重要方法"[5]。据毛泽东1933年11月对长冈乡的调查,正是由于长冈乡的村委会"有了五人的委员会……其中四个就是四个村委员会的主任,这

---

① 刘晓根:《苏维埃共和国民主法制建设及启示》,《江西社会科学》2000 年第 3 期。
② 《在第二次全国苏维埃代表大会上的报告》(1934 年 1 月 24 日、25 日),见中共中央文献研究室、中央档案馆编:《建党以来重要文献选编》第十一册,中央文献出版社 2011 年版,第 104 页。
③ 《乡苏怎样工作?》(1934 年 4 月 10 日),见《毛泽东文集》第一卷,人民出版社 1993 年版,第 352 页。
④ 《长冈乡调查》(1933 年 11 月),见《毛泽东文集》第一卷,人民出版社 1993 年版,第 290 页。
⑤ 《乡苏怎样工作?》(1934 年 4 月 10 日),见《毛泽东文集》第一卷,人民出版社 1993 年版,第 354 页。

样把工作组成了网,对于乡代表会议的工作的帮助是极大的"①。仅经过两年,在各苏维埃中这一制度就全面开展实行,大量的工农群众积极主动地参与到政权建设中。

基层政权的民主工作方式是苏维埃政权在工农民主性方面的具体表现,对于强化苏维埃政权,提高群众翻身做主人的工作热情、建言献策参政水平和自身自治能力内涵深远。

(二) 加强了法制建设

"国家没有法制,就不能成为一个国家。"②中华苏维埃共和国成立之初,法制建设就成为重要议题。经历两年的不懈努力,法制建设成绩显著,对巩固发展苏维埃政权、提升苏区群众生活水平作用明显。

1. 基本形成具有自身特点的苏维埃法律体系

在中华苏维埃共和国期间,《宪法大纲》这一中国有史以来的首部人民民主宪法问世,并以此为主题形成了全新的革命法律体系,为日后我国人民法治体系的建设筑牢了根基。这一体系重点包括以下内容:

《宪法大纲》的颁布。在这一仅有 17 条内容的法律条文中,对中华苏维埃共和国所实行的工农民主专政性质进行了明确说明,"宣布它在全中国所要实现的基本任务",并号召"全中国的工农劳动群众,在中华苏维埃共和国临时政府的指导之下,为这些基本任务在全中国的实现而斗争"。③

"土地法"立法。在中华苏维埃共和国时期内,"土地法"仅数量而言毫无疑问是最多的。这一时期所颁布的土地立法与 1928 年 12 月、1929 年 4 月和 1929 年 7 月 27 日分别制定颁布的《井冈山土地法》《兴国土地法》,以及中共闽西第一次代表大会上通过实行的《土地问题决议案》有着深厚的历史渊源。这其中,在中华苏维埃第一次全国代表大会上所议定的《中华苏维埃共和国土地法令》无疑是最重要的,这个法令也成了这一时期具有最高层次、最全面、适用时间最长、施行区域最广以及影响力最大的"土地法"。关于这个土地法为何制定,《土地法令》中有明确阐述:"中华工农兵苏维埃第一次全国代表大会,批准没收地主的土地及其他大私有主的土地。

---

① 《长冈乡调查》(1933 年 11 月),见《毛泽东文集》第一卷,人民出版社 1993 年版,第 290 页。

② 董必武:《在军事检察院检察长、军事法院院长会议上的讲话》,《人民日报》1978 年 10 月 19 日。

③ 《中华苏维埃共和国宪法大纲》(1931 年 11 月 7 日),见中共中央文献研究室、中央档案馆编:《建党以来重要文献选编》第八册,中央文献出版社 2011 年版,第 649 页。

为使没收和分配土地有一个统一的制度起见,第一次大会站在基本的农民群众与革命发展前途的利益基础上,采取下面的土地法令,作解决土地问题的最好的保障。"①在仅有的 14 条法规中,既完全取消了所有以往封建社会所遗留的土地剥削、高利贷债务等不合理规定,同时对土地所有权、划分土地和资产的规则制度进行了规范。

"婚姻法"的颁布。就男女平等、婚姻自由这些口号的提出而言,在我国历史上中华苏维埃共和国无疑是最早最关注的政权组织,因此其对婚姻法的重视程度可想而知。在中华苏维埃共和国第一次全国代表大会上通过的《宪法大纲》中就明确规定:"中华苏维埃政权以保证彻底的实行妇女解放为目的,承认婚姻自由,实行各种保护妇女的办法,使妇女能够从事实上逐渐得到脱离家务束缚的物质基础,而参加全社会经济的政治的文化的生活。"②对于妇女解放运动的关注,基于中国共产党的如下认识,即"中国广大的劳动妇女群众——女工与农妇,除在工农已经得到政权的苏区以外,都是处在帝国主义与国民党的铁蹄压迫之下,早已受尽了地主资本家的残酷的非人的剥削。最近由于全国经济危机空前的扩大与深入……更使她们成为失业与灾荒的普遍现象中最大牺牲的对象"。而劳动妇女处在这种压迫与剥削之下,要求解放与参加斗争的情绪自然会非常浓厚。因此,中共中央认为,党在妇女工作中的中心任务是"在白区内,根据劳动妇女的特殊地位与痛苦,尽量发动她们为本身的阶级的利益而奋斗,加紧领导她们一切的经济斗争与政治斗争,用各种适当的方法与方式,吸引她们参加整个的工农的为苏维埃政权的革命斗争。在苏区内,应加紧领导劳动妇女参加土地革命的斗争,利用各种组织的方式,尽量发展她们的积极性与创造性,组织并领导她们拥护苏维埃红军,改良自己的生活"。③

根据上述原则,在 1931 年 12 月和 1934 年 4 月,中共分别颁布了《中华苏维埃共和国婚姻条例》和《中华苏维埃共和国婚姻法》两部涉及婚姻的法律法规,在这些法律法规中,"确定了结婚与离婚的完全自由,废除了包办强迫买卖的婚姻制度,禁止了蓄带童养媳"。两年来,在一切苏维

① 《中华苏维埃共和国土地法令》(1931 年 12 月 1 日),见中共中央文献研究室、中央档案馆编:《建党以来重要文献选编》第八册,中央文献出版社 2011 年版,第 730 页。

② 《中华苏维埃共和国宪法大纲》(1931 年 11 月 7 日),见中共中央文献研究室、中央档案馆编:《建党以来重要文献选编》第八册,中央文献出版社 2011 年版,第 652 页。

③ 《中共中央关于扩大劳动妇女斗争决议案》(1931 年 12 月 19 日),见中共中央文献研究室、中央档案馆编:《建党以来重要文献选编》第八册,中央文献出版社 2011 年版,第 767、770 页。

埃管辖的区域内，"一般的实行了这一法令，凡非贵族血统在五代以内，非神经病与危险性的传染病，男子年满二十，女子年满十八，经双方同意，并在乡苏或市苏举行登记，即可以实行结婚。离婚则只要男女一方提出要求，经过乡苏或市苏的登记就行了"等。正是在这样的法律条文保护下，中华苏维埃共和国妇女的社会地位有了明显的提高，苏区社会的妇女亦有了解放的深度。这种民主主义的婚姻制度，"打碎了数千年束缚人类尤其是束缚女子的封建锁链，建立了适合人性的新规律，这也是人类历史上伟大的胜利之一"。①

刑事立法。"苏维埃实现了世界上最完满的民主制度，他是为广大民众直接参加的，他给予广大民众以一切民主的权利，他对于民众绝对不使用也绝不需要使用任何的强力"，但是对于地主资产阶级，"即一切被革命民众所推翻的剥削分子"，则从各个方面"施行严厉的制裁与镇压"。②这就要求中华苏维埃共和国必须高度重视刑事法律法规的制定，因此在临时政府成立之后，根据《宪法大纲》，分别于 1933 年 3 月 15 日、1933 年 12 月 15 日和 1934 年 4 月 18 日审议出台了《中央执行委员会训令第二十一号——关于镇压内部反革命问题》《中央执行委员会训令第二十六号——关于惩治贪污浪费行为》，以及仅 41 条却最能综合体现当时刑事立法工作的《中华苏维埃共和国惩治反革命条例》等一系列关于刑事方面的法规制度。由于以革命民主主义为创建基础，中华苏维埃共和国的法律法规及制度体系在对广大民众实行最广泛的民主的同时，利用"建筑于千百万工农民众坚固的信仰与自觉的需要之上的权力"，形成了自己的专政，"组织了革命战争，组织了苏维埃法庭，向着阶级敌人开展各方面的激烈的进攻"。③ 可以说，苏维埃法律体系的创建，既为镇压苏维埃领土之内的反革命活动起了伟大的作用，又对之后抗日战争、解放战争以及新中国成立等各个时期的法律体系建设具有深远影响，为之后在中国共产党的统一领导下，形成具有鲜明特点的中国特色新民主主义、中国特色社会主义

---

① 《在第二次全国苏维埃代表大会上的报告》（1934 年 1 月 24 日、25 日），见中共中央文献研究室、中央档案馆编：《建党以来重要文献选编》第十一册，中央文献出版社 2011 年版，第 127 页。

② 《在第二次全国苏维埃代表大会上的报告》（1934 年 1 月 24 日、25 日），见中共中央文献研究室、中央档案馆编：《建党以来重要文献选编》第十一册，中央文献出版社 2011 年版，第 106、107 页。

③ 《在第二次全国苏维埃代表大会上的报告》（1934 年 1 月 24 日、25 日），见中共中央文献研究室、中央档案馆编：《建党以来重要文献选编》第十一册，中央文献出版社 2011 年版，第 108 页。

法律体系筑牢了根基。

2. 逐步形成了一个比较完善的司法体系

司法在中华苏维埃共和国具有着重要的作用,在临时中央政府成立后苏维埃司法机构不断建立,相对完善的司法组织体系逐步建成。中华苏维埃共和国的司法机构同时受到与其同级政府和其上级司法机关的领导,即双重领导。具体为:由最高法院及省、县、区裁判部形成了审判机关。对于审判权、司法权方面,在中央由最高法院负责审判、司法人民委员会负责司法行政,实行"分立制";在地方各级裁判部则同时肩负着审判、司法行政的双重工作,实行"合一制"。检察机关并未独立设置,而设立在审判机关内,称之为"审检合一制",其中在最高法庭中设立正副检察长各一名,检察员数名;在省、县一级裁判部中设置检察员数名,区一级裁判部则不设置检察员。刑事案件预审、起诉以及审判时以国家名义公诉等为检察机关的主要职责。

与国民党法庭"充满着中世纪惨无人道的酷刑"迥然不同,苏维埃法庭一方面严厉镇压反革命分子的活动,但另一方面,对于已经逮捕的犯人,都是禁止一切不人道的待遇。苏维埃的监狱同样如此,除了死刑犯,其余犯人均以共产主义精神和劳动等感化教育方式为主,更加注重对犯人本性的转变。"苏维埃中央政府已经明令宣布废止肉刑,这亦是历史上的绝大的改革"。[①]

3. 培养和造就了一支苏维埃司法干部队伍

1933 年 12 月颁布的《中华苏维埃共和国地方苏维埃暂行组织法(草案)》规定了苏维埃共和国各级从事司法裁判工作的人员编制,"裁判委员会,省由 9 人至 13 人,县由 9 人至 11 人,区由 7 人至 9 人,市由 7 人至 13 人组织之"。[②] 到 1933 年秋中华苏维埃共和国全盛时期,"整个中央苏区当时设有江西、福建、闽赣、粤赣 4 个省,共辖有 60 个行政县"[③]。区级苏维埃政权大约达到 600 个。据此推算,中华苏维埃共和国从事司法裁判的(审判与检察)工作人员有 2000—2500 人。以训练班、苏维埃干部学校等方式,中华苏维埃共和国培养出了大批的司法干部,成为苏维埃司法工作创建进步

---

① 《在第二次全国苏维埃代表大会上的报告》(1934 年 1 月 24 日、25 日),见中共中央文献研究室、中央档案馆编:《建党以来重要文献选编》第十一册,中央文献出版社 2011 年版,第 109 页。

② 厦门大学法律系、福建省档案馆选编:《中华苏维埃共和国法律文件选编》,江西人民出版社 1984 年版,第 67 页。

③ 舒龙、凌步机主编:《中华苏维埃共和国史》,江苏人民出版社 1999 年版,第 132 页。

的基础和新中国司法工作开展的人才基石。

中华苏维埃法制具有自身鲜明的特点，其以完全消除剥削阶级法制为根基，维护服务于人民利益，是一种新型的人民民主法制形式。在《中华苏维埃共和国宪法大纲》中鲜明地指出："中华苏维埃所建设的是工人和农民的民主专政的国家。""在苏维埃政权领域内的工人、农民、红军兵士及一切劳苦民众和他们的家属，不分男女、种族（汉、满、蒙、回、藏、苗、黎和在中国的台湾，高丽，安南人等）、宗教，在苏维埃的法律前一律平等"，"居住苏维埃区域内从事劳动的外国人，一律使其享有苏维埃法律所规定的一切政治上的权利"。① 这样就以根本法的形式，确立了人民主体地位平等的政治制度。

尽管受战争环境以及"左"的思想影响，中华苏维埃共和国的法制建设存在诸多的历史局限性，但总的来说，它恪守了反对帝国主义封建主义、坚持人民民主专政、推动经济发展、实行司法民主等准则。虽然很多工作是在摸索中前进的，但总体而言坚持了实事求是的原则，顺应了时代发展需求和社会发展环境，反映了群众的意志和主张。如《中华苏维埃共和国宪法大纲》《中华苏维埃共和国司法程序》等在实践中制定的众多法律制度的颁布，苏区群众反响强烈、好评如潮，切实发挥了维护群众利益、坚持土地革命、立足武装斗争、消灭反动力量、壮大红色政权的实效。所有这些，都为广大苏区的建设特别是法制建设奠定了基础，甚至为新中国成立后社会主义法制建设积累了难得的经验。

（三）开展了廉政建设运动

新生的苏维埃政权，以根本区别于旧政权的崭新姿态出现在人们面前。作为一个不谋私利、全心全意为人民服务的政权，他们中无论工人、农民抑或士兵、知识分子以及其他人员，绝大部分并不以高官厚禄为奋斗目标，其真正的目的在于解放全中国受尽苦难剥削的劳苦大众。正如毛泽东所说："指导伟大的革命，要有伟大的党，要有许多最好的干部"，我们党"要自觉地造就成万数的干部，要有几百个最好的群众领袖"，他们"懂得马克思列宁主义，有政治远见，有工作能力，富于牺牲精神，能独立解决问题，在困难中不动摇，忠心耿耿地为民族、为阶级、为党而工作"，党依靠他们来联系"党员和群

---

① 《中华苏维埃共和国宪法大纲》(1931年11月7日)，见中共中央文献研究室、中央档案馆编：《建党以来重要文献选编》第八册，中央文献出版社2011年版，第649—650、653页。

众,依靠着这些人对于群众的坚强领导而达到打倒敌人之目的"。①

　　但是,新生的苏维埃政权也不是纯而又纯的,因为,它诞生那天开始就处于激烈的阶级斗争环境中,不可避免受到旧社会所固有的理念、习俗和思维的冲击影响,而自身又处于制度建设初期,难免会存在漏洞。因此,在苏维埃政权成立伊始便面对着反腐这一重点工作。贪污腐化、以权谋私等腐败现象,在一些苏维埃政府中时有出现,"各级政府工作人员随便可以乱用隐报存款,吞没公款,对所没收来的东西(如金银物品等)随便据为己有";"各级政府浪费的情形实在惊人,一乡每月可用至数百元,一区可用数千元,一县甚至用万元以上"。②

　　为什么会发生上述现象呢? 一方面是党的阶级基础薄弱,而又忽视巩固无产阶级领导问题,使得"党内的领导机关大多数仍然操纵在知识分子、中农及独立劳动者手中,甚至还有地主、富农分子暗藏在党内指导机关以内,在某些地方表现有党对雇农苦力工人关门的严重状况"。加之支部工作和党内生活的不健全,促使家长制度、命令主义、委派制度、派别观念与党内和平主义等观念异常浓厚,官僚主义腐化的现象在党内与政权机关中迅速滋长,而党又没有正确地执行纪律,甚至在各地党部的领导方式和工作方式上仍然保留着许多旧的残余,没有坚决从工作中去创造许多新的工作方式来代替它。另一方面是因为在现有的苏维埃区域以内缺少广大的无产阶级基础,农村落后的散漫的小生产经济生活反映到党内来,形成党内落后的散漫的生活与手工业工作方式。"同时国民党'以党治国'、'党权高于一切'的思想侵入到我们党里来"。③ 这些都是造成苏维埃政权内部出现各种官僚主义腐败问题的根源所在。

　　腐败对党的光辉形象和优良传统都带来了极坏的影响,极大地破坏了党和群众的关系,危害到党的执政根基,特别是使本就脆弱的苏维埃共和国经济雪上加霜,极大地影响到苏维埃政权的政治合法性。如任由其蔓延而不高度重视加以制止,必然会造成群众不满和脱离群众,没有了自身生存立足的根基和组织战斗力。因此,为解决这些问题实现革命目标,在苏维埃共

---

①　《为争取千百万群众进入抗日民族统一战线而斗争》(1937 年 5 月 8 日),见《毛泽东选集》第一卷,人民出版社 1991 年版,第 277 页。

②　江西省档案馆、中共江西省委党校党史教研室选编:《中央革命根据地史料选编》(下),江西人民出版社 1982 年版,第 577 页。

③　《中央苏区党的第一次代表大会关于党的建设问题决议案》(1931 年 11 月),见中共中央文献研究室、中央档案馆编:《建党以来重要文献选编》第八册,中央文献出版社 2011 年版,第 626—628 页。

和国内实施了以反贪腐为重点的反腐倡廉运动，具体包括反对贪腐、挥霍无度、官本位思想和家长作风，节约经济，实现在斗争中"改造苏维埃政府"。这一反腐运动从1932年2月开始至1934年10月红军进行长征为止，历时两年八个月。主要开展了以下几项工作。

1. 动员人民大众积极参与反腐倡廉

中国共产党和苏维埃中央政府对发动群众抵制腐败历来重视。在1932年3月的中央政府机关报——《红色中华》上，中华苏维埃共和国临时中央政府副主席项英就刊发了题为《反对浪费，严惩贪污》一文，明确说明在前方红军浴血奋战时，"在后方的同志，除了积极领导群众去参加革命战争，建立巩固的后防外，最重要的就是节俭经济来供给红军，帮助红军去进行革命战争"。"这个时候，谁要是浪费一文钱，都是罪恶，若是随意浪费，那实际是破坏革命战争。至于吞没公款，营私舞弊等贪污行为，简直是反革命"。为了克服这些行为，"我们号召工农群众起来，帮助政府，来反对各级政府浪费政府的钱，驱逐各级政府中的贪污分子出苏维埃"。① 10月24日，中革军委在"关于节省经费，战胜敌人进攻的训令"中再一次强调："节省经费在目前实有很伟大的意义，现在后方苏维埃机关及群众中正在那里进行广大的节省运动"，"他们正努力实行缩减公费，减食一日两餐；取消一切不必要的开销，并且在群众中进行广大的节省一切费用捐助红军的工作"。然而，"在前方的各红军部队，近来各项开支常有超过规定数目的，这在目前实为不可容许的现象"，应"即刻进行节省运动"。②

为了健全苏维埃的成分，保证党的纯洁性，加强党员干部的自律意识，必须保证苏维埃选举的群众化，吸引最广大的选民来参加选举，"在选举中绝对的屏除那些阶级异己分子、贪污浪费与官僚主义分子。选举大批的工农积极分子，来管理国家工作"③。成立控告局，以广大工农群众的力量开展监督这样一种方法，对建立清正廉洁的政府作用显著。"为了监督和防止各级政府工作人员发生官僚腐化，加强工农检察工作，设立各级控告局，

---

① 王辅一：《项英传》，中共党史出版社1995年版，第135页。

② 《中革军委关于节省经费，战胜敌人进攻的训令》（1932年10月24日），见中共中央文献研究室、中央档案馆编：《建党以来重要文献选编》第九册，中央文献出版社2011年版，第558页。

③ 《在第二次全国苏维埃代表大会上的报告》（1934年1月24日、25日），见中共中央文献研究室、中央档案馆编：《建党以来重要文献选编》第十一册，中央文献出版社2011年版，第140页。

规定突击队的组织与工作"①。同时,对控告局和突击队进行职能划分,其中,控告局主要负责接受群众的检举,突击队主要在第一时间调查、清查所检举的问题。

为进一步发挥群众的监督检举运动作用,强化对其组织领导,中央工农检察委员会在1932年12月1日颁布了第二号训令。在这份训令中明确指示,在所有工农检察部中均需成立由工农检察部部长任委员会主任,职工会、雇农工会、军事、少共等其他各团体共同参与组成的临时检举委员会。训令还对检举委员会的工作任务作了明确规定。② 根据检举运动发展中的新形势,中央也在原来的基础上对方针策略不断调整,使其更有针对性。在1934年初,针对群众检举运动的新情况,中央工农检察部专门制定下发了《怎样检举贪污浪费》,其重点是对以往工作中所取得的成效、好的做法以及突出的问题进行了回顾,对产生问题的原因进行研究,并对之后的工作如何开展进行指导。紧接着,在1934年4月又下发了《继续开展检举运动》的指示,提出"检举运动是广大群众斗争的行动,我们不仅动员自己的通讯员突击队来参加,揭发一切坏现象与坏分子来帮助检举的进行",而且要"采用一切方法来鼓励和吸收群众的意见,特别是依靠该机关党的领导与帮助,这样才能使检举运动成为广大群众的斗争行动"。③

通过发动群众进行检举,许多贪污案件被揭露出来。"这一检举运动,发动了中央一级的工作人员,积极参加这一斗争,特别是各级机关的工农通讯员,他们起了很大的作用,大多数的贪污案件是由于通讯员的通讯而检举,更由于群众的参加与揭发"。④

2. 把思想教育放在首位,在思想上提高防腐拒变的能力

新生的苏维埃红色政权,毕竟从旧社会脱胎而来,伴随创立而来的。随着各项工作的全面展开,贪污浪费等现象也时有发生。1932年的《红色中华》报,就曾对苏区出现的贪污浪费问题进行了揭露和抨击。腐败的出现很大程度上在于思想觉悟的认知水平,只有改变思想认识,提升反腐认识自觉性,使抵制腐败成为一种自觉行动,才是从根本上消除腐败的方式。"苏

---

① 《中华苏维埃临时中央政府一周年纪念向全体选民工作报告书》,《红色中华》1934年4月19日。

② 《中央工农检察委员会检字第二号——继续开展检举运动》,《红色中华》1932年4月19日。

③ 《中央工农检察委员会检字第二号——继续开展检举运动》,《红色中华》1934年4月9日。

④ 《中央工农检察委员会主席团总结》,《红色中华》1934年3月27日。

维埃人员特别是工农检察委员会,应该吸引广大民众对于存在苏维埃机关中的不良分子,开展广大的批评、斗争,直至用苏维埃法律严厉地制裁他们"。① 思想教育历来受到中国共产党和中华苏维埃共和国临时中央政府的重视,在反腐防腐工作中更是如此。在1931年8月27日颁布的《中共中央关于干部问题的决议》中,中共中央就作出了明确指示,提出要注重加快在平时工作生活中对干部的培育,指出"各级党部各部各委的领导同志必须负责的提倡与切实的进行,建立各种列宁读书班、研究小组、学习会议,最广泛地进行个别教育的工作,用一切方法去提高干部的政治水平线,使每个干部在日常工作中积极学习,在研究学习中紧张日常生活,彻底纠正那些脱离实际的专门学院式的研究,或者完全放弃学习的事务主义"②。

1932年3月2日,专门针对党员干部教育问题的《政府工作人员要加紧学习》的第6号命令以人民委员会的名义下发,重申干部教育的重要性,指出对苏维埃政府工作人员,特别是领导干部要认真学习马列主义、党的政策决策、法律法规等,提高理论文化知识水平。因此,围绕县、区、乡苏维埃干部,中华苏维埃共和国临时中央政府创设了很多各类培训班,培训班的一个重要内容就是开展强化廉政意识。中共苏区中央局于1933年3月创办了马克思共产主义学校(中央苏区党校),8月又创办了苏维埃大学,毛泽东、洛甫、周恩来、任弼时、董必武等都在苏大和党校讲过课,分别对苏区党、政干部进行系统的政治理论和思想教育,大大提高了苏区干部的政治思想素质,增强了拒腐防变的能力,有力地推动和促进了反腐倡廉运动的发展,形成了廉洁奉公、勤政为民光荣,官僚主义、贪污腐化可耻的政治环境。为整顿贪腐现象,苏维埃中央政府也将反腐肃贪作为一项严重的斗争任务,仅在1932年4月到1934年3月间,苏维埃中央政府、江西省苏维埃政府就对四起政府工作人员的贪腐问题进行严查。对这些案件和相关人员的处理,极大地展现出反腐的决心。

3. 重视法律、法规建设,从制度上保证廉政建设的开展

受外部战争环境和特殊社会背景的影响,法制建设在苏区仍不完善,偶尔也会出现一些违规违纪问题。在总结经验的基础上,苏维埃政府制定了一系列纪律制度约束工作人员,对违规违纪所有人员一视同仁,发挥了较大

① 《在第二次全国苏维埃代表大会上的报告》(1934年1月24日、25日),见中共中央文献研究室、中央档案馆编:《建党以来重要文献选编》第十一册,中央文献出版社2011年版,第140页。

② 《中共中央关于干部问题的决议》(1931年8月27日),见中共中央文献研究室、中央档案馆编:《建党以来重要文献选编》第八册,中央文献出版社2011年版,第535页。

的震慑作用。根据 1930 年制定的《政府工作人员惩办条例》规定，一些不
履职尽责、不尊重群众和不执行上级决定者，对贪污受贿、随意造假发布命
令、假公济私等损害他人利益者都受到撤职处分，并被取消选举权、被选
举权。

随着反贪斗争的不断深化，一些案件问题也不断浮现。为解决这些问
题，1933 年 12 月 15 日，中央执行委员会颁布了《关于惩治贪污浪费行为》
的第 26 号训令，对贪腐行为进行严厉惩罚，毛泽东、项英分别以中央执行委
员会主席、副主席职务联合签发。在这一训令中指出，所有苏维埃机关、国
营企业和公共团体的工作人员，贪污数额达到 500 元以上将获死刑、300 元
至 500 元判处 2 年至 5 年监禁、100 元至 300 元判处半年至 2 年监禁、100
元以下将被判处半年以下的强迫劳动。另外，违法人员除返还贪腐所得外，
其余部分或者全部财产也将被没收。如果挪用公款谋取私利也将视为贪污
罪。对于玩忽职守而浪费公款致使国家受到损失者，依其浪费程度处以警
告、撤销职务以至 1 个月以上 3 年以下的监禁。①

这些法规制度出台的同时，广大苏区也在进行着轰轰烈烈的反贪污浪
费斗争。部分数额较大的贪腐人员直接被处以死刑，一些工作人员因贪污
浪费和命令主义等多种原因都不同程度地被严重警告、被撤职甚至被监禁。
仅在中共中央机关"贪污分子送法庭制裁的 29 人，开除工作的 3 人，包庇贪
污与官僚主义者送法庭 1 人，建议撤职改调工作的 7 人，给严重警告的 2
人，警告的 4 人"②。

尽管在这些人员的处理以及部分案件的办理中可能存在扩大化的问
题，但总体而言对形成清正廉洁的工作作风具有极大的促进作用。

4. 注重舆论引导，发挥新闻媒体作用促进反腐倡廉

在中央苏区时期，运用新闻舆论加强反腐倡廉工作一直是中国共产党
和政府的重要方式之一。在这一时期，党和政府创办的主要媒体如《红色
中华》等，专门开设了"红板"、"黑板"以及"反贪污浪费"等廉政建设专题
专栏等。各专题专栏结合自身栏目特点，积极寻找典型，既对清正廉洁的先
进典型人物、事迹进行专题报道，也对漫不经心、不认真工作者进行批评，对
贪腐浪费情形及人员惩罚情况进行公示，并将开展的反贪腐浪费与勤俭节
约等运动相统一，切实发挥表扬先进、鞭笞落后的作用。1934 年 3 月，该报

---

① 《中华苏维埃共和国临时中央政府执行委员会训令（第 26 号）——关于惩治贪污浪费行
为》，《红色中华》1934 年 1 月 4 日。

② 《中央工农检察委员会主席团总结》，《红色中华》1934 年 3 月 27 日。

在中央苏区发起节省80万元资金运动,得到各级政府工作人员和群众团体的热烈响应。[1] 这一系列做法对形成扬善抑恶的工作作风树立了良好的舆论氛围。

在这项反腐斗争中,党的各级组织和苏维埃政府将自身带头作用、动员群众参与、健全工作制度、完善反腐机制、提升人员观念、严厉打击腐败等相结合,这一系列的反腐倡廉方式方法,有效地杜绝了各类不良现象,提升了党员干部的廉洁意识,强化了与群众的联系,构建了廉洁自律、务实节俭的工作作风,为中国共产党和中华苏维埃共和国赢得了民心。中华苏维埃共和国的反腐工作,是中国共产党历史上首次大范围的打击腐败的群众运动,其很多好的工作方式方法,为后来革命中的党和政府的反腐工作积累了宝贵的经验,在中国共产党反腐历史中留下了浓墨重彩的一笔。

总而言之,在中国历史上各个政权中,苏维埃政权可以说是一种全新的政治制度。这一时期,"大批干部重新在党内涌出,而且变成了党的中心骨干。党开辟了人民政权的道路,因此也就学会了治国安民的艺术。党创造了坚强的武装部队,因此也就学会了战争的艺术。所有这些,都是党的重大进步和重大成功。"[2]中国共产党通过领导和管理这个国家,对党政关系有了比较清醒的认识,明白了党如何来统领治理国家政权,逐步归纳出部分认知做法。这些认知做法,在新中国成立后的相当长的一段时间内仍十分有效。正如胡锦涛同志所指出的:"中华苏维埃政府的建立是我们党建立人民政权的探索和尝试,它在一定程度上加强了对各根据地、各部分红军的中枢指挥作用,扩大了党的影响,也为抗日战争、解放战争时期的根据地建设,以及后来新中国政权建设,提供了丰富的历史经验。"[3]

四、"左"倾教条主义对中华苏维埃共和国政权建设的危害

但是,苏维埃政权的建设并非一帆风顺。在这一时期,正是共产国际政治上全面"左"倾、组织制度日益集权的时期。受共产国际"左"的错误思想影响,中共党内以王明为代表的"左"倾教条主义者,将苏俄(联)的革命经

---

[1] 《红色中华》1934年3月27日。

[2] 《〈共产党人〉发刊词》(1939年10月4日),见《毛泽东选集》第二卷,人民出版社1991年版,第611页。

[3] 胡锦涛:《在纪念中央革命根据地创建暨中华苏维埃共和国临时中央政府成立七十周年座谈会上的讲话》,《人民日报》2001年10月25日。

验神圣化和模式化，使得在中国苏维埃政权建设中对苏俄（联）经验的"利用"，在一定程度上变成了生搬硬套的"移植"。任何国家的革命道路问题，都要由本国的共产党人自己去思考和解决。"照抄照搬别国经验、别国模式，从来不能得到成功。"①毋庸置疑，这种生搬硬套的"移植"使中国红色政权的建设遭受了严重的挫折，并最后因军事上的失利导致中央苏区丧失，中华苏维埃共和国被迫远征、迁移。

（一）"左"倾教条主义理论的推行

中华苏维埃共和国临时中央政府产生于 1931 年"九一八"到 1932 年"一·二八"这段中国社会发生重大变化的历史时期。在 1931 年特别是九一八事变之后，中国革命形势发生重大变化，变得十分有利，主要体现为以下几点：一是三次反"围剿"的获胜，中国共产党领导的军队和苏区范围都在不断壮大，各地农村区域性苏维埃政权纷纷建立，红军数量达到十多万人，中国共产党在中国社会和政治格局中具有了举足轻重的作用。二是在社会各界的支持下，广大学生从全国各地抵达南京向国民政府表达抗日诉求，工人举行罢工，群众走上街头，民族资产阶级也严厉批评蒋介石的"攘外必先安内"的反动政策；国民党军队内部也发生了不同程度的分化，爱国将领以各种形式表达了抗日要求，中国社会掀起了抗日救亡运动的高潮。三是在全国各阶层抗日救亡浪潮的冲击之下，国民党统治集团也陷入危机之中，从宁粤冲突开始，其内部矛盾日益尖锐化和表面化，蒋介石在危机声中被迫下野。总之，在民族危难和国民政府的内忧外患的双重影响之下，这一时期全国革命的政治形势大为好转，广大苏区和各方革命力量的发展获得了难得的机遇期。

然而整体而言，由于中国社会仍未发展到新旧政权争夺尖锐化阶段，敌我力量悬殊的形势未发生根本性改变，"围剿"与反"围剿"的斗争态势仍为战争双方的主要模式，革命的力量仍需继续积蓄。虽然与革命初期相比，中国共产党的实力与影响力显著增强，但其领导的苏维埃革命并未被社会和人民广泛认可，政治上的影响力仍集中在中国南方个别省份。广大苏区的建设既未达到与国民党决斗的实力，同时自身生产发展也存在着极大的障碍。尽管各地抗日民主运动风起云涌，但蒋介石领导的国民政府仍把控着国家政权，并拥有各帝国主义、封建力量和大资产阶级在政治、经济上的支

---

① 《中国共产党第十二次全国代表大会开幕词》（1982 年 9 月 1 日），见《邓小平文选》第三卷，人民出版社 1993 年版，第 2 页。

持,拥有共产党无法比拟的军事、经济实力。

然而,共产国际与日益"左"倾的中共中央过高估计革命的力量和国民党的危机,认为革命浪潮"现在正在向前呼啸着。它将冲破一切帝国主义与国民党的藩篱和城堡",将人民大众对国民党及其领导的国民政府的怨恨,与对中国共产党所领导的苏维埃政权的憧憬画等号,认为革命在中国某一个省或者几个省的成功马上就要实现,甚至全国的成功也即将到来。"一切这些革命势力急速发展与反革命统治的日益崩溃的丝线,织成了全中国成熟着的革命危机的图画,这一图画,很明显的映出了争取革命在一省或数省首先胜利的前途。""国民党统治的崩溃,正在加速进行着……因此,目前中国政治形势中心的中心,是反革命与革命的决死斗争"。[①] 在他们眼中,阶级关系的发展、敌我实力的改变使得敌大我小的情形发生了扭转,与敌对势力进行决斗的时刻已经到来。因此,米夫在 1931 年 11 月 20 日给斯大林的信中,就建议重新审查 1930 年在反对李立三路线时期提出的取消占领大城市计划的方针,认为"国民党现时的垮台、内外政策的彻底破产、最近的失败和军阀部队的重新调整,在红军大大发展的情况下",应该"从防御转入进攻,乘胜追击,以便巩固我的胜利","在这种条件下,可以认为夺取中心城市是合适的行动"。[②] 米夫的这些建议和计划很快得到了共产国际的支持。1932 年 3 月初,共产国际执委会给中共中央发来指示信,提出红军必须注意夺取诸如南昌之类的大城市的要求。

为了保障夺取全国胜利战略的实现,共产国际对中共进行了组织改造。1931 年 1 月,中共六届四中全会召开。在这次会议上,在共产国际代表的直接干预下,以王明、博古等为首的宗派集团夺取了中共中央的领导大权。王明"左"倾教条主义者上台后,对共产国际的指示奉若神明,推行了一条"更'有理论',气焰更盛,形态也更完备"[③]的错误路线。在他们看来,共产国际的所谓"战后资本主义第三时期"理论,同样适合于中国革命。他们认为,中国革命开始复兴并且已经进入新的高潮阶段,"不仅有先于其他主要资本主义或殖民地国家爆发的可能,而且有首先胜利并且保障这一胜利的

---

① 《由于工农红军冲破第三次"围剿"及革命危机逐渐成熟而产生的党的紧急任务》(1931年 9 月 20 日),见中央档案馆编:《中共中央文件选集(一九三一)》第七册,中共中央党校出版社 1991 年版,第 405—406 页。

② 中共中央党史研究室第一研究部译:《共产国际、联共(布)与中国革命档案资料丛书》第13 卷,中共党史出版社 2007 年版,第 79,80 页。

③ 《关于若干历史问题的决议》(1945 年 4 月 20 日),见《毛泽东选集》第三卷,人民出版社1991 年版,第 963 页。

'持续'的可能"①;苏维埃运动已经发展到"一日千里"之势,"新的革命运动的高潮日益增长,实在是不可争辩的事实","直接革命形势,最近可以首先包括一个或者几个主要的省份"。②

　　基于对革命形势的错误估计,王明等人对中国革命性质也作出了完全错误的判断,"过分地夸大了当时国民党统治的危机和革命力量的发展,忽视了'九一八'以后中日民族矛盾的上升和中间阶级的抗日民主要求,强调了日本帝国主义和其他帝国主义是要一致地进攻苏联的,各帝国主义和中国各反革命派别甚至中间派别是要一致地进攻中国革命的,并断定中间派别是所谓中国革命的最危险的敌人"③。因此,他们认为"现在阶段的中国资产阶级民主革命,只有在坚决进行反对资产阶级的斗争中,才能得到彻底胜利"。④ 显然,王明的这一套"左"倾理论完全混淆了民主革命和社会主义革命的界限,超越了中国革命的发展阶段,是不符合中国客观实际的。

　　以这种"左"倾错误理论为指导,王明等人在夺取政权的道路上,完全机械套用工人与农民阶级关系的一种颠倒的错误判断,强调在中心城市发动武装暴动的方式,认为"夺取武汉毫无疑问地是建立全中国苏维埃政府的开始"⑤;并且断言"现在中国各地苏维埃政权及红军的迅速发展和胜利……是苏区工农群众受中心城市工人革命斗争影响及帮助的结果"⑥。在斗争策略上,他强调"必须坚决执行进攻的路线,这不仅能击破'围剿',破坏反革命的武装势力,保持住已得的胜利,并且还可以更加扩展苏维埃运动"⑦;认为苏区的重要任务就是"竭尽全力争取在一省与数省内首先取得胜利,先是在江西"⑧,进而推进与争取全国范围内的胜利。为了实现这一目标,他还要求苏维埃政府在最短的时期内创造出一百万人的红军,负责把游击区的"赤色战士"集中起来,准备与强敌进行决战。毫无疑问,在这种"进攻路线"的支配下,以毛泽东为代表的坚持在农村开展游击战争建立农村革

---

① 《王明言论选辑》,人民出版社 1982 年版,第 125 页。

② 《王明言论选辑》,人民出版社 1982 年版,第 135、137 页。

③ 《关于若干历史问题的决议》(1945 年 4 月 20 日),见《毛泽东选集》第三卷,人民出版社1991 年版,第 965 页。

④ 《王明言论选辑》,人民出版社 1982 年版,第 130 页。

⑤ 《王明言论选辑》,人民出版社 1982 年版,第 144 页。

⑥ 《王明言论选辑》,人民出版社 1982 年版,第 205 页。

⑦ 《中央通告(四中全会后第一号)》(1931 年 1 月),见中央档案馆编:《中共中央文件选集(一九三一)》第七册,中共中央党校出版社 1991 年版,第 84 页。

⑧ 中共中央党史研究室第一研究部译:《共产国际、联共(布)与中国革命档案资料丛书》第13 卷,中共党史出版社 2007 年版,第 70 页。

命根据地的正确主张,自然会遭到"左"倾教条主义者的反对,被他们指责为"和平割据观念""保守观念""地方观念"。很多年以后,邓小平以国民党和中国共产党斗争的大环境为基础,深入分析"围剿"和反"围剿"中所暗藏的斗争策略,指出:"如果有同志参加过十年苏维埃时期的内战,就会懂得这一点。那时不管在中央苏区,还是鄂豫皖苏区或湘鄂西苏区,都是处于敌人四面包围中作战。敌人的方针就是要扭在苏区边沿和苏区里面打,尽情地消耗我苏区的人力、物力、财力,使我们陷于枯竭,即使取得军事上若干胜利,也不能持久。"①这是实实在在的血的教训。

王明"左"倾教条主义错误路线在中共六届四中全会以后,在党内部逐步地形成了主导路线。而在这一时刻,也正值"一苏大会"即将召开前期的关键时间。此次大会中有相当数量的文件和决议案,均为中共六届四中全会之后的中共中央政治局以及共产国际远东局一起协商拟定并上报的。据一些老革命回忆:当时制定实行的土地法、劳动法等法律法规"都是在上海起草的"②。"一苏大会"的主席团在大会期间给中共中央的电报中,也特别指出:"你们所提出的劳动法、土地法、红军问题、经济政策、宪法大纲"等一系列问题"大会已热烈讨论","并一致通过"。因此可以看出,共产国际和王明"左"倾路线已经渗透在这些法律法规和制度决议中,这些制度决议存在"左"的错误也就不难理解了。

在广大苏区以及红军部队中,这一错误路线也被当作硬性指示要求来执行。事实上,各苏区因距离当时中共中央的所在地——上海较远,一直以来中共中央对广大苏区的领导仅为原则性指示,在军队中除李立三等人错误地调遣红军进攻过中心城市之外,其余时期基本没有受到中共中央"左"的错误的干涉。而在长期的革命斗争中,毛泽东、朱德为代表的中国共产党人所领导的革命根据地和红军队伍,在自身发展中已逐步培养出相当数量的有军事斗争经验和治理才能的人才,同时也总结出了一套根据地发展、军队建设的思想和理论。因此,此时王明等人试图干预并掌控革命根据地建设和红军发展显得十分困难。但为了使中共六届四中全会精神和自己的"左"倾路线主张尽快推向各个苏区,从1931年3月开始,以王明为代表的"左"倾中共中央陆续向全国各苏区派出中央代表团和中央代表,充当"钦差大臣",以便加强对各苏区和红军的控制。后来尽管王明很快就去了莫

---

①　《跃进中原的胜利形势与今后的政治策略》(1948年4月25日),见《邓小平文选》第一卷,人民出版社1994年版,第97页。

②　陈毅等:《回忆中央苏区》,江西人民出版社1981年版,第127页。

斯科,在中共驻共产国际代表团中担任领导工作,①但其"左"倾教条主义的路线在苏区并未停止执行。自 1931 年 9 月至 1935 年 1 月,也就是自以博古为首的临时中央成立之日开始直至遵义会议为止,这一时期成为第三次"左"倾路线又一次占据主导地位的时期。特别是在 1933 年初,由于"临时中央因为白区工作在错误路线的领导下遭受严重损失"后被迫迁入江西南部根据地,"更使他们的错误路线得以在中央所在的根据地和邻近各根据地进一步地贯彻执行",②从而给苏维埃共和国的各项建设包括政权建设造成了极大的危害。

(二)"左"倾教条主义给苏维埃政权建设带来的危害

以王明为代表的"左"倾教条主义路线在党内占据统治地位后,共产国际与王明的"左"倾理论便成了中共中央制定具体方针政策的主要理论依据。在这一方针指导下,就政权建设而言,由于王明等人对如何进行政权建设缺乏全面客观的认识,仅依据共产国际的要求开展工作,将政权建设在各方面的具体工作当作实施其错误理论的具体体现。这一理论以苏区党组织的名义在苏维埃政府中开始实行,给苏维埃政权建设和发展造成了极大的危害。

1. 在政权的阶级构成上,照搬俄国苏维埃政权的阶级关系模式,混淆阶级关系,打击"中间势力",导致革命力量严重削弱

1931 年 11 月,中华苏维埃第一次全国代表大会通过的《中华苏维埃共和国宪法大纲》明确规定:"中国苏维埃政权所建设的是工人和农民的民主专政的国家。苏维埃全政权是属于工人、农民、红军兵士及一切劳苦民众的。在苏维埃政权下,所有工人、农民、红军兵士及一切劳苦民众都有权选派代表掌握政权的管理;只有军阀、官僚、地主、豪绅、资本家、富农、僧侣及一切剥削人的人和反革命分子是没有选派代表参加政权和政治上自由的权利的。"③《宪法大纲》的这一规定,显然是受到共产国际对中国民族资产阶级错误判断的影响而照搬了苏俄(联)的阶级划分模式,在相当长的时期内,将民族资产阶级以及富农视为政权的敌对势力。

---

① 中共中央党史研究室第一研究部译:《共产国际、联共(布)与中国革命档案资料丛书》第 13 卷,中共党史出版社 2007 年版,第 66 页。

② 《关于若干历史问题的决议》(1945 年 4 月 20 日),见《毛泽东选集》第三卷,人民出版社 1991 年版,第 966 页。

③ 《中华苏维埃共和国宪法大纲》(1931 年 11 月 7 日),见中共中央文献研究室、中央档案馆编:《建党以来重要文献选编》第八册,中央文献出版社 2011 年版,第 649—650 页。

这是与中国国情和中国革命性质不相适应的。中国苏维埃政权的主体是工农群众,给予工农群众及其家属以充分的选举权和被选举权,这是理所当然的,也是完全应该的。但是综合考虑,由于中国苏维埃革命发生的历史时期和阶段仍为新民主主义革命阶段,属于新民主主义革命的一部分,反帝反封建仍是其主要任务,民族资产阶级与工人阶级、农民阶级和城市小资产阶级一样,都有反帝反封建的要求,因此党应该抓住时机争取和中立中间阶级,以扩大反对蒋介石国民党的力量,而不是将他们划入军阀、官僚、地主、豪绅等反革命分子的行列,予以排斥和打击。然而,"左"倾教条主义者不了解这一点,对争取或中立中间阶级的主张,一概指斥为"离开阶级立场之机会主义的观点"①。于是,他们把富农、资本家、地主、豪绅无区别地并列为苏区的"阶级敌人",强调"要在苏区内部与一切阶级敌人——地主,豪绅,富农,官僚,资本家,改组派,AB团,取消派,第三党作残酷的斗争"②。

在这种"左"倾思想的指导下,中华苏维埃共和国临时中央政府颁布的各种条例、法令推行了一些"左"的错误政策,没有认真细致地区分地主、富农、各类资本家的特点和剥削者与剥削者家属间的不同,对剥削者和为剥削者服务的人没有区别,一概剥夺了所有这些人的选举权和被选举权。在进行土地革命的过程中,中华苏维埃共和国颁行的《土地法令》就有这样的规定:"所有封建地主、豪绅、军阀、官僚及其他大私有主的土地,无论自己经营或出租,一概无任何代价的实行没收。被没收的土地,经过苏维埃由贫农与中农实行分配。被没收的旧土地所有者,不得有任何分配土地的权限"③。从而将"地主不分田,富农分坏田"的过"左"政策推向极端。他们甚至认为"地主应该编入永久的劳役队,富农则应该编入临时的劳役队","在所有战区进行反革命活动的地主富农应就地处决外,地主的家产全部没收,地主家属一律驱逐出境或移居别处"④。完全在生活上断绝地主富农的生路,从经济上消灭地主富农。

显然,在九一八事变之后新的形势下,苏维埃政府这种把民族资产阶级

---

① 《关于目前政治形势及中共党的紧急任务决议案》(1931年5月9日),见中央档案馆编:《中共中央文件选集(一九三一)》第七册,中共中央党校出版社1991年版,第261页。

② 《中央给第一方面军总前委,江西省委,各特委,各地方党部的信》(1931年2月23日),见中央档案馆编:《中共中央文件选集(一九三一)》第七册,中共中央党校出版社1991年版,第141页。

③ 《中华苏维埃共和国土地法令》(1931年12月1日),见中共中央文献研究室、中央档案馆编:《建党以来重要文献选编》第八册,中央文献出版社2011年版,第730页。

④ 《中华苏维埃共和国人民委员会训令(中字第三号)——关于地主富农编制劳役队与没收征发问题》,《红色中华》1934年5月23日。

以及富农排斥在政权之外的做法,不能不说是红色政权建设上的一个严重错误。他们认为"中国政治形势的中心的中心,是反革命与革命的决死斗争"①,因而主张打倒一切。这不仅剥夺了某些人不应剥夺的政治权利,甚至把地主富农逼上绝路,他们被迫到处流浪乃至上山为土匪,与人民政权为敌。其结果是扰乱了苏区的社会秩序,动摇了苏区的社会稳定;削弱了利己力量,壮大了敌对阵营。

2. 在党政关系上,照搬苏俄(联)的政党制度,导致在苏维埃政权建设中出现严重的"党政不分""以党代政"现象

中国共产党在苏维埃政权中居于绝对领导地位,是中国革命发展的结果。大革命失败后,"仅仅共产党继续高举革命的旗帜,保持革命的传统,提出工农民主共和国的口号,且为此口号而艰苦奋斗了许多年。"②因此,中国共产党自然而然成为其所领导建立的中华苏维埃共和国独一无二的执政党,党的思想理念通过政府执行,在其中起着主导力量。而在处理党和国家政权机关的关系上,年轻的缺乏执政经验的中国共产党,基本上照搬了苏俄(联)的党政关系模式。

苏俄(联)的政党制度,形成于特定的历史背景和条件下。俄国十月革命胜利后,大多数资产阶级政党公开地走上了与苏维埃进行武装对抗的道路,连参加苏维埃政权的左派社会革命党,也组织了反对苏维埃政权的反革命叛乱。因此,全俄苏维埃代表大会通过决议,宣布资产阶级政党的代表"在工农代表苏维埃中不能有席位"③。这样,布尔什维克党成了苏维埃政权唯一的执政党,布尔什维克党包揽了一切,党的组织混同于国家组织,包办代替国家政权机关的一切工作,直接插手管理国家的具体事务,以致形成"党政不分""以党代政"的苏俄(联)党政关系模式。列宁指出:"任何国家机关未经党中央指示,都不得解决任何重大政治问题或组织问题。"④因为"我们的党是一个执政的党,党的代表大会所通过的决议,对于整个共和国都是必须遵守的"⑤。由各级政府机关解决任何重大问题均以党中央的指示为出发点,发展到政府机关凡事均请示党。苏俄(联)"以党代政""党政

---

① 《关于若干历史问题的决议》(1945年4月20日),见《毛泽东选集》第三卷,人民出版社1991年版,第965—966页。

② 《中国共产党在抗日时期的任务》(1937年5月3日),见《毛泽东选集》第一卷,人民出版社1991年版,第260页。

③ [苏]A.A.别祖格洛夫主编:《苏维埃建设学》,刘家辉、马国泉等译,中国人民大学出版社1983年版,第246页。

④ 《列宁全集》第31卷,人民出版社1958年版,第29页。

⑤ 《列宁全集》第32卷,人民出版社1958年版,第207页。

不分"导致党政关系不协调,运转机制受阻。列宁晚年认识到党政不分的弊病,提出党政必须分开,并试图解决这一问题,但由于受历史条件的限制,未来得及解决该问题,也未找到解决该问题的根本办法。斯大林时期党政不分的问题则更为严重,他认为:"在无产阶级专政的国家里,我们的苏维埃组织和其他群众组织,没有党的指示,就不会决定任何一个重要的政治问题或组织问题——这个事实应当认为是党的领导作用的最高表现。"①无论是苏维埃的行政机关,还是权力机关,通过"任何一个重要决定都非有党的指示不可"②。布尔什维克党成为超越一切的最高权力机关,代替国家组织,对各项工作发号施令,党政机关职能混同,而党政大权又集中于斯大林一人之手。

在缔造中国苏维埃政权的过程中,中国共产党基本上照搬了苏俄(联)这一党政模式,误认为党的领导就是党代替苏维埃政府,包办苏维埃政府的工作。尤其在六届四中全会王明"左"倾教条主义者统治中央后,他们向各苏区调派出"中央代表"执行其理论路线,党的民主制度遭到极大破坏,严重干扰影响了各苏区苏维埃政府的正常工作,"以党代政""党政不分"等问题日益严重,给苏维埃共和国的政权建设造成了消极的影响:首先,降低了苏维埃政府在群众中的威信。党包办苏维埃政府的工作,苏维埃政府机械地转述党的决定,而苏维埃自己独立的工作系统陷于瘫痪,政府例会不正常,也不计划工作。"一切工作归党",苏维埃成了执行党的命令的机关,党直接解决苏维埃政府的所有问题。一切权力由党包办,以党代政,个人专断,使得苏维埃代表大会缺乏权威。

其次,造成各级苏维埃政府中的党团组织极不健全。有资料表明,赣西南"各级政府的党团都不健全,不能解决问题,大小问题都要党部解决,因此形成党部代替了政权,所以有些地方群众对党部还比对政府的信仰好"③。闽西苏区也是如此,"多系党员包办,因此没有党团之建立,党与政权混在一起"④。由于党团组织不健全,难以发挥党对苏维埃政权的领导作用。尽管有些苏区在苏维埃政府中建立了党团组织,但并未发挥党团应有的作用。湘赣边界也是如此,"党在群众中有极大的威权,政府的威权却差

---

① 《斯大林全集》第8卷,人民出版社1954年版,第36页。
② 《斯大林全集》第8卷,人民出版社1954年版,第38页。
③ 江西省档案馆、中共江西省委党校党史教研室选编:《中央革命根据地史料选编》(上),江西人民出版社1982年版,第258页。
④ 江西省档案馆、中共江西省委党校党史教研室选编:《中央革命根据地史料选编》(下),江西人民出版社1982年版,第16页。

得多。这是由于许多事情为图省便,党在那里直接做了,把政权机关搁置一边",从而造成"政权机关里的党团组织有些地方没有,有些地方有了也用得不完满"①。党团与党部的关系没有理顺,要么党团没有自己独立的工作能力,凡事均依赖党部解决,要么党团不服从党部的领导,与党部处于对抗状态。

再次,造成苏维埃政府干部任用极不正常的现象。苏维埃的负责人大都是党委派,而不是由群众直接选举,所以,"群众对苏维埃很少信仰,因为苏维埃到某处,即令农民放哨或当差,农民异常怨怒"②。一些苏维埃的选举徒有虚名,由党包办,党决定候选人的名单,照例提交代表大会形式上表决通过,而"没有首先由各革命团体提出候选委员名单,发动选民来讨论和审查"③。在各级苏维埃政府的改选中,党指定候选人,强迫选民通过的现象非常严重,以致各级苏维埃政府改选后,被选举的人仍不能胜任其所担负的工作,也得不到群众的信任。各苏区均严重地存在党包办各级苏维埃政府乃至群众团体的一切职务的现象,以致形成在政府任职的干部,几乎是清一色的党员,而没有非党员的群众积极分子;"而党又时常没有经过群众组织的手续,随便调动党员,更使群众组织及政权工作表现涣散不健全"。④湘赣和闽粤赣等苏区,这种情况都比较严重。

3. 在政权机构设置中,效仿苏俄(联)设立国家政治保卫局,导致苏区肃反扩大化

如前所述,中国苏维埃政权的组织形式,基本效仿了苏俄(联)模式。其中,国家政治保卫局就是效仿苏俄(联)而设立的。作为由肃反委员会演变而来的机构,其承担着消灭混入党组织内的间谍,打击反叛分子,肩负着苏维埃政权和领导人的安危,保障革命有序进行等重任。可以看出,这一机构职责使命坚决、任务特殊。在当时特定的历史环境和条件下,设置这样的组织作用明显。但是,中国的国家政治保卫局照搬了苏俄(联)国家政治保卫局的机构设置、组织原则、活动方式,实行局长单一集权制,坚持单线垂直领导原则。国家政治保卫局及其分局与特派员享有一定的特权,在与党、政

---

① 《井冈山的斗争》(1928年11月25日),见《毛泽东选集》第一卷,人民出版社1991年版,第73页。
② 中国现代革命史资料丛刊编委会:《湘鄂赣革命根据地文献资料》第一辑,人民出版社1985年版,第227页。
③ 江西省档案馆选编:《湘赣革命根据地史料选编》(上),江西人民出版社1984年版,第463页。
④ 江西省档案馆选编:《湘赣革命根据地史料选编》(上),江西人民出版社1984年版,第456页。

府的关系中保持完全的独立性,同级党政军领导无权过问;再加上一再强调"必须保持保卫局的独立性,保持保卫局一贯的垂直系统",要求"特派员在……组织系统及工作关系上绝对隶属于保卫局",①这样使政治保卫局就完全成为一个不受约束、拥有巨大权力——包揽公、检、法权的特殊机关。保持国家政治保卫局的独立性,从制度设计上有它的合理性。但在这种自上而下的单一集权的领导体制下,一旦出现方针路线上的错误,又很容易导致这个机构失去监督和制约,而成为凌驾于党政军各机构之上的"太上皇",以致胡作非为并酿成悲剧。

正是这种体制,使中苏两国党内都出现了肃反扩大化的惨痛事件。苏俄(联)国家政治保卫局及其继承者内务人民委员部在20世纪30年代的肃反运动中,起的负面作用是众所周知的。它以"人民公敌"这种莫须有的罪名,"对那些与斯大林持有不同政见的人,以至于印象不好的人进行最为残酷的镇压"②,导致在苏俄(联)有成千上万的党和国家的干部,被内务人民委员部指控为有"叛变行为""间谍行为""破坏行为",而成为这种恐怖行动的牺牲品。

20世纪30年代,在王明"左"倾教条主义者统治中央的时期,这种政治保卫局体制也使中国共产党在苏区的"肃反"中,重蹈了苏俄(联)的覆辙。国家政治保卫局主持苏区的肃反工作,取得了一定的成绩,清除了一些反革命分子,保卫了根据地的各项建设工作。但是由于夸大敌情,怀疑一切,破坏革命法制,大搞刑讯逼供,把错误的肃反路线和干部政策中的宗派主义纠缠在一起,使党和红军、苏维埃的许多领导人以及干部、战士被杀害,革命政权和红色武装的元气大伤,造成了肃反扩大化的严重后果。1945年4月中国共产党六届七中全会通过的《关于若干历史问题的决议》中就有如下反思:"六届四中全会及其后的中央,一方面提拔了那些'左'的教条主义和宗派主义的同志到中央的领导地位,另一方面过分地打击了犯立三路线错误的同志,错误地打击了以瞿秋白同志为首的所谓犯'调和路线错误'的同志,并在六届四中全会后接着就错误地打击了当时所谓'右派'中的绝大多数同志。"③彭德怀在其自述中,也深刻地总结了中央苏区时期政治保卫局因缺乏制约机制而犯肃反扩大化错误的教训。他指出:"不依靠群众的单

---

① 韩延龙、常兆儒编:《中国新民主主义革命时期根据地法制文献选编》第三卷,中国社会科学出版社1981年版,第328—329页。

② 《赫鲁晓夫回忆录》,东方出版社1988年版,第756页。

③ 《关于若干历史问题的决议》(1945年4月20日),见《毛泽东选集》第三卷,人民出版社1991年版,第964页。

纯肃反观点,造成军内人人自危,军队内部民主受到很大限制。特别是原属政治部的锄奸部,改为保卫局,为政治部平列机关,不受政治机关领导,形成特殊化、神秘化,严重地脱离群众,造成互不信任。"从粉碎第四次"围剿"到第五次"围剿"开始,苏区毫无扩大,"派去湘鄂赣边区和鄂东南区的钦差大臣,把当地党政军大批领导干部打成改组派,加以杀害,放上他们派出去的钦差大臣,或调换气味相投的一些人"。①

中华人民共和国成立之后,罗瑞卿在中共八大上对苏区政治保卫局肃反工作的沉痛教训也进行了深刻总结:"在第二次国内革命战争的时候,曾经不正确地强调了保卫机关独立系统的垂直领导,这就使各级保卫机关失去了各级党委的领导和监督,因而犯了错误";政治保卫局实行的是"同调查研究、实事求是完全相反的是逼供信的方法。这就是只根据一些片面的、没有经过检验的材料,草率捕人。捕人以后,又往往轻信犯人口供,甚至用肉刑和变相肉刑逼供,相信逼出来的口供,再去捕人。这是主观主义的反马克思主义的方法,其结果,必然会把敌人的力量夸大化"。② 他还告诫我们应该吸取历史教训,"在肃反斗争中曾经犯过这种错误,吃了一些亏,但是,却取得了一条经验,这就是必须实行充分的调查研究,坚决反对逼供信"③。

4. 在党内思想斗争中,开展反"罗明路线"斗争,打击了政府部门坚持正确路线的干部

反"罗明路线"斗争是从 1933 年 2 月中旬在党内开始的。罗明时任中共福建省委代理书记。在长期的革命斗争中,罗明认为毛泽东所提出的游击战的思想符合当时革命斗争实际和形势。因此,1933 年 1 月,他结合毛泽东的这一战略思想向福建省委起草了《对工作的几点意见》和《关于杭永岩情形给闽粤赣省委的报告》;同一时间,中共福建新泉县委书记杨文仲也对当时中央所执行的"进攻路线"持有异议,并向省委写信阐述了自己的观点。他们指出,在反"围剿"斗争中,应开展游击战,结合敌我实力,以我方的长处对敌人之短处,充分利用时间空间壮大当地武装;在主力红军方面,应注重地方武装和群众战斗力的建设并以此为根基发展,不能仅依靠"创造百万铁的红军"的指示要求而不切合实际地壮大队伍;在边区建设方面,应结合各边区实际情况开展工作,党组织和各级政府的指示要求应注重灵

---

① 《彭德怀自述》,人民出版社 1981 年版,第 179 页。
② 中共中央办公厅编:《中国共产党第八次全国代表大会文献》,人民出版社 1957 年版,第 280 页。
③ 中共中央办公厅编:《中国共产党第八次全国代表大会文献》,人民出版社 1957 年版,第 280 页。

活性,应当给地方一定的具有自主灵活支配的经费,不能以政治运动以偏概全等。

罗明等人的这些意见"是切合当时当地的实际情况的"①,可是,以博古为首的临时中央却蛮横认为这几份报告是"富农路线"和"极严重的一贯的右倾机会主义错误"②。苏区因此进行了一次较长时间的反"罗明路线"斗争。

在1933年2月15日,根据这一问题,苏区中央局下发了《苏区中央局关于闽粤赣省委的决定》,对罗明进行批判,指出"省委是处在一种非常严重的状态中,在省委一小部份同志中,显然形成了以罗明同志为首的机会主义路线"③,并决定"在党内立刻展开反对以罗明同志为代表的机会主义路线的斗争"④;对福建省委进行了改选,罗明也被撤销了福建省委代理书记一职。紧接着,在《斗争》杂志上持续不断地刊发了大量的所谓反"罗明路线"的文章。少共中央局也紧跟苏区中央局的步伐,下发了《关于开展反罗明路线斗争的决议》。这样一来,一场以"左"倾思想为主导的,彻底混淆是非、无限上纲的错误的党内斗争迅速在苏区蔓延,由上而下,扩展到基层党支部及乡苏维埃政府。同月下旬,在福建反"罗明路线"斗争的蔓延下,博古等人也以反"江西罗明路线"的口号在江西继续了这一斗争,邓小平、毛泽覃、谢维俊、古柏等都因此受到牵连被错误批判。这一斗争在1933年夏达到了高潮,范围扩大到了全部中央苏区以及红军部队。闽赣省开展了反对以中共建黎泰中心县委书记余泽鸿为代表的"罗明路线"的斗争,粤赣省开展了反对以粤赣军区第三作战分区司令员吕赤水为代表的"退却逃跑路线"的斗争,在红军中开展了反对以闽赣军区司令员萧劲光为首的"红军中的罗明路线"的斗争。在毗邻中央苏区的湘赣苏区,也开展了反对以中共湘赣省委书记王首道等为首的"湘赣罗明路线"的斗争,改组了湘赣省委。

这场错误的斗争直到1934年10月红军主力即将长征时才逐步缓解。就其本质而言,是在以博古为主要负责人的临时中央的主导下,将王明"左"倾教条主义作为指导思想所开展的一场完全脱离实际的斗争,其主要

---

① 张鼎丞:《中国共产党创建闽西革命根据地》,福建人民出版社1982年版,第59页。
② 《关于若干历史问题的决议》(1945年4月20日),见《毛泽东选集》第三卷,人民出版社1991年版,第967页。
③ 《苏区中央局关于闽粤赣省委的决定》(1933年2月15日),见中央档案馆编:《中共中央文件选集(一九三三)》第九册,中共中央党校出版社1991年版,第94页。
④ 《苏区中央局关于闽粤赣省委的决定》(1933年2月15日),见中央档案馆编:《中共中央文件选集(一九三三)》第九册,中共中央党校出版社1991年版,第95页。

目标在于清除各种阻力以使"左"倾错误路线在苏区贯彻执行。这场斗争在苏区政权建设上造成了极大的危害。斗争助长了"残酷斗争,无情打击"的恶劣风气,打击和伤害了大批党和政府的优秀干部。在政治上,"对于一切因为错误路线行不通而对它表示怀疑、不同意、不积极拥护、不坚决执行的同志,不问青红皂白,一律扣上'右倾机会主义'、'富农路线'、'罗明路线'等大帽子"①。在组织人事上,大批的优秀党政军领导干部在这场斗争中受到牵连、批判和更换。其中,仅福建一省就陆续革职 3 任省委书记,罢免 3 名苏维埃政府正副主席、1 名省军区政委、6 名军分区领导和 1 名团省委书记,基层中 14 名县委书记、县苏维埃政府主席等领导受牵连被罢免。譬如,受此牵连,谭震林便被免去军区一切职务,张鼎丞被撤去省苏维埃主席的职务,郭滴人最后甚至调往军区当勤务员的教员。在江西,邓、毛、谢、古被撤去领导职务,将他们调往县、区基层担任巡视员或突击队工作。由此可见,所谓反"罗明路线"是"左"倾教条主义者排斥和打击毛泽东等人对党和红军的正确领导,从而达到其"改造各级领导机关"的目的,是实现其宗派主义政治利益的又一政治步骤。斗争结果,一方面造成了根据地党内和政府内的恐惧心理,引起中央苏区社会的不安现象,极大地挫伤了广大干部和群众的积极性,动摇了红色政权的稳定,严重削弱了革命的力量。另一方面则使"左"倾错误在苏区各项工作中得以全面贯彻,削弱了党政军在革命战争中的力量,客观上帮助了敌人的进攻。关于这场所谓的"斗争",无论是在延安时期,还是新中国成立后,毛泽东以及罗明本人,还有博古、罗迈等人都有论述及回忆,称这是"无可补救的损失"。

5. 在红军的战略战术上,盲目强调"进攻路线",导致第五次反"围剿"的失败,中华苏维埃共和国被迫战略大转移

共产国际和王明等"左"倾教条主义者在苏维埃政权建设中推行错误政策的同时,在红军的战略战术上,他们也用"左"的一套代替了曾在实践中行之有效的正确方针政策。其结果,当然只能将红军和苏区引上邪路,最后导致红军第五次反"围剿"战争的完全失败,导致中央苏区和其他苏区的丧失,中华苏维埃共和国被迫实施战略大转移。

"左"倾冒险路线向军队的发展,早在共产国际执委第十一次全会上就开始了。1931 年 3 月,共产国际召开了执委会第十一次全会。这次会议的召开,是由于西方和东方法西斯主义势力的崛起。但共产国际不肯承认法西斯主义势力和一般资本主义制度的区别,说只有资本主义自由主义者,才

<hr />

① 张鼎丞:《中国共产党创建闽西革命根据地》,福建人民出版社 1982 年版,第 62 页。

会认为法西斯主义同一般资产阶级民主之间有主要区别。为了说明推翻资本主义制度条件成熟,共产国际竭力夸大世界革命形势,特别是夸大中国苏区的革命形势和红军的力量。

长期以来,共产国际不断发出中国革命条件成熟的指示、决议,其主要之点是夸大工人运动的力量,要求实现城市暴动,而把农村看成是"配合"和"辅助"的力量。他们认为苏维埃只能建立于大城市,只有打硬仗的正规部队,才称得起是红军。因此,共产国际在此前对中国问题上历来避免使用"红军"字眼,只把当时的红军说成是"游击队""农民军"。而在这次会议期间,他们却来了一百八十度大转弯,一反常态地不再夸大中国城市革命力量,而是极端夸大中国苏区和红军的作用。他们认为,共产国际的重要成就之一就是在"中国建立了苏维埃和红军"①;在中国"革命危机加深的实际表现是,在拥有数千万人口的土地上建立了苏维埃和红军。这是当前中国革命高涨的决定因素"②;"加强正规的工农红军'定能保证革命运动的迅猛高涨'","无产阶级领导权还以国家的形式即通过苏维埃和红军固定下来"。③

受共产国际的影响,王明"左"倾错误理论和政策在九一八事变之后"左"得越来越厉害。这主要表现在,共产国际和王明"左"倾教条主义者对红军和苏区的力量作了不切实际的过高的估量,对中国革命形势的发展过分夸张,因而犯了比李立三更"左"的"左"倾错误。1931 年 9 月 20 日,在"左"倾教条主义的大环境下,由王明拟定的《由于工农红军冲破第三次"围剿"及革命危机逐渐成熟产生的党的紧急任务》经中共中央议定下发。这一文件对革命形势作出了错误的判断,指出当前革命的发展已"很明显的映出了争取革命在一省与数省首先胜利的前途",要求利用新的形势"立刻扩大与巩固红军""扩大苏区至中心城市"。④ 1932 年 1 月中共中央临时政治局通过的《中央关于争取革命在一省与数省首先胜利的决议》,再次重申了这一思想,提出"过去正确的不占领大城市的策略,现在是不同了";要求

①　中共中央党史研究室第一研究部编:《共产国际、联共(布)与中国革命档案资料丛书》第12 卷,中央文献出版社 2002 年版,第 616 页。

②　中共中央党史研究室第一研究部编:《共产国际、联共(布)与中国革命档案资料丛书》第12 卷,中央文献出版社 2002 年版,第 597 页。

③　中共中央党史研究室第一研究部译:《共产国际、联共(布)与中国革命档案资料丛书》第10 卷,中央文献出版社 2002 年版,第 168、169 页。

④　《由于工农红军冲破第三次"围剿"及革命危机逐渐成熟而产生的党的紧急任务》(1931年 9 月 20 日),见中央档案馆编:《中共中央文件选集(一九三一)》第七册,中共中央党校出版社 1991 年版,第 406、410、411 页。

把"利用目前顺利的政治与军事的条件,占取一二个重要的中心城市"的计划放到党的全部工作与苏区的议事日程上来。① 在 1933 年的共产国际执委第十三次全会上,王明宣布红军在数量上已发展到近百万人,"现在正式红军已经约有 35 万人,非正式武装已经有 60 万人以上";而且,在质量上"也得到了很大的改善"。② 他还说:"中华苏维埃共和国已经完全具备现代国家的一切条件和成分,它完全有资格称作文明的人民共和国","是苏联以外的世界上第二个苏维埃共和国"。③ 他甚至"满怀信心"地期望,以"中国苏维埃革命决定意义的胜利",来"预制太平洋帝国主义大战尤其是帝国主义在远东反苏联大战的爆发","制止在远东爆发世界大战的危险"。④ 而另一方面,他们又过低地估计反革命力量,认为无论是在经济政治上还是在军事上,国民党的破产已经是铁一般的事实,"在最近一年来也就更加表现出崩溃和塌台"⑤等等。这种估量完全是主观主义的,与中国的实际情况大相径庭。

事实上,红军和苏区虽有很大发展,却远没有达到共产国际和王明所说的那样强大,况且就全国范围来说,敌强我弱,敌我力量对比悬殊的基本形势并没有多少改变。对此,毛泽东就红军今后作战行动的性质和中央苏区发展方向的问题提出了一系列正确的建议,主张实行防御策略,反对转入进攻在数量上占据优势的敌人,主张把红军部队化小并撤退到山区。但是,毛泽东的这一正确主张受到批判,被指责为"百分之百的右倾机会主义","低估了目前的形势,完全背离了共产国际和[中共]中央的指示"。⑥

1933 年夏秋,蒋介石不甘心前四次"围剿"的失败,置日本帝国主义欲灭亡中国的侵华战争于不顾,纠集了 50 万大军对中央苏区进行第五次"围剿"。当时,尽管中央苏区的红军只有 8 万多人,但是有前四次反"围剿"的

---

① 《中央关于争取革命在一省与数省首先胜利的决议》(1932 年 1 月 9 日),见中央档案馆编:《中共中央文件选集(一九三二)》第八册,中共中央党校出版社 1991 年版,第 42 页。

② 中共中央党史研究室第一研究部编:《共产国际、联共(布)与中国革命档案资料丛书》第 16 卷,中共党史出版社 2007 年版,第 137、138 页。

③ 中共中央党史研究室第一研究部编:《共产国际、联共(布)与中国革命档案资料丛书》第 16 卷,中共党史出版社 2007 年版,第 143、149 页。

④ 中共中央党史研究室第一研究部编:《共产国际、联共(布)与中国革命档案资料丛书》第 16 卷,中共党史出版社 2007 年版,第 156 页。

⑤ 中共中央党史研究室第一研究部编:《共产国际、联共(布)与中国革命档案资料丛书》第 16 卷,中共党史出版社 2007 年版,第 153 页。

⑥ 中共中央党史研究室第一研究部译:《共产国际、联共(布)与中国革命档案资料丛书》第 13 卷,中共党史出版社 2007 年版,第 147 页。

经验,加上国民党各派军阀矛盾重重,如能采取正确的策略和作战原则,完全有可能粉碎此次"围剿"。可是,此时正值王明"左"倾路线统治中央最为鼎盛的时期,红军的领导权被完全不懂军事的以博古为首的"左"倾教条主义者所控制。他们对前线的军事行动横加干涉,否认敌大我小、敌强我弱的基本前提,要求红军"全线出击""御敌于国门之外",实行了一条冒险主义、死守硬拼的错误的军事指导方针。1933年9月下旬,共产国际驻中国的军事顾问李德(奥托·布劳恩)到达中央苏区。博古把红军第五次反"围剿"的作战指挥大权,交给了这位不了解中国国情,更不了解中国工农红军特点的德国人,使他成为包揽军委一切工作的"太上总司令"。李德一到苏区,就和"左"倾教条主义者一拍即合。他完全按照苏联军队的模式和正规战的经验和训练方法来对苏区红军实行改造,不顾敌强我弱的现实,要求阵地战和所谓的"正规战",要求固定的作战和绝对的集中指挥等;完全否定了毛泽东、朱德等人的游击战和带游击性的运动战,以及在运动中集中优势兵力歼灭敌人的积极防御作战方针。这样,使第五次反"围剿"从一开始就陷入了被动局面。

而在此期间,1933年11月福建事变的发生,应该说为扭转红军第五次反"围剿"的不利局面提供了良好时机。福建事变的发生,清楚地表明国民党营垒的破裂,也进一步说明在中日民族矛盾转变为中国社会的主要矛盾时,国内中间阶层态度的转变,其与以蒋介石为首的国民党反对派公然对立,扭转枪口对准日本侵略者和蒋介石集团,也说明了坚持内战、实行独裁和不抵抗政策的蒋介石不得人心。然而,此时共产国际并未充分意识到第五次反"围剿"的失败对革命产生的不利局面,对福建事变在认识上仍存在误差,立场犹豫不坚定;对十九路军的指挥领导者,共产国际则指示远东局代表不能与其"直接进行任何谈判",担心"谈判会成为陷阱"。① 共产国际采取这种策略,一方面,可能是受到了在"上海保卫战"后十九路军内清洗过共产党员和它曾参与1932年蒋介石部队对红军的"围剿"影响;而另一方面,是他们对中国国内各阶级的关系的分析大大落后于变化了的实际,对处于半殖民地半封建社会下的中国民族资产阶级没有正确的认识,不加区别地把其与资本主义国家资产阶级一视同仁,没有正确分析理解其与各帝国主义和封建势力间也存在着不可调和的矛盾,片面地要求中共采用"下层统一战线"的策略,把中国民族资产阶级、上层小资产阶级视为敌人加以

---

① 中共中央党史研究室第一研究部译:《共产国际、联共(布)与中国革命档案资料丛书》第13卷,中共党史出版社2007年版,第445页。

反对。在共产国际看来,十九路军发动的起义是企图挽救资产阶级和地主的政权,挽救军阀的政权,只是方式与蒋介石南京政府的政策有所不同,因此指挥中共对福建政府应采取反对立场。

共产国际的错误认识对王明"左"倾教条主义者产生了重要影响。在对待福建事变的策略上,他们又一次生搬硬套共产国际的指示,推行了一条"左"倾关门主义路线,认为:福建政府之所以提出一系列"左"倾的口号,完全是"19路军上级将领玩手腕和左倾词句","以求得保证自己反蒋斗争底胜利"。共产国际同时断定,"福建事变绝不会孤立无援的,在福建事变之后,接踵而起的,料还大有人在";"如果以前我们每次的胜利,使反革命派别更加团结和更加一致地去进攻红军,那么,这一次因为反革命在自己经验中感觉到红军是不可能战胜的力量底缘故,我们的胜利却反而临时地加紧了反革命营垒中底分裂、冲突和公开火并,这一点就必然客观上有利于苏维埃革命底向前发展"。[①] 在这种"左"的错误思想的指导下,临时中央和李德完全放弃了与福建事变领导人建立统一战线,对福建人民政府"不但不予援助,反而把正在东线行动的、实际上起了援助十九路军作用的红军主力西调,并号召福建工农和军队反对福建人民政府,使它'迅速的走到破产'。这是第五次反'围剿'失败的重要原因之一"[②]。这样,也轻易断送了打破国民党军队的第五次"围剿"、掀起抗日反蒋高潮的最佳条件。1934年1月,中共六届五中全会在瑞金召开,临时中央的"左"倾错误发展到一个顶点。博古等人盲目地断言"中国的革命危机已到了新的尖锐的阶段——直接革命形势在中国存在着",认为第五次反"围剿"战争"即是争取苏维埃中国完全胜利的斗争",[③]并且将决定革命道路与殖民地道路之间谁战胜谁的问题。但是,福建事变以后,并没有出现博古等人断言的"直接革命形势"。蒋介石军队不但未溃败,反而加紧了对红军的"围剿",中央苏区的形势更加紧张。1934年1月底,蒋介石在解决了福建事变后,马上调集兵力对红军进行集中"围剿",进一步完成了对中央苏区的四面合围。在"左"倾教条主义的"不让敌人侵占寸土"错误策略的指导下,红军主力与兵力、武器占绝对优势的敌军硬打硬拼,打消耗战,结果是节节抵御,节节

---

① 中共中央党史研究室第一研究部编:《共产国际、联共(布)与中国革命档案资料丛书》第16卷,中共党史出版社2007年版,第182页。

② 李维汉:《坚持马克思列宁主义普遍真理同中国具体实践的结合和统一》,《红旗》1981年第13期。

③ 《目前的形势与党的任务决议》(1934年1月18日),见中共中央文献研究室、中央档案馆编:《建党以来重要文献选编》第十一册,中央文献出版社2011年版,第36、42页。

败退。8月底,经广昌、驿前一战,中央苏区北大门全部陷落,敌军进入中央苏区中心区域,中央苏区也日益缩小。此时的"左"倾教条主义者采取了军事退却中的逃跑主义,于10月中旬发起了红军主力的突围战役,开始了搬家式的大转移,中央机关、红军主力、苏维埃中央政府机关撤离中央苏区,开始长征。

至此,第五次反"围剿"遭到失败,经营了几年的中央苏区革命根据地就这样被"左"倾教条主义政治路线、军事路线所完全断送,中华苏维埃共和国实际上也开始了"马背上的国家"的艰难历程。

综上所述,20世纪30年代以王明为首的中共中央所推行的"左"倾路线,不仅错误地估计了中国革命所面临的国际国内形势,也没有认识到中国是一个拥有90%以上农民的半殖民地半封建的国家,当然也更不可能依据中国国情开创一条独具中国特色的革命道路。相反,他们以苏俄(联)革命道路为蓝本,以武装夺取中心城市为坐标,以苏俄(联)和共产国际指示为准则,坚决执行了一条苏俄(联)模式的革命道路。其最终结果,不仅使党内一大批忠诚优秀的党员干部遭受到"左派"势力的严厉打击,而且将毛泽东等共产党人开辟的农村革命根据地推向了毁灭的边缘。第五次反"围剿"的失败,最终迫使中华苏维埃共和国开始大迁移。血与火的教训,使中国共产党人蓦然惊醒,长征初期彻底放弃了对博古等人的支持,遵义会议上"集中全力纠正了当时具有决定意义的军事上和组织上的错误","开始了以毛泽东同志为首的中央的新的领导",[①]从而为中国革命迎来了新的曙光。中国革命自此在毛泽东为代表的中国共产党人的领导下,开始朝着正确的方向发展。

五、中华苏维埃共和国临时中央政府的历史地位

1931年11月7日,在中央苏区瑞金诞生的中华苏维埃共和国临时中央政府,是中国共产党领导新民主主义革命的客观需要,是根据地土地革命蓬勃发展和红色政权理论逐渐形成的必然结果,是无数共产党人和革命先烈用生命和鲜血换来的革命硕果。她的建立和存在,在中国革命史和中国现代史上,具有重要的历史地位。

---

① 《关于若干历史问题的决议》(1945年4月20日),见《毛泽东选集》第三卷,人民出版社1991年版,第969页。

（一）中国历史上第一个人民当家作主的政权

中华苏维埃共和国临时中央政府，是劳动人民自己的政权，与以往所有以剥削欺压劳动人民的各类旧政权有着本质的不同，代表着群众的切实利益。临时中央政府颁布的苏维埃宪法，作为在共产党领导下、由人民政权实施、体现着中国工农群众意志的首部国家宪法具有重大的历史意义。所制定的各类法规制度，充分体现为心系人民、服务群众、尊重人权的特点，这些特点在其制定的《宪法大纲》中就有深刻体现，如明确指出苏维埃政权为全体工人、农民、红军战士和所有劳动人民所共同拥有。凡 16 岁以上的公民均享有选举权和被选举权；苏区的公民不分男女、种族和宗教，在苏维埃法律面前一律平等；提出彻底改善工农生活状况；保证工农劳苦民众有言论、出版、集会、结社的自由；保证广大民众有受教育的权利；对于居住在苏维埃区域内从事劳动的外国人，一律使其享有苏维埃法律所规定的一切政治上的权利；宪法还规定不承认帝国主义在华的政治、经济上的一切特权，废除一切不平等条约，帝国主义在华的一切财产"收归国有"等。[①] 当时，这些法规或与之规定相似的法规制度存在于中国共产党领导的所有革命根据地中，极大地保障了各革命根据地的人权。这些法规充分显示了当时中国共产党领导下苏维埃政府的法律水平，不仅同一时间的部分西方国家未达到这样的水平，即使时至今日，一些西方国家仍未达到。

（二）中央苏区形成的重要标志

临时中央政府的建立，标志着中央苏区的正式形成。土地革命时期，能够称之为革命根据地或者苏区的地方，一般需具备以下几个特点：对群众进行了动员、进行了武装斗争和土地革命、实施了打土豪分田地工作以及在当地成立了党组织、拥有了革命政权并且较长时期存在。通常而言，一个地方如果举行了工农兵代表大会、创建了苏维埃政府，就意味着这一地区逐步成为革命根据地或苏区。如湘赣边界苏维埃政府、闽西苏维埃政府和鄂豫皖苏维埃政府等政权的创建，分别代表着井冈山、闽西、鄂豫皖等革命根据地的产生。而 1931 年 11 月中华苏维埃共和国临时中央政府的正式建立，则代表着中央苏区的正式形成。但需要说明的是，中央苏区的产生及其规模的扩大并非一蹴而就，而是经历了一定的时间。1931 年 3 月，尽管中共中

---

① 参见《中华苏维埃共和国宪法大纲》（1931 年 11 月 7 日），见中共中央文献研究室、中央档案馆编：《建党以来重要文献选编》第八册，中央文献出版社 2011 年版，第 649—653 页。

央将一地叫作"江西中央苏区",但该区域事实上仅为赣南革命根据地。

（三）中国红军和苏维埃区域的中枢

当时,中国共产党领导的农村革命根据地已经发展到大小十几块,处在被分割的状态,又都处在各省的边缘和交界地区。成立中华苏维埃共和国临时中央政府,明确规定它是工人、农民、红军士兵及一切劳苦群众的政权。这对于广大工农群众包括白区的劳动群众来说,就有一种感召力和归宿感。在临时中央政府下面,设立中央革命军事委员会,就统一了全国红军的领导机构,更便于组织和指挥全国的红军和人民革命战争。

离开中央苏区之后,也就是长征时期,中华苏维埃共和国被称为"马背上的共和国"。抵达陕北后,其陆续经历了人民共和国、民主共和国等阶段,一直持续到陕甘宁边区政府的成立才宣告其完成历史使命。临时中央政府虽然存在的时间相对短暂,但作为中国共产党所建立的首个政权,在特定的历史时刻具有深刻的无法取代的作用。对此,胡乔木同志有一个整体、公正的评述。他指出:"对成立中华苏维埃共和国临时中央政府,似不能只从消极方面去看。成立中央政府不但对我各根据地各部分红军加强了合法的中枢指挥作用(否则'中央红军'这一名词也缺乏法律根据),在以后对张国焘斗争中的意义不可低估,而且对尔后与东北军、西北军开展统一战线,发表'八一宣言'和在与蒋介石谈判中取得一定的对等地位和成立各地边区政府、八路军、新四军自成系统也有重要作用。"[①]胡乔木的上述观点,正是建立在马克思主义历史唯物观基础之上的,是这一观点的实际应用和具体体现,是对后人翔实、无误、实事求是地理解和评判中华苏维埃共和国临时中央政府在中国革命历史时期所处的作用和地位的一个重要原则。

（四）毛泽东思想形成和发展的重要阶段

建立中华苏维埃共和国政府,既是模仿"走俄国人的路",又是探索"走自己的道路"的新尝试。其成立发展的历程既秉持了马克思主义关于武装夺取政权的理论,也是对武装夺取政权理论的具体实践,不同于欧洲和俄国革命的发展特点,具有典型的中国特色。中华苏维埃共和国政权的建设顺序为乡区、县到地区、省,最终才创建集中领导的中央政权,走出了一条由下至上、由分散到聚合、由地方到全国的革命建设之路,大量的共产党人为此贡献了力量。尤其是以毛泽东为代表的中国共产党人在这一时期积极总结

---

① 《胡乔木书信集》,人民出版社2002年版,第662页。

了井冈山以及全国其他根据地发展中的经验和教训,拒绝盲目照搬照抄苏俄(联)革命模式,而是开创性地将马克思主义与中国实际相联系,积极探索革命道路,为中华苏维埃共和国的政权建设和发展贡献了极大的力量。就此而言,临时中央政府的成立,及其以工农民主专政为特点的国家性质和以工农兵代表大会制度为特点的政权组织方式,既是中国革命自身特点的体现,更涵盖了中国新民主主义政权建设思想的内在本质。也正是从此开始,以无产阶级领导的以工农联盟为基础的人民民主专政的国体理念、人民代表大会制度的国家政体理念开始产生,逐步发展为毛泽东思想的关键内容,为这一思想体系的形成和发展奠定了良好的基础。

总而言之,在悠久的中国历史上,中华苏维埃共和国临时中央政府的成立有着深刻的历史必然性。在那个特殊时期,中国共产党尽管拥有一定的政权建设经验,但在治理国家中仍显稚嫩。一些问题如中央政府未能统领全部辖区、各地管理相对分散以及"左"倾错误路线的推行等,都对政权建设和革命发展产生了较大的负面影响。但瑕不掩瑜,不可因此而全盘否定中华苏维埃共和国临时中央政府成立的历史必然性和深远历史意义,而是应该从中国苏维埃政权建设的历史经验中吸取历史教训。从长远来看,中华苏维埃共和国是中华人民共和国的"雏形",其成立具有深远的历史意义。

第四章　共产国际与中国苏维埃政权的转变

　　如前所述,中国工农红军第五次反"围剿"失利后,中华苏维埃共和国被迫实施战略"大转移"。从此,中华苏维埃共和国开始了马背上的艰难历程。在此期间,中共中央和共产国际的联系日益困难,1934年9月以后中共中央和共产国际彻底失去了通讯联系。然而,这种情况也为中国共产党独立自主地克服"左"倾错误和解决中国革命道路的问题创造了有利条件。1935年1月15—17日,中共中央在遵义召开了政治局扩大会议,结束了王明"左"倾错误路线在中央的统治,集中地解决了党内所面临的最为迫切的组织问题和军事问题,在极端危急的关头挽救了中国共产党、挽救了红军。中央红军长征一到陕北,中共中央政治局就作出决定,成立了中华苏维埃共和国临时中央政府西北办事处和中国工农红军西北革命军事委员会。自此,中华苏维埃共和国也获得了新的活力,进入了一个新的发展阶段。

　　在这一时期,国际形势发生的剧烈变动,也促使了共产国际对其世界革命的政策策略实行转变。1935年七八月间,共产国际第七次代表大会完成了这一转变,确立了反法西斯统一战线政策。在新的革命形势下,中共中央审时度势,于1935年12月召开了瓦窑堡会议,接受了共产国际的这一政策,并独立自主地制定了抗日民族统一战线的策略总方针。西安事变和平解决后,中共中央又以民族利益为重,在抗日的前提下,捐弃前嫌,承认了南京国民政府的领导,撤销了苏维埃人民共和国的称号,将中华苏维埃政府改为受南京国民政府领导的边区政府。陕甘宁边区政府的成立,标志着中华苏维埃共和国历史使命的光荣结束。至此,中华苏维埃共和国由工农苏维埃政权到抗日民主政权的转变基本完成。

一、共产国际与中华苏维埃共和国的战略大转移

(一)共产国际与中华苏维埃共和国战略大转移的准备

　　由于博古、李德在决策和指挥上的错误,红军在第五次反"围剿"的斗争

中节节败退,中央苏区也日益缩小。尽管福建事变的爆发,把蒋介石部队对中央苏区的进攻推迟了两个月。但在福建事变的之后,蒋介石部队很快对中央苏区形成了合围,苏区和红军的处境变得更加困难,而且逐步加剧。早在1934年2月至4月间,共产国际执委会在给埃韦特和中共中央的电报中就已经意识到这一点:一方面,在强大敌人的进攻下,中央苏区红军已丧失了战略和战术上的机动性,"几乎一直像是被敌人强加的";而另一方面,对于"敌军缓慢的步步为营的推进",红军的反击"变得非常困难,收效甚微"。① 但是,共产国际未能在这种形势下提出改变局面的有效措施。

1934年5月,广昌、建宁先后失守,国民党军队开始进入中央苏区腹地,苏区形势进一步恶化,第五次反"围剿"战争失败已成定局。面对日益严峻的形势,博古、李德意识到红军已不可能在根据地内粉碎国民党的"围剿",不得不考虑红军战略转移的问题。5月下旬,中共中央书记处召开了秘密会议。会议只有博古、张闻天、周恩来、项英四位书记和李德一共五人参加,专门讨论广昌、建宁失守后红军反"围剿"的战略问题。会上李德提出,广昌、建宁、筠门岭失守后,中央苏区南北大门洞开,东线长汀也处于危险之中,在苏区内打破敌人的"围剿"已不可能。因此他提出红军主力撤离中央苏区的建议,几个书记处成员别无良策,也都同意李德的提议。会议还确认,将这一决定向共产国际请示,经批准后方能着手准备。1934年6月初,共产国际执委会政治书记处政治委员会收到了埃韦特来自中国的报告。在报告中,埃韦特指出中央苏区的革命形势"在最近几个月大大尖锐化了",已经"没有希望在最近争取到有利于我们的根本转变";同时他还简要叙述了中共中央下一步的行动计划,提出两个方案:"留在中央苏区,转入游击战,将其作为我们斗争的最重要办法";"否则我们只有保卫中央苏区到最后,同时准备将我们的主力撤到另一个战场"。② 很快,共产国际执委会政治书记处政治委员会于6月16日对埃韦特的报告予以回复,原则上同意了中共中央的计划,"我们完全赞同你们目前根据对形势的正确评价而实行的计划",不排除放弃中央苏区,并指出现时为主力红军撤离中央苏区做准备是"适宜的"。③ 对此,李德在《中国纪事(1932—1939)》中也提到

① 中共中央党史研究室第一研究部译:《共产国际、联共(布)与中国革命档案资料丛书》第14卷,中共党史出版社2007年版,第79、119页。

② 中共中央党史研究室第一研究部译:《共产国际、联共(布)与中国革命档案资料丛书》第14卷,中共党史出版社2007年版,第127、128页。

③ 中共中央党史研究室第一研究部译:《共产国际、联共(布)与中国革命档案资料丛书》第14卷,中共党史出版社2007年版,第143、144页。

让"我们通过在上海的共产国际代表团也向共产国际执行委员会汇报了这个计划的梗概,共产国际批准了这个计划。"①

接到共产国际的电报后,中共中央书记处随即召开了政治局扩大会议,在会昌巡视的毛泽东和在于都的项英都赶回来参加了会议。会议决定成立由博古、李德、周恩来组成的最高"三人团",对红军主力突围转移进行筹划。"三人团"的具体分工:政治、军事由博古、李德分别作主,周恩来负责督促军事计划的贯彻落实。② 为了便于"三人团"秘密筹划,博古派张闻天到闽赣省巡视,让项英到于都去主持赣南军区和赣南战地委员会的工作,同时着手筹备建立赣南省;红军总司令朱德、红军总参谋长刘伯承也都无权过问红军主力突围转移的计划。

但是,共产国际执委会 6 月 16 日的电报,虽然同意中共中央关于主力红军撤离中央苏区的计划,可另一方面又断言,在外围地区、交通线和敌人的后方广泛开展游击运动的情况下,"红军若竭尽全力,是能够采取主动把业已形成的不利形势改变为有利的"。③ 受这种思想的影响,"三人团"成立后,博古、李德对在中央苏区内线作战打破国民党的第五次"围剿"一直抱有幻想,李德在他负责制定的《五、六、七三个月战役计划》中,根本没有提及突围转移这一问题。针对国民党军队对苏区的六路进攻,他们也命令红军兵分六路,全线抵御,继续同优势敌人拼消耗,企图通过这些举措来求得战略情况上的变更。七八月间,博古曾对李维汉说:"现在中央红军要转移了,到湘西洪湖建立新的根据地,你到江西省委、粤赣省委去传达这个精神,让省委做好转移准备,提出带走和留下干部名单报中央组织局"。④ 但是,此间由李德制定的《八、九、十三个月战略计划》,虽然提及战略转移问题,可仍是"用一切力量继续捍卫苏区,来求得战役上的胜利"⑤。后经高虎脑、万年亭等地战斗,虽然给敌人一定杀伤,然而红军主力也伤亡严重。

由于思想准备的犹疑不决,必然影响到物资上、组织上和军事上的准备。直到 1934 年 9 月上旬,红军总部获得国民党即将向瑞金发动总攻的情

① [德]奥托·布劳恩:《中国纪事(1932—1939)》,李逵六等译,现代史料编刊社 1980 年版,第 97—98 页。

② 中共中央文献研究室编:《周恩来年谱(一八九八——一九四九)》(修订本),中央文献出版社 1998 年版,第 262 页。

③ 中共中央党史研究室第一研究部译:《共产国际、联共(布)与中国革命档案资料丛书》第 14 卷,中共党史出版社 2007 年版,第 143 页。

④ 李维汉:《回忆与研究》,中共党史资料出版社 1986 年版,第 343 页。

⑤ 中共中央党史资料征集委员会、中央档案馆编:《遵义会议文献》,人民出版社 1985 年版,第 17 页。

报后，"三人团"这才认识到在苏区内线打破敌人的第五次"围剿"的希望破灭，原定的 11 月突围的时间必须提前。他们匆忙制定了中央主力红军突围转移的具体行动计划：主力红军与中央党政军群各领导机关，统一编为红军野战军系列，准备于 10 月下旬从中央苏区南线突破国民党军队的封锁线，与红二、六军团会合，在湘鄂川黔边创造新的根据地。并且，继续在"保卫苏维埃""与敌人五次'围剿'决战"等口号的掩护下，进行突围转移的一系列秘密准备工作。

1. 物资准备

中央苏区由于连续五次反"围剿"，加上敌人严密封锁，进入 1934 年后，红军出现严重缺粮少盐，广大指战员生活非常艰苦，更严重的是缺乏武器弹药和医疗药品。打完仗得拾回弹壳，生了病几乎靠硬挺。到广昌保卫战后，苏区的各类物资消耗殆尽。为了筹措军粮，中共中央和苏维埃中央政府先后于 1934 年 6 月 2 日发出紧急指示信《为紧急动员二十四万担粮食供给红军致各级党支部及苏维埃信》，要求无论如何要在 7 月 15 日前完成 24 万担的借谷计划。同年 7 月 5 日，《红色中华》杂志在其第 210 期中也刊发了《动员二十四万担粮食是目前我们第一等的任务》的社论，表明了物资缺乏问题的严重性。7 月 22 日，又进一步以中共中央和中央人民委员会的名义联合下发了关于秋收借谷及征收土地税的决定，开展秋收借谷任务，在这一文件中明确指出："为了保证红军今后的粮食的供给，中央特批准各地苏维埃与工农群众的请求，举行秋收六十万担借谷运动，并决定立即征收今年的土地税，随着武装保护秋收的运动争取迅速切实的完成，以供给各个战线上红军部队的需要。"①8 月 8 日，《红色中华》杂志刊发了粮食部部长陈潭秋所写的《二十四万担粮食动员的总结》一文；9 月 30 日，粮食部部长陈潭秋公告此次秋收借谷工作计划目标全部实现。

为补充红军武器弹药，苏维埃中央政府发出号召，动员苏区群众把拾到的或保留的子弹、弹壳、铜、锡、土硝、旧铁等物资卖给国家。1934 年 6 月，《红色中华》第 196 期发表社论，强调："我们一定要自己大规模的制造弹药武器，制造大批的子弹、炸弹、枪支、手榴弹、刺刀"。"为此，我们急迫的需要十五万斤的弹壳，十万斤的锡，十万斤的铜，二十万斤的旧铁与十万斤的土硝"。据统计，在 1934 年 6 月至 8 月的三个月里，在整个中央苏区中，在

---

① 《中共中央、中央人民委员会关于秋收借谷及征收土地税的决定》（1934 年 7 月 22 日），见中共中央文献研究室、中央档案馆编：《建党以来重要文献选编》第十一册，中央文献出版社 2011 年版，第 523 页。

全体人员的共同努力下共征收到铜 8.2 万斤、子弹壳 1.82 万斤、了弹 14.09 万发、白硝 1.53 万斤等各类物资。在此基础上,各兵工厂加班生产,把这些废铜废铁加工制造成弹药,修理武器。此外,苏维埃中央政府在同年 7 月还作出决定,在苏区开展征集军用品的突击运动。在中央苏区,政府发动群众捐出被毯 20680 床、棉花 8.6 万余斤、军鞋 20 万双、米袋 10 万条。江口外贸分局还突击从白区购回 8 万多元的药品。中央财政部也突击筹款 150 多万元。① 正是由于开展了这些准备工作,所以长征开始时,"在我们的队伍里,除了高级指挥员外,战斗员们都是带着四个或六个手榴弹,一支步枪,一把刺刀,以及很多的步枪子弹。这些(除枪外)都是我们自己的兵工厂制造的,出发前才发来的新家伙。我们的帽子、衣服、布草鞋、绑带、皮带从头到脚,都是崭新的新东西。"②

2.组织准备

在为战略转移进行紧张的筹集军费和军需物资的同时,中共中央在组织上也做了一些准备。1934 年七八月间,"三人团"开始研究干部的去留,"高级干部去留,由政治局讨论后,由博古拍板决定,党中央、政府、共青团、总工会各部门干部则由各部门的负责人决定后报博古批准"③。"三人团"还开过两次会,一次在李德房中,一次在中央局。当时决定主力西征,并决定成立以项英为书记的中共中央分局,以陈毅为主任的中华苏维埃共和国中央政府办事处,领导留下的红二十四师和地方部队 1.6 万余人坚持斗争。在此期间,在于都县城新成立了赣南省委和省苏维埃政府等机关,加强对苏区西南边区的武装力量。9 月 19 日,中央取消粮食、财政、经济部合为财经委,保卫局与裁判所合为肃反委员会。要求工作人员销毁文件、安顿家属、加强运输队建设。然而,在相当长的一段时期内,在关系到党、军队和中国革命发展和存亡的这一重大决议仅限定于个别高层人员范围,而并未完全聆听政治局整体的主张,更未吸纳聆听在一线亲自参与战斗的各军团级指战人员的观点。以至于到 10 月 11 日时,朱德、周恩来、王稼祥发布中央机关及主力红军战略转移编队的命令,仍未说明转移到哪里去。对军团一级只是单独谈话告知要秘密做好出发准备,不能向下透露,也没有说明转移方向。对师一级更是绝对保密。正如 1943 年 11 月 13 日博古在延安中央政治局会议上发言所说,"长征的军事计划,未在政治局讨论,这是严重的政

---

① 舒龙、凌步机主编:《中华苏维埃共和国史》,江苏人民出版社 1999 年版,第 520 页。

② 《中国工农红军第一方面军长征记》,人民出版社 1958 年版,第 61 页。

③ 李志英:《博古传》,当代中国出版社 1994 年版,第 198 页。

治错误。……当时是三人团处理一切"。① 在决定干部去留的问题上，博古等人带有很强烈的宗派观念，利用这个机会，将那些他们认为犯有"右倾"错误、抵制他们错误路线的干部，尽量留下来。当时，国家保卫局对所谓犯"错误"的干部开列了一个留与走的名单，分成 A、B、C 三类，一类是要杀的，一类留在苏区，一类可以参加突围转移。② 结果，这使一些当时很有影响的重要干部留在苏区，如陈毅、何叔衡、瞿秋白、邓子恢、古柏、毛泽覃、刘伯坚等。这个名单中的多数人后来"战死的战死，有的被杀掉"③。至于毛泽东最后被带走，也是几经周折。临时中央进入苏区后，一直对毛泽东进行排挤和压制。但由于毛泽东在苏区的影响和威信，以及在共产国际及国际驻上海远东局代表的直接干预下，中共六届五中全会选举毛泽东为中央政治局正式委员。可是，博古、李德还是不想让毛泽东在自己身边"碍事"。先是提出让毛泽东"去苏联养病"。其实，当时毛泽东并没有病，只是编一个借口想把他送到国外去。请示共产国际，共产国际复电说：苏区离不开毛泽东，所以不同意毛泽东去苏联养病。④ 后来又不想让毛泽东随军西征。据当时担任李德俄语翻译的伍修权回忆，最初李德等人还打算连毛泽东同志也不带去，当时已将他排斥出中央领导核心，被弄到于都去搞调查研究。后来，因为他是中华苏维埃主席，在军队中享有很高威望，才被允许一起长征。

　　之所以最终决定带上毛泽东一起长征，主要是共产国际对毛泽东的重视。1929 年的夏天，《真理报》称赞朱德和毛泽东"其史诗般的英雄行动是十分引人注目和具有重大意义的"⑤。那时在莫斯科，因被视为中国游击运动领导人，毛泽东、朱德已经有很大的知名度。在 1930 年初期，共产国际执委会曾在无意中弄错，其机关刊物《国际新闻通讯》发布了一条关于毛泽东的讣告，其中称毛泽东为"中国共产党的奠基者、中国游击队的创立者和中国红军的缔造者之一"⑥。共产国际执委会特意对一个支部领导发出这样高评价的讣告，在中国共产党和共产国际的历史上都是难能可贵的事情。

---

① 秦邦宪：《在中央政治局会议上的发言》，《党史通讯》1985 年第 1 期。
② 《叶剑英传》编写组：《叶剑英传》，当代中国出版社 1995 年版，第 165 页。
③ 《叶剑英传》编写组：《叶剑英传》，当代中国出版社 1995 年版，第 166 页。
④ 金冲及主编：《毛泽东传（1893—1949）》，中央文献出版社 1996 年版，第 305 页。
⑤ 安徽大学苏联问题研究所、四川省中共党史研究会编译：《苏联〈真理报〉有关中国革命的文献资料选辑》第二辑，四川省社会科学院出版社 1986 年版，第 140—141 页。
⑥ 贺吉元：《共产国际误发的毛泽东讣告》，《文史博览》2007 年第 4 期。

得到共产国际的赞赏是毛泽东得以在中国共产党内快速发展为核心人物的关键政治因素。在 1930 年夏,共产国际远东局赞成毛泽东担任第一军政治委员的决议,并随后提出由毛泽东担任革命军事委员会主席一职,进入苏区中央局,并在项英、周恩来来到苏区前,任命毛泽东为苏区中央局的负责人。在 1931 年召开的中共六届四中全会上,当大部分主要党政干部由于中共六届三中全会而被审查时,毛泽东则仍然被选为中央政治局候补委员一职。在 1931 年 11 月 7 日,中华苏维埃共和国临时中央政府成立时,在共产国际执委会及其远东局的干涉下,毛泽东代替了原已确定的人选向忠发而被任命为政府主席,"这给毛泽东带来了广泛的知名度,使他进入中共主要领导人的行列。"①

3. 军事准备

在得到共产国际对武力突围、实施战略转移的许可后,中共中央根据形势判断,觉得有必要在军事上有所作为。为此,中共中央决定首先派出两路部队,为中央红军突围转移做准备,用周恩来后来的话说:"一路是调敌,一路是探路。"调敌的一路,便是将红七军团改编为中国工农红军北上抗日先遣队,先行北上抗日,以便调开一部分"围剿"中央苏区的敌人,配合中央红军在苏区内的防御作战。1934 年 7 月 5 日,中共中央和中革军委发布训令:"决定派遣七军团到敌人的深远后方,进行广大的游击活动,与在敌人最受威胁的地区,建立新的苏维埃根据地。七军团应在中国工农红军抗日先遣部队的旗帜之下,经过福建而到浙皖赣边行动。"为了保证上述政治任务之完成,中共中央还决定派曾洪易为中央代表、寻淮州为军团长、乐少华为政治委员,在联络中断时,"由中央代表、军团长及政委组织军团革命军委,处理一切政治与军事问题"。② 6 日,红军北上抗日先遣队从瑞金出发征战。与此同时,1934 年 7 月 23 日,中共中央及中革军委为了保全由湘赣苏区和湘鄂赣苏区红军主力组成的红六军团,同时也为了给即将进行的中央红军突围转移探路,下达了给六军团及湘赣军区的训令,要求红六军团"离开现在的湘赣苏区转移到湖南中部去发展广大游击战争及创立新的苏区,同时除了六军团外,湘赣军区所属诸独立部队及游击队,应无例外的留

① 中共中央党史研究室第一研究部译:《共产国际、联共(布)与中国革命档案资料丛书》第 10 卷,中央文献出版社 2002 年版,第 23 页。
② 《中共中央书记处关于在中国工农红军抗日先遣队旗帜下建立新苏区给红七军团的政治训令》(1934 年 7 月 5 日),见中共中央文献研究室、中央档案馆编:《建党以来重要文献选编》第十一册,中央文献出版社 2011 年版,第 468、474 页。

在现有苏区及其周围进行广大的游击战争,捍卫苏区"①。经过前期准备,根据中共中央、中革军委指示,8月7日在中央代表任弼时、军团长萧克、政治委员王震的带领下,红六军团主力开启西征之路,至10月24日与贺龙带领的红三军在黔东根据地会合。

与此同时,中共中央仍在积极扩充兵力,不断壮大红军力量组建新部队。1934年9月,中革军委新组建了中国工农红军第八军团,并下令指示红军各军团务必在10月1日前组建野战军后方勤务机关,强化运输队创建工作;并对各军团、师、团的卫生机关提出编制要求,准备随军行动。在此要特别肯定的是,在周恩来、朱德主持下,中共派出代表与驻防中央苏区南线的广东军阀陈济棠进行谈判,双方达成就地停战、解除封锁、互通情报、红军可以在粤北设后方医院和互相借道、各从现在战线后退二十里等五项协议。② 这个谈判为中央红军顺利突破敌军南面封锁线做了有利的准备。

从上述材料可以看出,中华苏维埃共和国的战略转移和中央红军的长征,还是做了一系列准备工作的。并非传统观点所认为那样,是"仓促决定",行动上"没有做必要准备工作"。但对此也不能估计过高,更不能把长征取得最后的胜利归功于此。既然共产国际和中共中央在第五次反"围剿"开始后不久就对战略转移有所考虑,为什么共产国际执委会长期犹豫不决,直到1934年9月30日才同意红军主力撤出中央苏区开往湖南呢?③早在6月25日,共产国际同意红军转移的电报中曾这样表述:"动员新的武装力量,这在中区并未枯竭,红军各部队的抵抗力及后方环境等,亦未足使我们惊慌失措。甚至说到对苏区主力红军退出的事情,这唯一的只是为了保存活的力量,以免遭受敌人可能的打击。在讨论国际十三次全会和五中全会的决议案时,关于斗争的前途,及目前国际的情形,及红军灵活的策略,首先是趋于保存活的力量,及在新的条件下来巩固和扩大自己,以待机进行广大的进攻,以反对帝国主义国民党。"④仔细分析电文,其本身就充满了矛

---

① 《中共中央书记处、中革军委关于红六军团向湖南中部转移的训令》(1934年7月23日),见中共中央文献研究室、中央档案馆编:《建党以来重要文献选编》第十一册,中央文献出版社2011年版,第526页。

② 中共中央文献研究室编:《周恩来年谱(一八九八——一九四九)》,中央文献出版社1989年版,第265页。

③ 中共中央党史研究室第一研究部译:《共产国际、联共(布)与中国革命档案资料丛书》第14卷,中共党史出版社2007年版,第256页。

④ 《中央关于反对敌人五次"围剿"的总结的决议》(1935年1月8日),见中央档案馆编:《中共中央文件选集(一九三四——一九三五)》第十册,中共中央党校出版社1991年版,第465—466页。

盾。共产国际一方面同意中央红军主力转移，但另一方面又以为红军并未处于即刻撤离中央苏区的危难境地，觉得如果继续坚持战斗还是存在突破封锁的可能性。直到1934年8月15日，在埃韦特回到莫斯科后所作的报告中，仍然声称还存在"我们可以在我们缩小的地域内固守"的某种可能性。[1] 一个月后，几乎是在第五次反"围剿"即将失败的前夜，共产国际甚至还来电询问中共中央，是否可以让主力继续在苏区作战。

为什么共产国际迟迟不同意中央红军离开中央苏区而实行战略转移呢？这与当时的国际大环境有关。1934年夏，在中国革命迅速发展的同时，国际斗争形势也在发生着变化，共产国际的世界战略也在逐步转变，立足于组建世界反法西斯统一战线。鉴于此，如果在远东地区和中国形成强大的抗日力量来抗击日本，那么苏联就可以将更多的兵力和重心用在欧洲，用以对抗日益强大的德国法西斯，缓解其双线作战的压力成为当务之急。为此，斯大林和共产国际曾希望国民党能担此重任，但经过九一八事变、淞沪和长城抗战等，共产国际经过对国民党所展现出的无能及其抗日反共政策的研究，对国民党彻底失望，因此便将全部希望寄托在进一步壮大红军上。这一时刻由中国共产党领导的红军经过四次反"围剿"和长期的革命战争，已经逐步形成规模，在国内外都具有较大的影响力。当时，共产国际所了解的"正式红军已经约有35万人"[2]，已发展成为亚洲以及远东地区最大的革命队伍和举足轻重的武装力量。对于共产国际和斯大林而言，当然十分乐见红军的发展壮大进而担负抗日职责。在这一大背景下，共产国际和斯大林自然不愿意看到中国工农红军主力退出中央苏区，进行前景不明的战略大转移。

与此同时，由于共产国际对中国革命实际缺乏客观正确的了解，对革命形势的分析评判过于乐观，加之博古、李德将第五次反"围剿"断定为"即是争取中国革命完全胜利的斗争"，甚至对实际战况报喜不报忧，从而导致在共产国际内部也弥漫着轻视蒋介石国民党反动统治力量、不切实际地夸大中国革命力量的气氛，以至于"他们在第五次反'围剿'中提出所谓'中国两条道路的决战'和所谓'不放弃根据地一寸土地'的错误口号"。[3] 在这种

---

① 中共中央党史研究室第一研究部译：《共产国际、联共（布）与中国革命档案资料丛书》第14卷，中共党史出版社2007年版，第194页。

② 中共中央党史研究室第一研究部编：《共产国际、联共（布）与中国革命档案资料丛书》第16卷，中共党史出版社2007年版，第137页。

③ 《关于若干历史问题的决议》（1945年4月20日），见《毛泽东选集》第三卷，人民出版社1991年版，第977页。

情况下,共产国际是难以了解和证实中国共产党和红军所面临的生死存亡的严酷现实的。如果红军实行战略大转移,则势必意味着中国共产党在国内革命战争中的重大失败,从而也给共产国际和苏联都带来严重的负面影响。共产国际七大召开前夕,在共产国际执委会内又有谁敢承担,把曾在共产国际的宣传中作为中国苏维埃运动的胜利象征——中央苏区及其首都瑞金让给敌人的责任呢?!

(二) 主力红军长征后的中华苏维埃共和国

到 1934 年 9 月下旬,中央苏区的军事形势进一步恶化。蒋介石在庐山召开军事会议,制定了一个最后彻底剿灭红军的"铁桶计划"。准备调集几十万大军以"分进合击""铁壁合围"的新战术,对红都瑞金实行突击,将红军主力压迫到很小范围进行决战,计划在一个月内将中央苏区的红军彻底围歼。由于国民党赣北第四行署专员兼保安司令莫雄痛恨蒋介石"攘外必先安内"的反动政策,将该计划于会议结束当晚就交给了中共地下党员项与年。项与年经过艰苦跋涉混过了敌人层层关卡,终于在 10 月 7 日将这一关系红军生死存亡的绝密情报送到了中共临时中央手中。在严峻的敌我态势面前,李德、博古深感形势严重,实行战略转移已是唯一出路,否则危局无法收拾。经过一系列紧张而秘密的筹备后,1934 年 10 月 8 日,中共中央发布"红军主力突围转移、中央苏区广泛发展游击战争"的训令,指出:第五次反"围剿"进行到现阶段时,我们虽然取得了许多胜利,但仍没有能够最后完全粉碎敌人的进攻。这一形势下,摆在我们党面前的问题是:"全部红军继续在苏区内部与敌人作战,或是突破敌人的封锁到敌人后面去进攻。很明显的,如果红军主力全部照旧在被缩小着的苏区内部作战,则将在战术上重新恢复到游击战争,同时由于地域上的狭窄,使红军行动与供给补充上感觉困难,而损失我们最宝贵的有生力量",这种战略战术并不是维护苏区最好的方式,真正有效地"反对敌人的战斗与彻底粉碎敌人五次'围剿'"的方法是尽全力使红军"突破敌人的封锁,深入敌人的后面去进攻敌人"。[①] 从此,中华苏维埃共和国开始了马背上的艰难历程。

中央苏区第五次反"围剿"的失利,并不意味着中国苏维埃政权的终结。主力红军突围后,苏维埃政府并没有停止工作,一是成立了以陈毅为主任、梁柏台为副主任的苏维埃共和国中央政府办事处,继续留在中央苏区,

---

① 《中共中央给苏区中央分局的训令》(1934 年 10 月 8 日),见中共中央文献研究室、中央档案馆编:《建党以来重要文献选编》第十一册,中央文献出版社 2011 年版,第 573—574 页。

率少数部队坚持游击战争;一是中央政府、全总、团中央等主要机关被编入第二野战纵队,随红军大部队开始长征,中央红军一到陕北后,中央苏维埃共和国临时中央政府立即成立了西北办事处,恢复了活动。这一期间,中共中央和共产国际之间的联系长期中断。然而,正是这一特殊情况为中国共产党独立自主地克服"左"倾错误和解决中国革命的道路问题创造了有利条件。1935 年 1 月,遵义会议召开,中共独立自主地解决了党的军事问题和组织问题,结束了王明"左"倾路线在中央的统治,毛泽东重新回到党和军队的领导岗位上,在极端危急的关头挽救了党、挽救了红军。中华苏维埃共和国中央政府办事处在极为困难的条件下,虽然受到"左"倾教条主义错误的影响,但仍然领导苏区军民继续坚持了斗争,一方面迟滞了敌人对苏区的进攻,使中央红军的战略大转移得以顺利进行;另一方面执行了遵义会议关于开展游击战争的指示,组织和领导留守苏区的部队突出重围,为中国革命保存了一批骨干力量。而中华苏维埃共和国临时中央政府西北办事处的成立及其工作的开展,则表明中华苏维埃共和国获得了新的活力,在中共中央战胜张国焘公然分裂党分裂红军的错误,以及为适应建立抗日民族统一战线的需要而将中华苏维埃工农共和国转变为抗日民主政权的过程中,也发挥了重要作用。

1. 主力红军长征后中央苏区的政权建设
　　——苏维埃共和国中央政府办事处的成立及其工作开展

　　1934 年 10 月 13 日,根据中共中央政治局常委的决定,中共中央分局和中华苏维埃共和国中央政府办事处在瑞金梅坑宣布成立。中央政府办事处主任陈毅、副主任梁柏台、秘书长谢然之(后叛变),领导江西省苏维埃政府(主席刘启耀)、福建省苏维埃政府(主席吴必先)、闽赣省苏维埃政府(主席杨道明)、赣南省苏维埃政府(主席钟世斌)。此外,还领导闽浙赣省苏维埃政府、湘赣省苏维埃政府、湘鄂赣苏维埃政府。原中央政府各部门的负责人,如瞿秋白、何叔衡等人也留在中央政府办事处工作。中华苏维埃共和国中央政府办事处成立后,与中央分局一起领导苏区军民同敌人进行了六个多月的艰苦斗争,有力地掩护了中央红军的战略大转移。1935 年初,又根据遵义会议后党中央的指示,指挥被围困的红军部队突出重围,转移到各地开展游击战争,保存了革命的有生力量。

　　红军主力在赣南集结期间,中央政府办事处积极领导苏区军民收集物资器材,抢架浮桥,组织群众慰劳红军。中央红军出发前夕,在于都、会昌休整了十几天,苏区人民组织慰劳队,带着鸡蛋、猪肉、草鞋等慰问品,热情慰问红军指战员。妇女们则组织洗衣队帮助红军洗衣服。中央红军转移时,中央政府办事处又"组织两万民工,架设桥梁,运输物资,支援野战军出动"①。红军要过贡江,于都群众迅速在贡江架起了六座浮桥,使中央红军顺利跨过贡江,踏上征途。中央红军离开苏区后,中央政府办事处则实行赤色戒严,严密封锁消息,并制造假象,迷惑敌人。在主力红军离开中央苏区后的相当一段时间内,没有公开宣布成立中央分局和中央政府办事处。"在对外方面,一切依然照旧,如中央和中央政府各部门、各机关依然保持原来的名称,工作也仍照旧进行。"②事实上,中央政府办事处的部门设置、机关名称均与之前的中央政府机关设置相同,留守战斗的各相关部门领导人、职能任务和制度也同往常一样继续开展。《红色中华》也继续以中华苏维埃共和国中央政府机关报的名义正常出版,版面样式还是四开四版,铅印,报头装帧也未改变,期数接着原来的编号。由于对外没有宣布成立中央分局和中央政府办事处,而《红色中华》对中央红军长征的消息又只字未提,这就有效地迷惑了敌人,蒋介石直到11月中旬才彻底弄清中央红军突围西征的战略意图。

中央政府办事处在掩护中央红军进行战略大转移的同时,还领导苏区军民进行了坚壁清野,储粮筹款,扩大地方武装,妥善安置伤员,准备转入游击战争等工作。一是疏散苏区的物资。中央红军转移时,留在苏区的物资很多,留守苏区的部队要转入游击战争,必须疏散苏区的物资。中央政府办事处认真组织苏区军民做好坚壁清野工作。1934年10月13日,中央政府办事处在瑞金召开了一次重要会议,陈毅指出:中央苏区是一个国家,物资很多,长征部队去的时候尽量带了一些,但留下的还是不少,如书籍、机器、医药器材,还有苏区最宝贵的财富钨砂,都要掩埋起来。③ 会后,中央苏区军民在中央政府办事处的统一部署下,各部门负责人立即分头发动群众,隐藏物资。其中,兵工厂、被服厂、医疗卫生厂和印刷厂等相关物质建设的工厂和剩余的设备,均被掩埋在瑞西县的宽田上堡以及会昌白鹅等地。苏区群众还将水源破坏,将粮食和做米用的用具分散隐蔽。这样,既避免资敌,又便于留守苏区的部队轻装出发,转入游击战争。

二是加紧储粮筹款工作,保证部队给养。储备足够的粮食,筹集充足的资金,充裕战费,以粉碎敌人的"清剿",保证游击战争的顺利开展,是一件

---

① 中共党史人物研究会编:《中共党史人物传》第二十二卷,陕西人民出版社1981年版,第305页。

② 中共江西省委党史研究室等编:《江西党史资料》第二辑,1987年印行,第164页。

③ 陈毅:《忆三年游击战争》(1959年2月),转引自孙伟编:《土地革命战争时期陈毅史料选编》,解放军出版社2013年版,第202页。

极为艰巨的工作。为此中央政府办事处多次发出指示,指导各苏维埃政府做好群众工作,全力筹备粮款,为进行长期的游击战奠定基础。1935年1月8日,《红色中华》专门发表了《各地粮食动员情况》的文章,指出:粮食动员是"发展游击战争,粉碎敌人'清剿'中最重要的问题之一",其目的是"一方面坚壁清野,不使有一粒谷子落到敌人手中,同时为要充分准备我们红军与地方部队供给,好吃饱饭打胜仗"。然而,有的地方几乎没有执行上述指示,有的地方虽然执行了,但执行程度很差的事实,针对这些情况,该文严厉批评了忽视粮食动员的官僚主义错误。分别报道了于都、瑞金、瑞西、西江等县动员群众、储藏粮食的成功经验,及时指导了各地的储粮工作。① 与此同时,各地的筹款工作也进展顺利,据1935年1月8日的《红色中华》报载,兴胜县挖出窖藏现洋650元;瑞西县筹集现金3000元左右;胜利县在1934年12月就筹款6800元,是筹款工作做得最好的。② 在中央政府办事处的统一领导下,虽然苏维埃政府辖区不断缩小,但筹备粮款进展仍比较顺利,成效显著。截至1935年1月底,中央苏区的储粮情况可供应军队约三个半月,留守苏区的部队从于都南部突围时,也分配到一定数量的活动经费,为坚持游击战争做了物资上的准备。

三是妥善安置伤员,扩大地方武装。中央红军离开苏区时,留下了约七千名伤病员,经过几个月的治疗,仍有四千名重伤员尚未痊愈,为了便于留守苏区的部队分散转移,中央政府办事处决定将伤病员就地安插到于都、瑞西、登贤、瑞金、会昌、宁都、长汀等县的群众家中休养。陈毅亲自到医院做动员说服工作。陈毅诚恳地对伤病员说:"现在是险恶的时候,同志们回家或者到老百姓家去,种田也好,打游击也好,等革命发展了再回来。"③伤员们纷纷表示服从组织上的安排。各级苏维埃政府对安置伤病员的工作也非常重视,省县都派出干部到各区,召开区乡干部会,将伤病员的安置任务落实到村,各村再落实到户。1935年2月初,留在苏区的伤病员全部得到妥善安置,解决了留守苏区的红军部队转入游击战争的后顾之忧。与此同时,中央政府办事处号召各级苏维埃政府积极动员群众,参军参战。苏区群众热烈响应,掀起了扩大地方武装突击运动。1935年1月4日,《红色中华》刊发了《各地扩大地方武装突击运动的形势》一文,对于都、登贤、瑞西等地壮大武装工作的开展情况进行了宣传:于都的谭头区"已扩大32名,动员

① 《各地粮食动员情况》,《红色中华》1935年1月8日,第260期,第4版。
② 六如:《各地筹款工作情况》,《红色中华》1935年1月8日,第260期,第4版。
③ 陈毅等:《回忆中央苏区》,江西人民出版社1981年版,第127页。

到独立营的 30 名,乡游击队也在猛烈地发展,计全区共扩大了 91 名,正争取在 1 月 5 日完成本区的突击计划";登贤县在吸引被占领区群众参加游击队方面,取得了显著的成绩,其中乱石区"最近就动员了 320 名难民群众参加游击战争,已经组成了单独的游击队,准备深入敌境去攻击敌人,恢复苏区,并有一部分加入了独立营"。① 地方武装的扩大,有利于各地游击战争的开展。

　　由上可以看出,中央政府办事处在中央红军长征后极为艰难的条件下采取的坚壁清野、储粮筹款、扩大地方武装、疏散伤病员等一系列措施,为在苏区继续作战的红军队伍逐步疏散、撤离到全国各地,以及后来所坚持的为期三年的游击战,做了大量的前期准备工作。然而,由于红军主力离中央苏区越来越远,国民党军队又步步进逼,留守苏区的红军部队被迫退守瑞金、会昌、于都、宁都四个县城之间的"三角地区",中央苏区的形势愈加紧张。对于中央红军突围转移后中央苏区留守红军的任务和斗争方针,博古、李德等虽作了指示,但既不明确又不切合苏区实际,只是原则上要求留守苏区的党和群众必须开展游击战争,保卫苏区。中央红军离开苏区、敌人深入中央苏区的中心区后,一些同志认为中央红军远征必然被消灭,对未来革命发展和继续开展游击战争的消极情绪严重,很多人员就此逃离革命。因此,中央政府办事处为有效杜绝这一现象,在中央苏区中实行了反退却逃跑主义和失败主义等一系列工作。1934 年 10 月,中央政府办事处在瑞金召开了原中央政府各部门负责人会议。陈毅在会上分析了目前中央苏区的严峻形势,勉励干部们坚定革命必胜的信心。陈毅鼓励这些留在苏区坚持斗争的干部,"要坚信革命是一定会胜利的,敌人是一定能被我们打败的"。虽然"大部队走了,但是苏区还在,省、县、区党的组织还在,苏维埃政府还在"。中央苏区"还有 4 个军区,还有 14000 支枪,还有一个独立 24 师,江西省、福建省、闽赣省都有独立团,各县有独立营。我们完全能坚持同敌人进行斗争"。② 陈毅的重要讲话,使留在苏区坚持斗争的同志增强了开展游击战争的信心。针对动摇分子的叛变投敌,中央政府办事处则及时开展了反叛徒斗争,《红色中华》刊出了反叛徒专版。中央政府办事处颁布了《紧急命令》,谴责叛徒的罪恶行径,号召苏区军民积极行动起来击杀叛徒。严厉镇压反革命活动,并制定了惩治叛徒的紧急措施。凡是叛变革命,投降和勾结敌人进攻苏区,查有实据的革命叛徒,一律处以死刑。工农群众一时受敌人

① 《各地扩大地方武装突击运动的形势》,《红色中华》1935 年 1 月 4 日,第 259 期,第 1 版。
② 中共江西省委党史研究室等编:《江西党史资料》第二辑,1988 年印行,第 188 页。

欺骗,被迫加入反动党团组织,只要不和极帮助敌人进攻苏区,不参加反革命工作,一概不予追究。由于中央政府办事处的命令旗帜鲜明,政策得当,对于教育人民、镇压叛徒起了重要作用。

而一些同志受"左"倾教条主义错误的影响,以为中央红军一定能在湘西打几个大胜仗,马上就可以回师反攻,恢复中央苏区,从而忽视中央苏区当时局势的严重性,不重视开展游击战争。陈毅批评了这种"左"的错误倾向,要求正确地估计目前的局势,实行彻底转变,开展独立自主的游击战争。陈毅精辟地分析了当时中央苏区革命的低潮形势,提出:在政治上,要准备迎接大风暴,进行艰苦的长期的敌后斗争;在军事上,要坚决分散,展开广泛的群众性的游击战争;在组织上,要改变领导方式、工作方法。从正规战到游击战,从集中到分散,从公开活动到秘密隐藏,这样转变过来,保存自己的力量,长期坚持,给形势以若干影响,准备条件迎接新的革命高潮。① 对陈毅的批评及转入游击战争的建议,项英拒不接受,仍坚持苏区时期的工作方式和斗争方式,"仍然是采取大兵团的作战方针"②,命令红军部队和游击队与二十多万国民党军队打正规战、阵地战。结果,不仅没能保住中央苏区,更没能创造条件进行"反攻"。直到 1935 年 2 月 5 日和 13 日,长征中的中共中央连续发来电报,要求苏区中央局迅速转变斗争方式、分散开展游击战争后,项英才放弃依赖思想,接受陈毅的正确建议,部署转入游击战争的准备工作。从 1935 年 2 月中旬开始,留守中央苏区的红军部队和机关人员分成九路从于都南部出发,分散突围。这些突围部队途中均遭到国民党军重兵堵截,大部分被打散,仅少数部队突围转移成功。其中项英、陈毅安全突围到赣粤边山区,张鼎丞、邓子恢、谭震林、陈潭秋突围到闽西南,分别在当地领导开展游击战争。在湘赣、湘鄂赣、闽浙赣、鄂豫皖等省和闽东苏区的红军游击队,经过艰难的转折,保存下数量不等的军事力量,在当地坚持游击战争。

受特定的历史环境的影响,有关中华苏维埃共和国中央政府办事处的资料奇缺。1936 年初,中央政府办事处从于都南部突围时,文献资料大都遗失了。即使在当时"围剿"苏区的陈诚从中央苏区搜掠的资料而汇编的"陈诚文库"(又称"石叟资料室")中,有关中央政府办事处的资料也罕见。中央红军长征后,《红色中华》仍在中央苏区出版了 24 期,可今天能看到的

---

① 陈毅:《忆三年游击战争》(1959 年 2 月),转引自庄春贤等:《赣粤边三年游击战争亲历记》,江西人民出版社 2016 年版,第 51 页。

② 1937 年 12 月 7 日项英在延安中共中央政治局扩大会议上所作的报告《三年来坚持的游击战争》,转引自张启安编著:《共和国的摇篮——中华苏维埃共和国》,陕西人民出版社 2003 年版,第 681 页。

仅几期。而在中央政府办事处的主要负责人中，除了陈毅、项英等留下几篇回忆录外，其他几位领导，如梁柏台、瞿秋白、何叔衡等人，都在突围时牺牲，或被俘后英勇就义，未留下关于中央政府办事处的片言只字，直到近年来，才征集一些文献及回忆资料。因此，要了解中央政府办事处的活动，有一些客观上的困难。尽管今天能够参阅的资料很少，但从这些有限的资料中，可以反映出中华苏维埃共和国中央政府办事处在极为困难的条件下，虽然受到"左"倾冒险主义错误的影响，但仍然领导苏区军民继续坚持了斗争，一方面迟滞了敌人对苏区的进攻，使中央红军的战略大转移得以顺利进行；另一方面执行了中央遵义会议后关于开展游击战争的指示，组织和领导留守苏区的部队突出重围，为中国革命保存了一批骨干力量。所有这些，都应该充分肯定。

2. 中华苏维埃共和国在陕北
——苏维埃共和国中央政府西北办事处的成立及其工作开展

除了中央政府办事处和留在中央苏区坚持斗争的各部门、各机关外，苏维埃共和国的中央政府及其主要机关被编入第二野战纵队，随红军大部队开始长征。苏维埃共和国成为马背上的政权，在长征中经历了生死考验。

中央红军离开赣南苏区后，1934 年 11 月上中旬基本顺利地突破了国民党军在湘粤边和湘南设置的第一、二、三道封锁线，继续向湘桂边推进。但当红军逼近湘江时，蒋介石已探明红军的去向和路线，在湘江左右布置了五路大军追堵。湘江一战打得十分惨烈，担任后卫的红五军团第三十四师几乎全军覆没，红军主力从出发时的 8.6 万余人锐减到 3 万余人。

湘江战役惨遭损失，激起红军广大指战员，特别是高级领导人的愤慨和反思：为什么第五次反"围剿"以来接连失败，现在又几乎濒于绝境？可博古、李德依然坚持"左"倾错误的军事路线，否认第五次反"围剿"的失败，试图在红军渡过湘江后即北上湘西与红二、六军团会合，以扩大力量伺机反攻恢复苏区。对于这一问题，陈云在《遵义政治局扩大会议传达提纲》中有如下说明："我们没有胜利的保卫中区来粉碎五次'围剿'的原因，除了许多客观的而且重要的原因以外，最主要的原因，由于我们在军事指挥上战略战术上基本上是错误的"。[①] 更为不幸的是，博古等人的意图已被此时的蒋介石所掌握，因此，他调集 20 万兵力在湘西南及黔东布置一个口袋阵，企图围歼

① 陈云：《遵义政治局扩大会议传达提纲》(1935 年)，见中共中央文献研究室、中央档案馆编：《建党以来重要文献选编》第十二册，中央文献出版社 2011 年版，第 115 页。

红军于北上湘西途中。而博古、李德却没有察觉到国民党军的部署变化,仍按原定计划命令红军。

危机时刻,毛泽东挺身而出,建议红军应改向敌军力量薄弱的贵州西进,跳出敌军包围圈。在1934年12月中旬召开的中央政治局通道会议上,毛泽东的建议得到周恩来、张闻天和王稼祥的支持。在12月18日中央政治局黎平会议上,毛泽东的意见获得通过。在中共中央政治局发布的《中共中央政治局关于战略方针之决定》中称:"鉴于目前所形成之情况,政治局认为过去在湘西创立新的苏维埃根据地的决定在目前已经是不可能的,并且是不适宜的"。那么,今后苏维埃运动及红军的发展应该向哪些地区扩展呢?"政治局认为新的根据地应该是川黔边区地区,在最初应以遵义为中心之地区,在不利的条件下应该转移至遵义西北地区,但政治局认为深入黔西、黔西南及云南地区对我们是不利的",因此"必须用全力争取实现自己的战略决定,阻止敌驱迫我至前述地区之西南或更西"。①

1935年1月7日红军进占遵义城。在毛泽东和张闻天、王稼祥的积极推动和周恩来的支持下,1935年1月15—17日,在遵义城红军总司令部驻地召开了中共中央政治局扩大会议。遵义会议是在中国共产党同共产国际失去联系的情况下召开的(中共中央与共产国际的联系在1934年10月已经中断②)。这次会议按照民主集中制的原则,独立自主地解决了党的军事问题和组织问题,结束了王明"左"倾教条主义在中央的统治,在极端危急的关头挽救了党、挽救了红军,也挽救了苏维埃政权,是中国共产党历史上的一个生死攸关的转折点。遵义会议后,中央红军改变了长征初期那种按地图机械向西北方向前进的笨拙方式,实行迂回曲折、高度灵活机动的运动战方针,从而扭转了被动挨打的局面,争取了战略上的主动地位,使红军在长征的关键时刻从被动转为主动。1935年6月12日,中央红军与从川陕苏区长征来到川西北的红四方面军先头部队在懋功东南的达维胜利会师。两军会师后,中共中央在懋功以北的两河口召开政治局扩大会议,确定了红军主力全体北上创造川、陕、甘苏区根据地的战略方针。随后,中共中央领导中央红军爬过大雪山,穿过荒无人烟的大草地,突破天险腊子口,里程达二万五千里,最终在1935年10月19日来到了位于陕甘苏区的吴起镇,走

---

① 《中共中央政治局关于战略方针之决定》(1934年12月18日),见中共中央文献研究室、中央档案馆编:《建党以来重要文献选编》第十一册,中央文献出版社2011年版,第656页。

② 熊建华:《关于中共中央同共产国际恢复联系的时间问题》,《党史通讯》1984年第8期。

完了举世瞩目的长征之路。

中央红军长征一到陕北,中华苏维埃共和国临时中央政府即恢复活动。1935年11月3日,中共中央政治局在下寺湾召开常委会议,决定在陕北成立中华苏维埃共和国临时中央政府西北办事处,同时成立中国工农红军西北革命军事委员会。同一天,中华苏维埃共和国中央执行委员会发出布告:"为着统一和加强西北各省苏维埃运动的领导,使中国西北各省的苏维埃运动在更巩固的基础上更猛烈地发展起来,兹决定在陕甘晋苏区设立苏维埃中央政府驻西北办事处。"①办事处组成人员为:主席博古,财政部长林伯渠,粮食部长邓发,土地部长王观澜,国民经济部长崔田民(未到任,后改为毛泽民担任),教育部长徐特立,司法内务部长蔡树藩,工农检查局长罗梓铭,劳动部长郑振询,外交部长博古(兼),最高法院院长董必武。中共中央和中央政府西北办事处先驻瓦窑堡,后迁保安,1937年1月迁驻延安。苏维埃中央西北办事处成立不久,撤销了西北苏区原设的陕甘晋省,分别新设了陕北、陕甘两个省和关中、神府、三边三个特区。陕北省苏维埃政府主席马明方,副主席霍维德,首府为瓦窑堡;陕甘省苏维埃政府主席李华生,副主席朱开铨,首府为富县的道德(1936年5月,陕甘省改为陕甘宁省,领导人不变)。

1935年11月3日,西北革命军事委员会也发布通令:"奉中华苏维埃中央政府命令,兹委任毛泽东、周恩来、彭德怀、王稼祥、聂洪钧、林彪、徐海东、程子华、郭洪涛九同志为西北革命军事委员会委员,以毛泽东为主席,周恩来、彭德怀为副主席。"②后又增补叶剑英、聂荣臻、刘志丹为委员。西北革命军事委员会同一天又发布命令,决定恢复红军第一方面军建制,辖第一和第十五两个军团。"委任彭德怀为中国工农红军第一方面军司令员,毛泽东为政治委员,林彪为第一军团长,聂荣臻为政治委员,徐海东为第十五军团长,程子华为政治委员。"③11月8日,西北军事委员会又正式委任了各下设工作部门首长。

中华苏维埃共和国中央政府西北办事处和中国工农红军西北革命军事委员会的成立,表明中华苏维埃共和国获得了新的活力,苏维埃政权的建设

①　宋金寿、李忠全主编:《陕甘宁边区政权建设史》,陕西人民出版社1990年版,第58页。
②　《关于组成西北革命军事委员会的通令》(1935年11月3日),见中共中央文献研究室、中央档案馆编:《建党以来重要文献选编》第十二册,中央文献出版社2011年版,第441页。
③　《西北革命军事委员会委任红一方面军领导人的命令》(1935年11月3日),见中共中央文献研究室、中央档案馆编:《建党以来重要文献选编》第十二册,中央文献出版社2011年版,第442页。

进入了一个新的发展阶段。在随后战胜张国焘公然分裂党分裂红军的斗争中,以及在促使苏维埃工农共和国向抗日民主政权转变的过程中,苏维埃政府都发挥了重要作用。

1935年9月间,张国焘阻挠中央红军北上的图谋破产后,强行带领红军左路军和右路军一部分经过草地南下川康边,并于1935年10月5日公然作出成立"第二中央"的决定,另立了"中央政治局""中央书记处""中央军事委员会"。他的这些分裂党和红军的行径,遭到随左路军行动的朱德、刘伯承等的坚决反对,也遭到红四方面军总指挥徐向前等的反对,更遭到中共中央政治局和中革军委的严厉谴责。以毛泽东为代表的中共中央同张国焘分裂主义进行了坚决的斗争,并得到了共产国际的支持。1935年11月中旬,中共驻共产国际代表团代表林育英(化名张浩)到了陕北,带来了共产国际的指示。林育英这时是共产国际的特使,他除了传达共产国际的"七大"精神,纠正"对中国革命争取一省数省首先胜利问题"①的认识之外,明确表示支持以毛泽东为核心的党中央。林育英以共产国际特派员的身份,以"共产国际派我来解决一、四方面军的问题"②出面,不断给张国焘发电报进行说服工作,并对张国焘提出两点批评意见:第一,"党内争论,目前不应弄得太尖锐,因为目前的问题是一致反对敌人,党可有争论,对外则应一致";第二,"中国土地之广大,交通之不便,政治经济的不统一与发展之不平衡,特别是中国革命在各地的爆发等原因,中共中央势难全部顾及,因此可以组织中共中央北方局、上海局、广州局、满洲局、西北局、西南局等,根据各种关系,有的直属中央,有的可由驻莫中共代表团代管,此或为目前使全党统一的一种方法"。③ 同时,他告诉张国焘共产国际完全同意中共中央的政治路线,迫使张国焘不得不取消他那个"第二中央"。

1936年7月1日,由任弼时、贺龙、关向应等率领的红二、六军团到达甘孜,与红四方面军会合。随后,按照中革军委命令,红二、六军团和红三十二军合编为红二方面军。经朱德、刘伯承、任弼时、贺龙等的共同努力和工

---

① 《中共中央传达共产国际关于纠正对中国革命争取一省数省首先胜利问题的认识给红四方面军的电报》(1935年11月18日),见中共中央文献研究室、中央档案馆编:《建党以来重要文献选编》第十二册,中央文献出版社2011年版,第450页。

② 中国工农红军第四方面军战史编辑委员会编:《中国工农红军第四方面军战史》,解放军出版社1991年版,第321页。

③ 《林育英关于维护党内团结、一致反对敌人等问题给张国焘的电报》(1935年12月22日),见中共中央文献研究室、中央档案馆编:《建党以来重要文献选编》第十二册,中央文献出版社2011年版,第519页。

作,终于说服张国焘和陈昌浩同意红四方面军与红二方面军共同北上。1936 年 10 月 10 日,红二、四方面军与红一方面军终于在会宁、静宁地区胜利会师,中华苏维埃共和国的精英们聚集陕北。

二、共产国际与中华苏维埃共和国
向抗日民主政权的转变

在中国苏维埃运动发展日趋艰难的时期,国际形势发生了剧烈变动,形势的发展促使共产国际实行战略转变。1935 年 7 月共产国际召开了第七次代表大会并制定了反法西斯统一战线新战略。基于此,共产国际对中国革命的指导方针也进行了重大调整。在共产国际的帮助下,1935 年 12 月中共中央在瓦窑堡召开会议,确立了抗日民族统一战线的策略总方针。尽管在推进抗日民族统一战线建立的过程中,共产国际、中共驻共产国际代表团在对待蒋介石应当采取的政策上一度有分歧,但大方向是一致的。在苏联、共产国际的大力推动下,经过一年多的艰难斗争,终于促成了抗日民族统一战线的建立,迎来了抗日民族解放战争的新局面。随着重大战略转变的实现,为了适应抗日战争的需要,中国共产党最终完成了由“建立苏维埃人民共和国”政策向“建立统一的民主共和国”政策的转变。陕甘宁边区政府的正式成立,标志着中华苏维埃共和国由工农苏维埃政权向抗日民主政权转变的基本完成。从此,中国革命发展到一个全新阶段。

（一）共产国际与中共抗日民族统一战线政策的确立

进入 20 世纪 30 年代以后,国际局势突变。在垄断资产阶级的纵容支持下,国际上法西斯势力猖獗异常,并于 1933 年前后,分别在德、日、意三国夺取政权,实行赤裸裸的法西斯独裁专政。他们不仅完全抛弃了资产阶级的民主形式,而且疯狂扩军备战,并在“消灭共产主义”的旗帜下,对外发动一系列侵略战争,极力挑起重新瓜分势力范围的世界大战,构成了对和平民主的严重威胁。在世界形势的剧烈变动中,共产国际意识到,必须改变原来反对社会民主党和打击中间阶层的做法,实行反法西斯统一战线的策略,联合世界上一切爱好和平、民主的进步力量,才能遏制法西斯势力的扩张侵略和战争危险。

共产国际实行这一政策的转变是从法国共产党开始的。1934 年 5 月 23 日,法国共产党总书记多列士在苏共中央机关报《真理报》上刊发了《为统一战线而斗争的法国共产党》一文,在这篇文章中其认为:共产党与社会

民主党在反对法西斯的斗争中可共同合作。5月31日,法共《人道报》转载了多列士的文章,同时向社会民主党发出了联合行动的呼吁。① 事实上,这也是共产国际着手建立反法西斯统一战线的端倪。正是在这样的时代背景之下,1935年7月共产国际七大在莫斯科召开,有65个国家的共产党和革命进步组织的代表出席了会议。共产国际七大的不朽意义在于完成了战略策略的转变。大会改变了共产国际长期以来形成的"左"倾关门主义和宗派主义偏向,以及对社会民主党的错误看法和做法,认为"正确地对待那些劳动农民和城市小资产阶级基本群众参加的团体与政党"具有重要的意义,要求"对这些团体采取区别对待的态度",而且在一定的情况下"应该努力把这些政党和团体或其中的某一部分吸引到反法西斯人民阵线中来,尽管它们的领导是资产阶级"。大会还十分清晰地勾画出了共产国际制定的世界反法西斯统一战线的轮廓,明确指出共产党人当前的首要任务,是"在无产阶级统一战线的基础上建立广泛的反法西斯人民阵线","同劳动农民及城市小资产阶级基本群众"建立"战斗联盟"。②

共产国际七大对中国革命也给予了极大的关注,盛赞了中国苏维埃和中国工农红军所取得的辉煌胜利,肯定"中国苏维埃运动的顺利发展,鼓舞着整个殖民地世界的劳动人民去进行革命斗争,中国苏维埃成了他们进行革命解放斗争的典范和旗帜"③。同时,看到日本侵略势力的日益猖狂和国民党软弱无力的现实,特别是共产党领导的革命队伍的日益壮大,共产国际觉得中国革命斗争胜利的关键点在于"集合一切反帝力量进行中国人民民族斗争",因此,要求中国共产党应该"同中国一切决心真正救国救民的有组织的力量结合成反对日本帝国主义及其走狗的广泛的反帝统一战线"。④

毫无疑问,共产国际战略策略的转变及关于世界反法西斯统一战线政策的制定,对世界反法西斯战争中亟须解决的难题和中共建立实行抗日统一战线战略思想的产生都发挥了积极的促进作用,对中国国内和世界各地的革命形势高涨和进步付出了自身的力量。受共产国际的影响,中共开始酝酿新的政策,逐步提出了抗日民族统一战线的战略方针。这一时期,是中

---

① [西班牙]费尔南多·克劳丁:《共产主义运动——从共产国际到共产党情报局》(上册),中共中央党校外文组译,求实出版社1982年版,第174页。

② 中共中央党史研究室第一研究部编:《共产国际、联共(布)与中国革命档案资料丛书》第17卷,中共党史出版社2007年版,第102、103页。

③ 中共中央党史研究室第一研究部编:《共产国际、联共(布)与中国革命档案资料丛书》第17卷,中共党史出版社2007年版,第90页。

④ 中共中央党史研究室第一研究部编:《共产国际、联共(布)与中国革命档案资料丛书》第17卷,中共党史出版社2007年版,第104页。

国苏维埃运动革命异常艰难的时期，从 1934 年 9 月以后中共中央和共产国际就失去了联系，中国共产党便不能在第一时间获悉共产国际战略思想转变的各项方针政策。在此情形下，中国共产党驻共产国际代表团便率先开始了相关的工作。1935 年 6 月，也就是在共产国际七大召开前夕，中共驻共产国际代表团起草了《中国苏维埃政府、中国共产党中央为抗日救国告全体同胞书》(即《八一宣言》)，呼吁全体中国民众，在日本帝国主义欲灭亡中国的空前民族危机下，应该团结起来，为抗日救国的神圣事业而奋斗。《八一宣言》最大的转变，就是不再局限于下层统一战线，而是把地主、资产阶级、一切军队都包括在统一战线中。其中，揭露了蒋介石出卖民族利益、镇压人民革命的丑恶行径，但没有再把打倒国民党、推翻国民政府作为进行抗日民族战争的前提，而是提出以十大纲领作为统一战线的基础，号召国内各政党派别和政治团体摒弃以往偏见，化干戈为玉帛，"以兄弟阋于墙外御其侮"的品格，不再继续进行内战，枪口对外一致抗日。对抗日统一战线的组建方式——"全中国统一的国防政府"和"全中国统一的抗日联军"①也进行了直接阐述。《八一宣言》草案在共产国际七大期间经斯大林、季米特洛夫批准，通过 9 月 24 日的共产国际执委会书记处会议审议后，于 1935 年 10 月 1 日在巴黎出版的《救国报》上发表。在此期间，共产国际对过去一些不正确的指导，及其给各国党领导的革命所造成的重大损失和挫折，进行了深刻反思。在共产国际七大以后，共产国际在指导各国共产党的革命斗争方式有了很大改变，当时共产国际领导人季米特洛夫明确提出："在解决一切问题时要根据每个国家的具体情况和特点，一般的不要直接干涉各国共产党内部组织上事宜。""不要机械地把一国的经验搬到别国去，不要用呆板格式和笼统公式去代替具体的马克思主义的分析。"②

与此同时，遵义会议后，以毛泽东为代表的中国共产党人，在艰难的环境下开辟的中国革命独立发展道路，为中国革命找到了一片广阔的发展天地。为了传达共产国际的新方针和《八一宣言》精神，中共驻共产国际代表团在第七次代表大会结束前，就派遣参加过《八一宣言》讨论的中共驻共产国际代表团成员林育英(化名张浩)返回国内。1935 年 11 月，林育英历尽千辛万苦到达陕北苏区，对共产国际战略思想的变化和《八一宣言》的核心

---

① 《中国苏维埃政府、中国共产党中央为抗日救国告全体同胞书(八一宣言)》(1935 年 8 月 1 号)，见中央档案馆编：《中共中央文件选集(一九三四——一九三五)》第十册，中共中央党校出版社 1991 年版，第 522 页。

② 杨云若编著：《共产国际和中国革命关系纪事：1919—1943》，中国社会科学出版社 1983 年版，第 117 页。

思想向中共中央进行了通报转达。对于这些内容,中共中央十分看重,立即着手确立新的政策。11 月 28 日,中共中央以中华苏维埃共和国中央政府和中国工农红军军事委员会的名义,正式发表了《中华苏维埃共和国中央政府、中国工农红军革命军事委员会抗日救国宣言》。这份宣言的重要意义在于其第一次展现出《八一宣言》的实质。12 月 17 日至 25 日,《中共中央关于军事战略问题的决议》《中共中央关于目前政治形势与党的任务决议》这两份具有重要历史意义的文件,经中共中央在陕北瓦窑堡召开的政治局扩大会议审议通过后在全党开始执行。在这两份决议中,全面客观地剖析了中国国内各政治势力、政治格局和政治发展形势的特性和各社会阶级关系的转变,旗帜鲜明地提出:"党的策略路线,是在发动,团聚与组织全中国全民族一切革命力量去反对当前最主要的敌人:日本帝国主义与卖国贼头子蒋介石。不论什么人,什么派别,什么武装队伍,什么阶级,只要是反对日本帝国主义与卖国贼蒋介石的,都应该联合起来,开展神圣的民族革命战争,驱逐日本帝国主义出中国,打倒日本帝国主义的走狗在中国的统治,取得中华民族的彻底解放,保持中国的独立与领土完整。"①

1935 年 12 月 27 日,结合瓦窑堡会议出台的决议案和会议指导思想,毛泽东在中国共产党的活动分子会议上以《论反对日本帝国主义的策略》为题作了深入细致的报告,全面系统地论述了中国共产党关于建立实行抗日民族统一战线的政策理念。毛泽东对中国民族资产阶级作了精辟分析,把共产国际提出的建立反法西斯统一战线的方针在中国具体化,一定程度上从理论上解决了在中国建立抗日民族统一战线所面临的第一个问题,即必须把在半封建半殖民地的中国处于无权地位而又一度脱离革命的民族资产阶级切实作为抗日民族革命战争的一个重要力量源泉;进而驳斥了对民族资产阶级两面性变化视而不见的问题,驳斥了拒绝同民族资产阶级结成抗日民族统一战线的"左"倾关门主义的错误观点。毛泽东还根据当时国际国内政治形势的特点,科学地预见到大地主大资产阶级营垒可能发生的分化,开始考虑如何"把敌人营垒中间的一切争斗、缺口、矛盾,统统收集起来,作为反对当前主要敌人之用"的问题,②为中国共产党建立更广泛的统一战线奠定了初步的基础。毛泽东在报告中突出地强调了抗日民族统一战

---

① 《中共中央关于目前政治形势与党的任务决议》(1935 年 12 月 25 日),见中央档案馆编:《中共中央文件选集(一九三四——一九三五)》第十册,中共中央党校出版社 1991 年版,第 604 页。
② 《论反对日本帝国主义的策略》(1935 年 12 月 27 日),见《毛泽东选集》第一卷,人民出版社 1991 年版,第 148 页。

线的领导权问题,告诫全党既要抵制"左"倾关门主义也要吸取丢失革命领导权致使革命失败的经验教训,如大革命时期陈独秀放弃无产阶级领导权产生的问题等。

可以说,瓦窑堡会议是继遵义会议之后中共中央召开的又一次重要会议,这次会议提议的建立抗日民族统一战线的思想,是将共产国际反法西斯统一战线理念与中国革命现实情况相联系的具体实践。在这一统一战线中将以蒋介石为首的大地主大资产阶级排除在外,是与《八一宣言》所倡导的反蒋抗日观点相统一的,总体而言,与中国社会和革命发展现实需求相符。而此时的蒋介石仍在继续执行其"攘外必先安内"的反革命政策,对红军进行"围剿",妄想彻底消灭之。

但必须指出的是,在实现抗日民族统一战线政策的过程中,共产国际和中共驻共产国际代表团关于建立抗日民族统一战线的策略方针却悄然发生变化,又走了过高估计国民党的老路,主张以"联蒋抗日"取代"抗日反蒋"。这从 1935 年下半年到 1936 年初中共驻共产国际代表团态度上的变化可以看出来。在共产国际七大之后,也就是 1935 年 8 月 27—29 日,共产国际执委会和中共驻共产国际代表团便组织召开会议,会议研究的重点就是在中国建立抗日民族统一战线问题。在这次会议上,王明以《为争取建立反帝统一战线和中国共产党当前的任务》为题作了形势分析报告。这份报告,由以往对红军、苏区在斗争中作用的盲目乐观转变为对红军和苏区作出了极其悲观的估计,认为红军和苏区本身存在弱点,仅仅靠红军的力量,还不能战胜日本帝国主义及其走狗。《八一宣言》本是 1935 年 6 月起草、共产国际七大批准发表的,但直到 1935 年 10 月 1 日,《救国报》上才刊发了这份宣言,而在其刊发时中共驻国际代表团仍在努力缓解其反蒋情绪。为此,1935 年 11 月起草并公布了《中国共产党第二次宣言》,取消了反蒋口号,而且在随后给《救国时报》的指示中又特别强调了把这一宣言发给蒋介石的必要性,"把它寄给从普通士兵到蒋介石的所有军队"[①]。12 月 9 日,中共驻国际代表团以中国共产党、中国红军和东北抗日联军的名义在《救国时报》上刊发了一份宣言,在这份宣言中将蒋介石称作"南京蒋总司令",这是中共代表团首次使用这一称谓,宣言中写道:"不论蒋总司令的军队也好,不论其它党派的军队也好,都应不记旧仇宿怨,都应以中华民族利益为前提,马上停止内战,枪口一致对外,一致去武装抗日","马上互派代表开始

---

① 中共中央党史研究室第一研究部译:《共产国际、联共(布)与中国革命档案资料丛书》第15卷,中共党史出版社 2007 年版,第 65 页。

谈判,共谋国防政府与全国抗日联军总司令部之建立,抗日联军之编制,抗日联军军费之筹划等事宜"。① 12 月 28 日,中共驻国际代表团在《救国时报》第 4 期社论中进一步号召:"国民党及其各派,共产党,民族革命同盟,第三党,宪政党,人权派,国家主义派等等都抛弃一切旧仇宿怨,为救中国民族危机而一致奋斗。"②在 1936 年 1 月 4 日和 1 月 9 日发行的《救国时报》中,以署名文章的方式连续刊发了《第二次国共合作有可能吗?》一文,这是"第二次国共合作"这一观点被正式提出,所有这些都说明共产国际和中共驻国际代表团对"联蒋"主张怀有巨大信心。在 1936 年 3 月 5 日,《关于中国的形势和中国共产党的任务》经共产国际执委会书记处研究后正式通过,在这一文件的草案中鲜明地阐述了共产国际的观点:"组织全民抗日战线是中国共产党人面临的中心任务,其余的一切都应服从这一任务"。③ 1936 年 8 月,共产国际书记处进一步向中共中央表明其观点,表示对"反蒋""抗日"口号并列提出的不赞成,指出:"在现阶段,一切都应服从于对日本帝国主义的斗争。""要真正武装抗日,还必须有蒋介石或他的绝大部分军队参加。"④1936 年 12 月 12 日,西安事变爆发,在此之后为合理妥善解决这一问题,结合共产国际"联蒋抗日"的指示要求以及当时苏联社会对这一事件的反响,中共中央依靠自身力量形成了和平解决这一重大事件的决定。1937 年 1 月 20 日,共产国际执委会书记处致电中共中央,建议根本改变苏维埃革命方针。⑤ 2 月 10 日,中共中央向国民党提出了"五项要求"和"四项保证"通电,⑥在如何应对蒋介石国民政府和土地革命这两个方面进行了适当的退让,这种策略方针的灵活转变对于达成国共合作共识而言是很有利的。

对于抗日民族统一战线的政策和指导方针,为何共产国际和中共驻共产国际代表团会出现如此大的变化呢? 究其缘由:首先,是受苏联外交政策

① 《救国时报》1935 年 12 月 9 日。

② 《救国时报》1935 年 12 月 28 日。

③ 中共中央党史研究室第一研究部译:《共产国际、联共(布)与中国革命档案资料丛书》第 15 卷,中共党史出版社 2007 年版,第 156 页。

④ 中国社会科学院近代史研究所翻译室编译:《共产国际有关中国革命的文献资料(1936—1943,1921—1936 补编)》第三辑,中国社会科学出版社 1981 年版,第 9 页。

⑤ 马贵凡译、宋洪训校:《共产国际执委会书记处致中国共产党中央委员会电》(1937 年 1 月 20 日),《中共党史研究》1988 年第 3 期。

⑥ 《中共中央给中国国民党三中全会电》(1937 年 2 月 10 日),见中央档案馆编:《中共中央文件选集(一九三六——一九三八)》第十一册,中共中央党校出版社 1991 年版,第 157—158 页。

的影响所致。随着东西方法西斯势力的恶性膨胀,苏联安全日益受到严重威胁。为了防止受到各方敌对势力的夹击,切实打击法西斯敌人,苏联和共产国际力争"不惜一切代价"壮大强化世界反法西斯统一战线,切实建立同周边国家的密切合作关系以对付德日侵略。季米特洛夫甚至指出,随着革命发展形势的日益复杂,可以不计成本与社会民主党的基本部分建立反法西斯的统一战线。受这种思想的影响,中共驻共产国际代表团也相应地转变了策略。其次,这一变化也同共产国际和中共驻共产国际代表团对中国革命实际情况的不完全了解相关。在共产国际七大举行之时,由于受第五次反"围剿"失利的影响,中国革命形势已进入危难关头,但共产国际并未完全知情,仍错误认为红军"在川、黔、甘、陕、湘及鄂六省占有广大区域","中华苏维埃政权依然统治着伟大中国的一大部分版图。"①直到共产国际七大结束后,陈云、潘汉年等辗转到达莫斯科,详细汇报了中央根据地和红军遭受严重损失的情况以及中共领导在遵义会议后所发生的变化,共产国际才知悉中国革命实力锐减的真相。②据此,季米特洛夫以及共产国际执委会成员在难以相信的同时,立即提出暂停营造反对蒋介石舆论的意见,指示中共驻共产国际代表团在营造舆论中将国民党和蒋介石加以区别对待,已逐步展现出改变"反蒋抗日"方针的倾向。因此,在共产国际七大后不久,中共驻共产国际代表团就有了打算将建立统一战线主导者进行调整的意图,改变原本以建立中国共产党为领导者的反蒋抗日民族统一战线,实行以联蒋、以蒋介石军队为主导者的抗日民族统一战线。

很明显,在中共与资产阶级建立抗日民族统一战线的问题上,共产国际和中共驻共产国际代表团又犯了"老毛病",又在相当大的程度上回到了大革命时期对资产阶级只要联合、不要斗争的右倾立场。他们在共产国际第七次代表大会闭幕不久就作出"联蒋抗日"的打算,且很快要求中共转变方针政策,是不符合中国革命实际的。

和共产国际不同,日趋成熟的中共中央表现出高度的革命灵活性,其既努力团结全国所有支持抗日以及憎恨南京国民政府和蒋介石所作所为的力量,全面增加反蒋势力;同时也在不要内战、一致抗日的基础上,全力把握和蒋介石及南京国民政府继续合作的契机。在两广事变和西安事变中,中共

---

① 《季米特洛夫文集》,解放社 1950 年版,第 201—207 页。
② 中共中央党史研究室第一研究部译:《共产国际、联共(布)与中国革命档案资料丛书》第 15 卷,中共党史出版社 2007 年版,第 57 页。

这一正确的策略方针得到充分体现。

1936 年 6 月两广事变发生，拥有 30 万军队的两广军阀，提出了"抗日反蒋"口号。蒋介石把大量军队南调，停止了在西北大规模"围剿"红军的行动，造成了有利于红军发展的政治形势。对于两广事变的发生，共产国际于 1936 年 6 月 10 日在苏联政府报纸《消息报》上发表署名文章进行谴责："事变是日本人试图煽动中国内战，以便于掩盖对华北的新的进攻。""事变打起抗日口号仅仅是控制国民政府的假面具。"主张巩固蒋介石国民党的领导地位，以统率全国军队结成苏联和南京政府的反日联盟。而在这一问题上，中华苏维埃人民共和国中央政府以及中国人民红军革命军事委员会所持观点与共产国际则恰恰相反，在 1936 年 6 月 12 日发布的为两广出师北上抗日宣言中，积极呼吁"全中国爱国军人自告奋勇，出兵响应，全中国爱国同胞再接再厉，扩大抗日救亡运动，以配合两广的起义"①，表示了对两广事变的支持。

对于中共中央在两广事变中所采取的立场，共产国际表示不可理解和不满。1936 年 7 月，季米特洛夫说："中国共产党人富有勇气……可是我们不能说它政治上是足够成熟的，能掌握复杂形势，认识今天的中国。"②这时，中共中央避免了同共产国际发生争论。因为随着革命形势的发展，1936 年 7 月的中国国内革命发展态势显示，将蒋介石吸纳参与到抗日民族统一战线已并非不可实现的目标。因此，中共中央从中国实际情况出发，于 7 月 22 日决定接受中共驻共产国际代表团 1935 年末起草并经季米特洛夫批准的土地政策，不再没收抗日军人的土地，开始由"抗日反蒋"方针向"逼蒋抗日"方针转变。为了对党所采取的新的策略方针进行说明，1936 年 9 月 1 日中共中央在党内发出了《关于逼蒋抗日问题的指示》，指出中央不再执行"反蒋抗日"而改为执行"逼蒋抗日"的方针政策；在这一政策的指导下，尽管认为全部或大部分国民党中央军"有参加抗日的可能"，但"在逼蒋抗日的方针下，并不放弃同各派反蒋军阀进行抗日的联合"，而且强调"我们愈能组织南京以外各派军阀走向抗日，我们愈能实现这一方针"。指示正式提出：中国共产党"是全国各党各派（蒋介石国民党也在内）抗日统一战线

---

① 《中华苏维埃人民共和国中央政府中国人民红军革命军事委员会为两广出师北上抗日宣言》(1936 年 6 月 12 日)，见中央档案馆编：《中共中央文件选集(一九三六——一九三八)》第十一册，中共中央党校出版社 1991 年版，第 24 页。

② 蒋齐生译：《季米特洛夫——伟大的共产主义者》，生活·读书·新知三联书店 1950 年版，第 240 页。

的组织者与领导者"。①

中共中央确立"逼蒋抗日"的策略方针三个多月后,就爆发了西安事变。事实说明,中共中央"逼蒋抗日"的策略方针是正确的。在蒋介石"攘外必先安内"的政策下,中国共产党只有联合国内主张抗日的各政治派别,才能迫使蒋介石加入抗日营垒。

无独有偶,西安事变发生后,中共中央和共产国际、苏联的反应又迥然不同。尽管中共接受了共产国际的指示,西安事变得以和平解决。但是,由于共产国际与中共中央关于联合蒋介石策略上的认识分歧,所以在对待西安事变及其对蒋介石的处理上,二者的主要目标和战略核心差异较大。中国共产党力争和平解决这一事件是对"逼蒋抗日"这一政策的具体实践,目的在于以此为契机尽快形成由中共领导的抗日民族统一战线,是基于中国具体国情考虑的,更加注重对解决民族矛盾和阶级矛盾的统一。对于共产国际而言,其同样希望和平解决西安事变,但其主要是对"联蒋抗日"这一政策的贯彻,其目标宗旨为不计成本且在最短时间内实现以国民党为首的中国抗日统一战线,是以苏联国家利益为根本出发点的。事实上,斯大林也曾多次向苏联驻华人员指示,务必想尽一切办法"束缚日本侵略者手脚",防止苏联进入"双线作战"的局面。在此基础上,斯大林觉得形成由国民党为主要力量的中国抗日统一战线很有必要,因为"中共和中国工人阶级要成为反侵略的领导者,还显得太薄弱","蒋介石有英美的援助,而毛泽东永远得不到这些大国的支持"。②

由于主要目的和战略核心的差异,共产国际与中国共产党在对于西安事变的评判及处理问题的具体方式上产生了惊人的不同。首先,表现在对张学良、杨虎城策划西安事变的立场上。西安事变爆发后,共产国际对张、杨此举非但不加肯定,反而斥责谩骂有加,说"张学良的行动,无论其意图如何,在客观上只能损害中国人民的力量结成抗日统一战线,并助长日本对中国的侵略"③,认为张学良"在外国主子的授意下,竭力在中国制造新的有利于中国的敌人实现其侵略计划的混乱局面"④。与这一观点不同,中国共产党高度认可张学良、杨虎城策动的这一事件,认为其是合乎民意的公正行

<hr>

① 《中央关于逼蒋抗日的指示》(1936年9月1日),见中央档案馆编:《中共中央文件选集(一九三六——一九三八)》第十一册,中共中央党校出版社1991年版,第89、90页。

② 崔可夫:《在华使命》,《党史通讯》1986年第11期。

③ 中共中央党史研究室第一研究部译:《共产国际、联共(布)与中国革命档案资料丛书》第15卷,中共党史出版社2007年版,第265页。

④ 《真理报》1936年12月14日。

为,为形成全国人民团结一致抗日的形势提供了机会,同时积极协助二人应对亲日派等各势力的批判和讨伐,以中华民族整体利益和全民抗战考量,为积极促使这一事件的解决而四处奔走。其次,对于西安事变的核心问题即如何处理蒋介石上,双方也有差异。即使双方都持应释放蒋介石这一观点,但指导思想却不一样。对于共产国际而言,认为当时只有蒋介石才能够担负起组织带领全中国抗日之责,建立以国民党为主导的抗日统一战线,且符合苏联在远东地区的整体利益。因此,在西安事变发生后,《真理报》不间断地发文为释放蒋介石营造声势,指出"过去一年里,中国所有社会力量都已在国民党周围形成了一种重要的团结","蒋介石统一全国的工作,正日获发展","南京政府已表现出领导抗战之意志与能力"。① 与此同时,对张学良、杨虎城则给予极力批判,与上述对蒋介石不符合实际情况的论述相结合,本质而言就是主张无条件地尽快释放蒋介石,避免阻挡苏联十分盼望的以蒋介石为首的国民党主导的抗日民族统一战线的形成。而这一切,事实上都是基于苏联国家利益。而中国共产党尽管也赞成释放蒋介石,但其主导思想为逼迫蒋介石杜绝内战、一致抗日,也就是继续执行"逼蒋抗日"政策,本质而言是有条件地释放蒋介石,停止内战、一致抗战也就是这一条件的核心要旨。

需要指出的是,蒋介石被释放后,1936 年 12 月 26 日在洛阳停留期间,发表声明对张学良和杨虎城的行为进行谴责。对此行为,毛泽东很快作出回应,12 月 28 日发表声明给予了严厉的驳斥,并指出蒋介石"在西安接受张学良杨虎城二将军和西北人民的抗日的要求,首先命令进行内战的军队撤离陕甘两省,这是蒋介石氏转变其十年错误政策的开始。这对于指挥内战、制造分裂、并欲在这次事变中置蒋氏于死地的日本帝国主义和中国讨伐派的阴谋,给了一个打击",同时公布了同蒋介石达成的不应公开的秘密协议。② 这样,西安事变后刚刚缓和的局势再次陷入紧张,蒋介石对"共产党人违背诺言和缺乏诚信"非常恼火,声称要抛弃已经达成的协议。③ 对这种情况,共产国际非常担忧,并要求中共采取妥协、让步的策略来迎合国民党的新步骤。1937 年 1 月 19 日,共产国际执委会给中共中央的电报中再次强调,西安事变和平解决的"特殊意义",批评中共"以前所采取的争

---

① 《真理报》1936 年 12 月 14 日。

② 参见《关于蒋介石声明的声明》(1936 年 12 月 28 日),见《毛泽东选集》第一卷,人民出版社 1991 年版,第 245—247 页。

③ 中共中央党史研究室第一研究部译:《共产国际、联共(布)与中国革命档案资料丛书》第 15 卷,中共党史出版社 2007 年版,第 276 页。

取通过排除蒋介石和推翻南京政府的办法来建立统一战线的方针是不正确的";认为中共现在"实际上在执行分裂国民党,而不是同它合作的方针","采取了错误的步骤"。所以,电报要求中共尽快"同南京采取联合行动反对日本侵略者,即使在初期没有正式协议",其中包括党不要在西安地区进行"公开发动,不应该对蒋介石在西安作出的承诺发表议论",尤其是"不宜过分强调同苏联结盟的口号"。① 再次表明,共产国际的确切用意和主要目的是以维护苏联国家利益为主。

但革命形势的发展充分证明,从坚持"抗日反蒋"到"逼蒋抗日"以及之后执行的"联蒋抗日"这些政策的转变,日益发展的中国共产党依靠自身力量形成的一系列政策决策是符合中国革命发展现实情况的正确的政策。"使无产阶级跟随资产阶级呢,还是使资产阶级跟随无产阶级呢?这个中国革命领导责任的问题,乃是革命成败的关键。"②1937 年 2 月初,国民党迫于西安事变所激荡的全国人民强烈要求抗战的压力和左派的抗争,召开了五届三中全会,商讨对共产党和对日本的政策问题。2 月 10 日,中共中央致电国民党三中全会,提出五项要求和四项保证。国民党经反复讨论、权衡,终于在 2 月 21 日通过了一个实际接受中共中央提议的决议案,标志着抗日民族统一战线初步形成。

以上对共产国际在建立中国抗日民族统一战线问题的策略方针的论述和研究,进一步证明,与之前相同,"二重性"仍为共产国际指导中国革命的重要特点之一。尽管如此,也要肯定的是,在解决争取民族资产阶级抗日和争取英美派大资产阶级抗日这两个反映抗日民族统一战线政策实质内容的问题上,共产国际对中国共产党起了重要的指导作用,从而为中国共产党最终完成由"建立苏维埃人民共和国"政策向"建立统一的民主共和国"政策的转变提供了理论依据,推动了苏维埃工农民主政权向抗日民主政权的转变。

(二) 共产国际与中国苏维埃政权历史的结束

中国共产党人积极动员和团结一切政党、团体、组织和军队建立最广泛的抗日民族统一战线的过程,也是苏维埃工农民主政权向抗日民主政权转变的过程。尽管共产国际不愿意承认其对华"苏维埃国家化"方针的失败,但在这一转

---

① 中共中央党史研究室第一研究部译:《共产国际、联共(布)与中国革命档案资料丛书》第 15 卷,中共党史出版社 2007 年版,第 270—271 页。

② 《中国共产党在抗日时期的任务》(1937 年 5 月 3 日),见《毛泽东选集》第一卷,人民出版社 1991 年版,第 262 页。

变过程中,共产国际政策策略的及时调整仍然起到了非常重要的作用。

资料显示,直到共产国际七大召开,共产国际和中共并未放弃从1927年以来一直实行的苏维埃革命的方针,大会决议在中国建立统一战线的途径问题上,仍认为苏维埃应当成为联合全体人民进行解放斗争的倡导者和核心,建议把"扩大苏维埃运动和加强红军的战斗力"同"开展人民反帝运动"结合起来,要在"武装人民进行民族革命战争,以反对帝国主义奴役者,首先反对日本帝国主义及其中国仆从"的口号下进行。[1] 可以看出,共产国际关于中国建立统一战线的策略,与其建立全世界反法西斯统一战线的政策是自相矛盾的。那么,共产国际为什么提出这种自相矛盾的处理方法呢?目前虽然还没有找到相关的资料对此作出说明,但根据当时的整体情况来判断,主要原因有二:一是与其他东方国家不同,中国存在苏区和红军这个事实,但共产国际在七大期间缺少有关中国苏区和红军的可靠情况,因此,在缺乏有效联系的情况下,无法贸然改变口号;二是中国苏维埃方针是由斯大林本人提出和论证的,如果改变苏维埃的口号,实际就是对斯大林"正确路线"的抛弃。[2]

毫无疑问,这一策略的矛盾在由中共驻共产国际代表团所起草的《八一宣言》中体现得淋漓尽致。当然,即便如此,共产国际政策策略的及时调整,对苏维埃工农民主政权向抗日民主政权转变还是起到了重要的推动作用。而且受共产国际的影响,中共驻共产国际代表团和王明本人,积极参与并对原先在反对执政当局和日本侵略的战争中寻求中共同盟军的问题上,以及在苏维埃社会经济政策等问题上的一些方针,进行了重新审查,并作出了明显的修改。[3] 譬如,1933年1月10日,《中华苏维埃共和国临时中央政府、中国工农红军革命军事委员会宣言》正式发布,尽管存在很多缺点,但它明显表露出试图摆脱前途无望的"下层统一战线"的方针;1933年1月26日的《中央给满洲各级党部及全体党员的信——论满洲的状况和我们党的任务》看似仅指满洲,但其中明确表示要实现将全社会所有对日本侵略不满的阶级代表,含地主、中国军人以及各地实际领导者等吸纳到统一战线中来的目标。而《八一宣言》采取了一个更为重大的步骤:号召停止一切内

---

① 中共中央党史研究室第一研究部编:《共产国际、联共(布)与中国革命档案资料丛书》第17卷,中共党史出版社2007年版,第134页。

② 中共中央党史研究室第一研究部译:《共产国际、联共(布)与中国革命档案资料丛书》第15卷,中共党史出版社2007年版,第6页。

③ 中共中央党史研究室第一研究部译:《共产国际、联共(布)与中国革命档案资料丛书》第13卷,中共党史出版社2007年版,第12页。

战,组建"全中国统一的国防政府"以及"全中国统一的抗日联军"。所有这一切,为中华苏维埃工农共和国向抗日民主政权的转变提供了思想基础。

1935年12月中共中央召开的瓦窑堡政治局会议,接受了共产国际的新策略和《八一宣言》的精神。立足于"使民族统一战线得到更加广大的强有力的基础"以及革命形势的需要,中国共产党因此决定,正式将中华苏维埃工农共和国更改为"苏维埃人民共和国"①,并对原苏维埃工农共和国的不适应抗战要求的政策进行了改变,如给予广大的小资产阶级分子选举权;对富农的财产不予没收,自耕与雇人耕种的土地不没收,并享有与贫农中农在平分一切土地时分到同样土地权;对民族工商业资本家,欢迎到苏维埃人民共和国投资,并保护其生命和财产安全,减低税租;等等。

可以说,在共产国际的指导和帮助下,中国共产党当时提出"苏维埃人民共和国"的口号,是顺应历史潮流的重大举动,而并非代表着苏维埃工农共和国的不成功。随着日本侵华势力的日益膨胀,社会主要矛盾也逐步转变为中华民族和日本帝国主义之间的民族矛盾,中国社会各阶级间的矛盾已经居于次要地位。"苏维埃工农共和国"向"苏维埃人民共和国"的转变,虽然只改变两个字,但意义重大。这个转变使苏维埃政权较之过去的阶级基础更为广泛,其民主性更为开放,包括了小资产阶级、民族资产阶级和知识分子等所有积极支持抗日的阶层,同时也涵盖了全社会所有全力参与抗日的个人、团体、政治派别和国民党军队的官兵,有利于抗日民族统一战线的建立和抗日队伍的扩大,更是对那些冥顽不化势力的压缩,进而全力推进抗日斗争的不断向前。对于中国共产党而言,这是其在政权建设思想理念方面的重要改变,从而为其领导的苏维埃红色政权逐步转向抗日民主政权筑牢了根基。这一新的称谓在瓦窑堡会议之后得到全面落实,中国共产党在全部以政府名义对外发布的文告中,一律采用"中华苏维埃人民共和国"称谓。在西北苏区的地方政权建设中,也开始按照人民共和国的政纲施政。

瓦窑堡会议后,整个华北抗日救亡运动进入高潮。在新形势下,共产国际对中国建立抗日统一战线与苏维埃政权之间的关系也有了新的认识。1936年3月5日,米夫、王明和中共驻共产国际代表团几名成员起草的《共产国际执委会关于中国局势和中共任务的指示文件草案》,首次没有提以前关于把争取建立抗日统一战线的斗争同扩大苏维埃的任务结合起来的论

---

① 《中央关于目前政治形势与党的任务决议》(1935年12月25日),见中央档案馆编:《中共中央文件选集(一九三四——一九三五)》第十册,中共中央党校出版社1991年版,第609、610页。

点,而是建议"对中华苏维埃的宪法作出某些修改",以便所有"以某种方式参加抗日救国武装"的人们能享受到与劳动者一样的公民权和政治权利;建议在保持对中国红军领导权的控制的前提下,将其"改编和改组为人民救国军"。① 草案中还谈到苏维埃的土地政策,商业和工业领域的政策,劳动政策,以及党在知识分子、学生和城市小资产阶级中的工作等问题。总之,这个草案所阐述的行动纲领,离取消苏维埃口号的思想只有一步之遥。1936年7月23日,季米特洛夫在共产国际执委会书记处会议上的发言中,充分肯定了这一草案的内容,认为在中国当时的情况下,只有"成立中华民族共和国",才能"把绝大多数中国人民联合起来反对日本侵略者";关于苏维埃的问题,他完全持否定态度,他说:"必须考虑一下,在中国能否实行历史性的跳跃,过渡到苏维埃化,我们将继续前进吗? ——当然不是。"②鉴于问题的迫切性和重要性,季米特洛夫7月27日又写信给斯大林,请求他对草案提出意见。但直到1936年8月15日,在共产国际执委会给中共中央的指示中,才正式提出了"建立统一的中华民主共和国"的口号。③

根据这一指示,中共中央于1936年8月25日通过了《中国共产党致中国国民党书》,再次表明了对建立抗日民族统一战线的诚意,明确表示:"中国共产党、中国苏维埃政府与中国红军,今特郑重宣言:我们赞助建立全中国统一的民主共和国,赞助召集由普选权选出来的国会,拥护全国人民和抗日军队的抗日救国代表大会,拥护全国统一的国防政府。我们宣布:全中国统一的民主共和国建立之时,苏维埃区域即可成为全中国统一的民主共和国的一个组成部分,苏区人民的代表将参加全中国的国会,并在苏区实行与全中国一样的民主制度。"④与此同时,1936年9月17日,《中央关于抗日救亡运动的新形势与民主共和国的决议》正式发布,在这一决议中中国共产党对"建立民主共和国"这一口号进行了重申,指出其必要性,充分肯定这个口号的提出"是团结一切抗日力量来保障中国领土完整和预防中国人民遭受亡国灭种的残[惨]祸的最好方法",也"是从广大的人民的民主要求产生出来的最适当的统一战线的口号";而民主共和国制度"是较之一部分

① 中共中央党史研究室第一研究部译:《共产国际、联共(布)与中国革命档案资料丛书》第15卷,中共党史出版社2007年版,第161—162页。

② 中共中央党史研究室第一研究部译:《共产国际、联共(布)与中国革命档案资料丛书》第15卷,中共党史出版社2007年版,第231、233页。

③ 中共中央党史研究室第一研究部译:《共产国际、联共(布)与中国革命档案资料丛书》第15卷,中共党史出版社2007年版,第242页。

④ 《中国共产党致中国国民党书》(1936年8月25日),见中央档案馆编:《中共中央文件选集(一九三六——一九三八)》第十一册,中共中央党校出版社1991年版,第83页。

领土上的苏维埃制度在地域上更普及的民主,较之全中国主要地区上国民党的一党专政大大进步"的政治制度,因此"便更能保障抗日战争的普遍发动与澈底胜利"。① 这些决定的通过,一方面为在苏维埃政权转变的过程中统一全党的思想奠定了基础,另一方面也为国共两党代表之间的新一轮谈判开辟了道路。

西安事变的和平解决,加速了苏维埃共和国由"人民共和国"到"民主共和国"的转变。对此,共产国际也给予了积极的关注。1937 年 1 月 20 日,共产国际执委会书记处致电中共中央,提出关于在苏区实行由苏维埃制度向革命人民政府过渡,并采取与此相适应的一切转变方针的建议,其中包括:(一)将苏维埃政府改为人民革命政府;(二)放弃普遍没收土地的做法;(三)仅在城市中心区保留苏维埃,并且不是作为政府机构,而作为群众组织;(四)红军变为人民革命军;等等。②

中共中央采纳了共产国际指示的基本精神,于 1937 年 2 月 10 日借国民党召开五届三中全会的机会,发出了具有历史意义的《中共中央给中国国民党三中全会电》。在这个电文中,中国共产党明确表示,放弃了在国共两党两个政权之外另组民主共和国的主张,只要求国民党及其现政权实现下列条件,即"(一)停止一切内战,集中国力,一致对外;(二)保障言论集会结社之自由,释放一切政治犯;(三)召集各党各派各界各军的代表会议,集中全国人材共同救国;(四)迅速完成对日抗战之一切准备工作;(五)改善人民的生活。"与此同时,中国共产党方面则保证:"(一)在全国范围内停止推翻国民政府之武装暴动方针;(二)苏维埃政府改名为中华民国特区政府,红军改名为国民革命军,直接受南京中央政府与军事委员会之指导;(三)在特区政府区域内实施普选的澈底的民主制度;(四)停止没收地主土地之政策,坚决执行抗日民族统一战线之共同纲领。"③对于中国共产党的这一主张,国民党五届三中全会也作出了一定积极意义的反应。

但在这一过程中,共产国际又走了过高估计国民党的老路,在重视蒋介石国民党的作用外,还要求中国共产党作出重大让步,忽视中国共产党所代

---

① 《中央关于抗日救亡运动的新形势与民主共和国的决议》(1936 年 9 月 17 日),见中央档案馆编:《中共中央文件选集(一九三六——一九三八)》第十一册,中共中央党校出版社1991 年版,第 95 页。

② 中共中央党史研究室第一研究部译:《共产国际、联共(布)与中国革命档案资料丛书》第15 卷,中共党史出版社 2007 年版,第 274 页。

③ 《中共中央给中国国民党三中全会电》(1937 年 2 月 10 日),见中央档案馆编:《中共中央文件选集(一九三六——一九三八)》第十一册,中共中央党校出版社 1991 年版,第 157、158页。

表的工农利益和革命长远利益,把第二次国共合作混同于第一次国共合作。共产国际的上述方针可以从王明回答国民党三中全会的文章《救中国人民的关键》中看出。这篇文章在国际共运和国内各阶级方面,公开否定中国社会中仍具有"对立之阶级",担心承认依然具有"对立之阶级"以及中共以工农利益和革命长期利益为代表,就将担负使"中国内部不能和平统一"的过错。在这篇文章中,同时指示中国共产党须在此前发布的《中共中央给中国国民党三中全会电》的基础上进一步作出让步,在将"红军改称为国民革命军"的基础上进一步退让为"改红军为国民革命军",同时明确说明此举不只为"改变红军的名称",也为"改变红军的性质";与此相仿,在将"工农政府改称为中华民国特区政府"的基础上进一步退让为"改苏维埃政府为中华民国特区政府",也明确说明此举不只象征着"名称"的变化,同时意味着切实"改变苏维埃政权性质"。而且文章还明确表示,只要不是"肉体上消灭红军",只要不"撤销红军中的一切军官和政治工作人员",只要不"强力摧毁或解除苏维埃一切组织",就可接受蒋介石的要求。① 不难看出,王明所阐述的政治主张,看似称为"改变红军的性质"和"改变苏维埃政权性质",实质上这一行为将使广大革命根据地和全部工农红军成为国民党的"盘中餐"。

经过长期革命斗争的锻炼,以毛泽东为核心的中共中央已日趋成熟。为了尽快结束国共两党两军和两个政权的对立,促使全民族的抗日统一战线的形成,中共中央采取了原则性与灵活性相结合的方法,既照顾了与共产国际的关系,又以民族利益为重,主动向国民党当局表示,愿在抗日的前提下,捐弃前嫌,承认南京国民党政府的领导,撤销苏维埃人民共和国的称号,将中华苏维埃政府改为受南京国民党政府领导的边区政府。从 1937 年初到 7 月 7 日卢沟桥事变以前半年多的时间里,中共中央派周恩来、博古、叶剑英、林彪等为代表,先后在西安、杭州、庐山同国民党代表顾祝同、张冲以及蒋介石进行了多次谈判。双方围绕着红军改编、陕甘宁边区改制和两党合作的共同纲领与组织方式等问题,展开了激烈的争论。

与此同时,中共中央还主动着手政权转变的实际工作——由工农苏维埃政权向抗日民主政权的转变。1937 年 4 月,中华苏维埃共和国中央政府驻西北办事处成立了特区选举法起草委员会和特区行政组织法起草委员会。5 月 12 日,由这两个专门委员会分别拟定的《陕甘宁边区选举条例》和《陕甘宁边区议会及行政组织纲要》得到西北办事处行政会议正式通过。

① 《救国时报》1937 年 4 月 15 日。

随后,西北办事处又设立了"边区选举委员会",开展了广泛的选举宣传与动员,并组织了各级选举工作人员的训练。与此同时,为使根据地的行政区划也与全国相适应,根据《陕甘宁边区议会及行政组织纲要》规定原则,改变了原区划设置,即撤销陕甘宁省,改设为庆环分区;撤销三边特区,改设为三边分区;撤销关中特区,改设为关中分区;撤销陕北省和神府特区,将其所辖县(市)改为边区政府直接领导。这样,使得陕甘宁边区成为相当省一级建制的一个特区。

1937年7月7日卢沟桥事变发生,加快了工农苏维埃政权向抗日民主政权转变的步伐。7月15日,周恩来将《中国共产党为公布国共合作宣言》交给蒋介石,表明中共对全面抗战和国共再次合作的基本主张,并约定由国民党中央通讯社发表。17日,周恩来、博古、林伯渠等在庐山同蒋介石、张冲、邵力子等进行谈判,谈判仍主要围绕红军改编、两党合作形式和陕甘宁边区改制等问题进行。8月1日,张冲受蒋介石委托,电邀中共代表出席国防会议。6日,周恩来、朱德、叶剑英携中共中央对于国防问题之书面意见飞往南京。19日,南京政府发表了红军改编为国民党革命军第八路军,朱德为总指挥、彭德怀为副总指挥的命令。1937年8月13日,上海八一三事变发生,整个形势已十分危急。为了挽救民族危亡,投身于伟大的抗日战争中去,中国共产党于1937年9月6日再次采取主动行动,将中华苏维埃中央政府驻西北办事处更名改制为陕甘宁边区政府,自动取消与国民党政权的对立。边区政府由林伯渠、张国焘、秦邦宪、董必武等9人组成,林伯渠为边区政府主席,张国焘为边区政府副主席。边区政府成立后,原西北办事处下属工作部门相继改为边区政府的厅、处;原西北办事处的外交部、劳动部和工农检查局等单位撤销,增设边区政府审计处。边区政府成立后,撤销了陕北省和陕甘宁省、陕甘宁边区政府直辖各县,针对行政区划作了相应的调整,共辖23个县。

陕甘宁边区政府的成立,标志着工农苏维埃政权向抗日民主政权的转变基本完成,中华苏维埃共和国的历史也从此宣告光荣结束。和工农苏维埃政权相比,陕甘宁边区抗日民主政权的阶级基础要更加广泛,包括一切赞成抗日的阶级和阶层,不仅工人、农民及小资产阶级具有参政权,而且地主、资本家、国民党等其他各阶级、阶层、党派、团体,只要愿意抗日和赞成民主并不反共,都有权利参与政权的管理。这一民主政治制度的集中体现,就是"三三制"政策,即在政权人员的比例上,共产党员占三分之一,他们代表无产阶级和贫农;左派进步分子占三分之一,他们代表小资产阶级;中间分子和其他分子占三分之一,他们代表中等资产阶级和开明绅士。在经济政策方面,改变苏维埃时期的没收地主一切土地和没收富农土地的政策,实行减租减息和交租交息的政策,这样一方面可以维护广大农民的利益,另一方面也能照顾地主、富农、资本家的利益,充分体现抗日民族统一战线政策。在政权组织形式方面,实行参议会制度,边区参议会是边区最高权力机关和立法机关,边区政府是边区最高行政机关,边区法院作为边区的司法机关而行使司法权,在结构模式上比起苏维埃政权要完备和正规。在选举制度方面,抗日民主政权的选举是完全平等的,不分阶级、阶层、党派,凡是一切愿意抗日的人们,都有选举权和被选举权;不论什么阶级、党派、团体,只要具有选民资格,享受的选举权和被选举权都一样,没有苏维埃时期不平等的比例规定;边区各级参议会代表、议员也都由选民直接选举产生。

陕甘宁边区政府的成立,再次表明:中国共产党毫无为自己一党一阶级谋私利之心,完全是为全中国人民大众的根本利益而奋斗的。其具体实践虽然只是在陕甘宁边区,从地域来看是局部的,但意义却是全局性的、深远的。首先,陕甘宁边区抗日民主政治制度的实施,在全国产生了极大的影响,不仅许多热血青年视边区为政治民主的圣地,冲破种种险阻,从国民党统治区来到边区,而且许多民主人士也来边区进行考察,称赞边区的民主政治制度。这对于国民党政权来说,无疑是一个很大的冲击。其次,在抗日民族统一战线方针下,边区的抗日民主政权容纳了一切抗日的党派、团体、阶级、阶层,使他们享受同等的民主权利,从而为调动一切抗战积极因素,彻底赶走日本帝图主义,取得抗日战争的彻底胜利创造了条件。最后,陕甘宁边区抗日民主政权建设的成功实践,不仅为后来各抗日根据地的政权建设积累了丰富的经验,也为人民民主专政政权的建立奠定了基础。

结　语

一切革命的根本问题是政权问题。中国共产党从创建之日起,从未停止过对国家政体问题的探索。土地革命时期,自 1927 年首个地方性苏维埃政权出现,至 1931 年 11 月中华苏维埃共和国建立,再到 1937 年 9 月苏维埃政权正式取消,中国共产党领导的苏维埃政权建设历经十年之久。中国共产党领导的苏维埃政权建设实践,是中国共产党根据马克思主义国家学说,为了实现无产阶级领导和人民当家作主,领导中国人民进行执掌政权、领导和管理国家的伟大尝试。在这一过程中共产国际发挥了重要的作用,可以说,中国苏维埃政权从建立、发展到转型无不与共产国际的指导息息相关。学界一直以来对此问题较为关注,研究成果颇丰。[①] 有鉴于此,本书力避既有研究成果的框架和观点影响,拟通过分析共产国际指导中国苏维埃政权建设的动因和独特作用,分析共产国际经验对中国苏维埃政权建设的深远影响,进而验证:马克思主义是科学的世界观与方法论,马克思主义与中国革命和建设的具体实际相结合,中国革命和建设的事业必然焕发出强大的生命力,并取得最后的胜利。

一、中国苏维埃政权运动的发展与共产国际

无产阶级夺取政权、掌握政权是无产阶级革命胜利的主要标志。作为共产国际一个支部的中国共产党,在成立之初就接受了列宁和共产国际关于苏维埃政权的理论,1921 年 7 月,第一次全国代表大会通过的首个"党纲"明确提出:"本党承认苏维埃管理制度,把工农劳动者和士兵组织起来,并承认党的根本政治目的是实行社会革命"[②]。但在中国大革命早期,共产国际及其来华代表并不赞成在中国建立苏维埃政权,甚至反对宣传苏维埃思想,认为"在这一阶段上,试图通过'宣布成立苏维埃'的口号'强行建立

① 参见耿显家:《21 世纪以来共产国际与中国苏维埃政权建设关系研究述评》,《中州学刊》2017 年第 3 期。

② 《中国共产党第一个纲领》(1921 年 7 月),见中央档案馆编:《中共中央文件选集(一九二一——一九二五)》第一册,中共中央党校出版社 1989 年版,第 3 页。

苏维埃',不仅为时过早,而且是不适当的"①。而是以列宁民族殖民地理论
为指导,帮助中共制定了统一战线策略,即与中国国民党合作,掀起轰轰烈
烈的反帝反封建大革命。即使在大革命后期,共产国际及其来华代表仍旧
生搬硬套俄国革命经验,把"中国的资产阶级民主革命阶段"等同于"中国
革命的国民党阶段";②加之受苏俄东方战略及其外交政策转变的影响,为
使国民党右派掌握的军队留在反帝联合阵线内,他们要求中共对国民党让
步,③反对中共在国民党内争夺领导权。因此,这一时期不仅苏维埃政权理
论在中国的传播基本上中断了,而且以陈独秀为首的中共中央也完全放弃
了对政权的要求。

大革命失败之初,共产国际并没有立即指导中共打出自己的旗帜,实行
苏维埃斗争,而是要求中共"应加强自己在国民党基层的工作"④,继续维持
国共合作。中共中央接受了共产国际"复兴左派国民党"的主张,提出了以
"真正革命的国民党"⑤作为旗帜的政策。结果,随着四一二政变、七一五清
党,国民党左派分崩离析,共产国际和中共中央不得不调整斗争策略。1927
年8月7日,在共产国际代表罗明纳兹主持下,中共在汉口召开了具有转折
意义的"八七会议",确立了实行土地革命和武装起义的方针。⑥ 9月19
日,中共中央临时政治局会议通过了《关于"左派国民党"及苏维埃口号问
题决议案》,首次明确提出要"在革命斗争新的高潮中应成立苏维埃"⑦。
从此,苏维埃政权在中国大地上相继建立:由中国第一个农村苏维埃政
权——海陆丰苏维埃政府,到中国第一个城市苏维埃政权——广州苏维埃
政府;由地方小块根据地苏维埃政权的建立,到中央苏维埃政权的建立。这
一时期,共产国际无论在理论上还是在实践上,都对中国共产党在苏维埃政
权建设方面给予了指导和帮助。客观而言,其发挥的独特作用应予以充分

---

① 安徽大学苏联问题研究所、四川省中共党史研究会编译:《苏联〈真理报〉有关中国革命的
　文献资料选辑》第一辑,四川省社会科学院出版社1985年版,第528页。
② 《斯大林全集》第9卷,人民出版社1954年版,第215—216页。
③ 中共中央党史研究室第一研究部译:《共产国际、联共(布)与中国革命档案资料丛书》第3
　卷,北京图书馆出版社1998年版,第236—237页。
④ 安徽大学苏联问题研究所、四川省中共党史研究会编译:《苏联〈真理报〉有关中国革命的
　文献资料选辑》第一辑,四川省社会科学院出版社1985年版,第500页。
⑤ 《中国共产党中央委员会对政局宣言》(1927年7月13日),见中央档案馆编:《中共中央
　文件选集(一九二七)》第三册,中共中央党校出版社1989年版,第208页。
⑥ 中共中央党史研究室:《中国共产党历史》第一卷(1921—1949)(上册),中共党史出版社
　2011年版,第237页。
⑦ 《关于"左派国民党"及苏维埃口号问题决议案》(1927年9月19日),见中央档案馆编:
　《中共中央文件选集(一九二七)》第三册,中共中央党校出版社1989年版,第370页。

肯定,甚至从某种角度看,没有共产国际的指导,就没有中国的苏维埃政权建立。①

　　但是,中国苏维埃政权建设中出现的一些严重错误,共产国际的指导也难辞其咎。中国苏维埃政权初建之时,正是共产国际政治上全面"左"倾、组织制度日益集权的时期。受其影响,共产国际"左"的教条主义和"城市中心论"思想贯彻中国苏维埃政权建设的始终,这也是中国党内连续出现"左"倾盲动主义和冒险主义的理论根源。特别是博古、李德、王明等执行"左"倾教条主义,将苏联革命经验神圣化和模式化,生搬硬套"移植"苏联经验,完全不顾中国所面临的国际环境和国内形势,使得中国苏维埃政权建设遭到蒋介石、汪精卫等联合国际帝国主义势力的联合绞杀,遭遇严重挫折,导致1933年第五次反"围剿"的失败,经营五六年的中央苏区被断送。随着中央红军长征,中华苏维埃政权开始了马背上的艰难历程。

　　1935年10月,中央红军到达陕北时,正值日本帝国主义制造华北事变、策划"华北五省自治运动"和伺机扩大侵华战争之际,不仅中华民族面临亡国灭种的关键时刻,而且日本勾结德意法西斯共同反对共产国际,对整个世界的和平造成严重威胁。面对如此严峻形势,共产国际于1935年七八月间在莫斯科召开了第七次代表大会,确立了建立最广泛的世界反法西斯统一战线的基本策略;同时针对中国革命的特殊情况,指示中国共产党"同中国一切决心真正救国救民的有组织的力量结合成反对日本帝国主义及其走狗的广泛的反帝统一战线"。② 这对中共策略的转变来说是一个重大机遇。1935年12月,中共中央在瓦窑堡召开政治局扩大会议,提出了建立"最广泛的反日民族统一战线"的政策,决定将中华苏维埃"工农共和国"改变为中华苏维埃"人民共和国"。③ 虽然只改变两个字,但意义重大。这个转变使苏维埃政权较之过去其阶级基础更为广泛,其民主性更为开放,为苏维埃红色政权向抗日民主政权转变奠定了基础。

　　瓦窑堡会议后,随着华北抗日救亡运动进入高潮,共产国际和中共中央对建立抗日统一战线与苏维埃政权之间的关系也有了新的认识。1936年8

① 曾朝夕:《共产国际与中华苏维埃共和国政权建设》,《西南交通大学学报(社会科学版)》2003年第1期。

② 中共中央党史研究室第一研究部编:《共产国际、联共(布)与中国革命档案资料丛书》第17卷,中共党史出版社2007年版,第104页。

③ 《中央关于目前政治形势与党的任务决议》(1935年12月25日),见中央档案馆编:《中共中央文件选集(一九三四——一九三五)》第十册,中共中央党校出版社1991年版,第604、610页。

月 15 日,共产国际执委会在给中共中央的指示中,正式提出"成立统一的中华民主共和国"的口号。[①] 根据共产国际的指示精神,中共中央发表了《中国共产党致中国国民党书》,1936 年 9 月 17 日又作出《中央关于抗日救亡运动的新形势与民主共和国的决议》,提出建立民主共和国的口号,认为这样"更能保障抗日战争的普遍发动与彻底胜利"[②],表明了对建立抗日民族统一战线的诚意。1937 年 2 月 10 日,中共中央发出《中共中央给中国国民党三中全会电》,明确提出"五项条件"和"四项保证",即只要国民党及国民政府答应中共方面的五项条件,中共则保证:"苏维埃政府改名为中华民国特区政府,红军改名为国民革命军,直接受南京中央政府与军事委员会之指导"。[③] 这些决定加速了苏维埃共和国由"人民共和国"到"民主共和国"的转变。国难当头,为抗战大局计,国共两党也加快了合作步伐。

1937 年 7 月 7 日七七事变爆发,日本发动蓄谋已久的全面侵华战争。翌日,中共呼吁全国团结一致、共同抗战。17 日,蒋介石就七七事变发表谈话,表示"牺牲已到最后关头",认为七七事变能够扩大为中日战争,全在于日本政府的态度,强调若战端一开,那就是"地无分南北,年无分老幼,无论何人,皆有守土抗战之责任,皆应抱定牺牲一切之决心",[④]加快承认中共合法地位的步伐。9 月 6 日,中华苏维埃共和国政府西北办事处正式改称陕甘宁边区政府。至此,历时十年的苏维埃运动被轰轰烈烈的全民族抗战运动所代替,标志着中华苏维埃共和国转变为抗日民主政权的政治体制。中华苏维埃共和国的历史也从此宣告光荣结束。

二、中国苏维埃政权的历史地位与共产国际

从 1927 年至 1937 年,共产国际对中国革命和苏维埃运动的指导方针和策略,也是根据国际和中国形势的变化在不断地进行调整。而暂且撇开

[①] 中共中央党史研究室第一研究部译:《共产国际、联共(布)与中国革命档案资料丛书》第 15 卷,中共党史出版社 2007 年版,第 242 页。

[②] 《中央关于抗日救亡运动的新形势与民主共和国的决议》(1936 年 9 月 17 日),见中央档案馆编:《中共中央文件选集(一九三六——一九三八)》第十一册,中共中央党校出版社 1991 年版,第 95 页。

[③] 《中共中央给中国国民党三中全会电》(1937 年 2 月 10 日),见中央档案馆编:《中共中央文件选集(一九三六——一九三八)》第十一册,中共中央党校出版社 1991 年版,第 158 页。

[④] 蒋介石:《对于卢沟桥事件之严正表示》(1937 年 7 月 17 日),见中共中央党校中共党史资料室:《卢沟桥事变和平津抗战(资料选编)》,中共中央党校科研办公室 1986 年印刷,第 82—84 页。

共产国际"左"的指导思想不论,中国共产党正是在共产国际的指导和支持下,开始走上了土地革命的道路;也正是在共产国际的指导和帮助下,建立了中国历史上亘古未有的新政权——中华苏维埃共和国。

大革命失败后,正是在共产国际的指导下,中国共产党开始走上了土地革命的道路,也从此走上了夺取政权、掌握政权、建设政权的革命道路。这对当时全国的政治斗争产生了重大影响。诚如苏联某史学家指出:共产国际发展苏维埃运动的方针,使中共得以作为一个政党保存下来,并开始建设红军,建立革命政权基地——根据地。这个方针为中共开辟了通向农民阶级——中国革命中的一支人数最多的力量的途径。这种评价虽然失之偏颇,但也并非毫无道理。

中华苏维埃共和国中央政府,也是在共产国际和苏联的指导和帮助下建立的。在当时半殖民地半封建的中国,中国共产党对怎样建立和建立一个什么样的工农民主政权,是完全缺乏经验的。1931 年中华苏维埃共和国建立时,苏联的苏维埃政权已存在十三年。作为一种新型的政权形式,苏联在无产阶级的领导下,已建立起一整套政权机构,形成较完整的政治制度,且在打败国内外敌人的进攻、克服严重困难、集中力量进行经济建设等方面均显示了强大的生命力。共产国际不仅给中共提供必要的理论指导和关于苏维埃组织、制度的思想,还在法律法规、政策策略制定的具体工作上给予很多的帮助。从某种意义上说,如果没有共产国际向中共发出的大量指示和直接帮助,就不会有 1931 年中华苏维埃共和国的建立,中国的红色政权也不可能在当时异常艰难困苦的条件下迅速地建立起一套比较完整的政权体系。

第一,与以往的剥削政权相比,中华苏维埃共和国是中国历史上第一个工农民主专政的全新政权,彻底打破了几千年来奴役人民的剥削体制,广大工人、农民、红军兵士及一切劳苦民众和他们的家属,成为政权的真正主人。在苏维埃政权领域内,工农兵群众不分男女、种族和宗教,"在十六岁以上均享有苏维埃选举权和被选举权,直接选派代表参加各级工农兵会议(苏维埃)的大会,讨论和决定一切国家的地方的政治事务。"[1]它第一次实现了中国劳苦大众自己管理自己的愿望,这是中国政治文明发展的伟大进步。

第二,中国苏维埃政权是中国共产党建立和建设政权的伟大实践,为新

---

[1] 韩延龙、常兆儒编:《中国新民主主义革命时期根据地法制文献选编》第一卷,中国社会科学出版社 1984 年版,第 9 页。

中国的建立和在全国执政后的政权建设奠定了坚实基础。1931 年 11 月中华苏维埃共和国的成立,是"继苏俄十月革命之后,在世界革命史写下新的伟大的一页",拉开了"创造中国新社会的序幕",也点亮了"东方被压迫民族解放的明灯"。① (1)中华苏维埃共和国,是中国共产党领导创建的第一个具有国家形态的工农民主专政政权,反映了中国革命的基本要求。第二次全国苏维埃代表大会 1934 年 1 月通过的《中华苏维埃共和国宪法大纲》,是中国历史上由人民代表机关正式通过并公布实施的第一部人民的宪法性文件,包含了中国新民民主主义国家政权理论的精髓,体现了中国人民反帝反封建的革命意志和争取民主自由的愿望,确认了人民革命斗争的成果,指明了革命发展的方向和奋斗目标,为以后的民主建设和制宪工作提供了宝贵的历史经验。(2)中华苏维埃共和国,是中国共产党领导建国与治国的第一次预演。一是中华苏维埃共和国中央政府和各苏区政府在和国民党的"围剿"与反"围剿"、封锁与反封锁的激烈较量中,创造性地开拓和发展了各苏区的政治、军事、经济、文化等各项事业,积累了丰富的经验。正如毛泽东所说:"党开辟了人民政权的道路,因此也就学会了治国安民的艺术。党创造了坚强的武装部队,因此也就学会了战争的艺术。所有这些,都是党的重大进步和重大成功。"②这些宝贵的经验,为新中国政治、军事、经济、文化等方面的建设事业提供了重要的参考。二是中华苏维埃共和国建立的工农民主专政国家政权与工农兵代表大会制度,孕育了中华人民共和国的人民民主专政的国体思想和人民代表大会制度的政体思想。可以说,中华苏维埃共和国是中华人民共和国的"雏形"。

第三,中国共产党在建设和管理中华苏维埃共和国的实践中,初步总结和积累了一些治国理政的经验。例如,发展民主政治,实现广大民众当家作主的权利;加强法制建设,切实保障人民的权益,巩固政权稳定;开展廉政建设运动,克服政权中的腐败现象,保持政府的清正廉洁……这些经验直到新中国诞生乃至今天仍发挥着非常重要的作用。正如胡锦涛同志所指出的:中央苏维埃政府的建立是我们党建立人民政权的探索和尝试,它在一定程度上加强了对各根据地、各部分红军的中枢指挥作用,扩大了党的影响,也为抗日战争、解放战争时期根据地建设,以及后来新中国政权建设,提供了

---

①　中共中央书记处编:《六大以来——党内秘密文件》(上),人民出版社 1981 年版,第 155 页。

②　《〈共产党人〉发刊词》(1939 年 10 月 4 日),见《毛泽东选集》第二卷,人民出版社 1991 年版,第 611 页。

丰富的历史经验。

"过去的成功是我们的财富,过去的错误也是我们的财富。"①总结历史是为了开辟未来,在中国苏维埃政权建设过程中,既有成功的经验,也有失败的教训;有很多不成熟、不完备的地方,甚至存在这样或那样的缺点与错误。譬如,在政权的阶级构成上,把民族资产阶级等"中间势力"当作最危险的敌人,排除在政权之外,混淆了阶级关系,扩大了打击面;苏维埃作为国家的权力机关,其权威性没得到充分体现。一个明显的事实是,它未能通过民主表决的程序有效地防止和制止"左"倾错误在苏区的推行。在政权机构设置中,效仿苏联设立国家政治保卫局,导致苏区肃反严重扩大化;《劳动法》中规定的八小时工作制,在当时苏区的历史条件下其实也是无法实现的;党政关系上出现了以党代政的偏差倾向,即"党在群众中有极大的威权,政府的威权却差得多",许多事情"党在那里直接做了,把政权机关搁置一边",②党直接处理或代替政府处理了大量的日常事务。另外,各种社会政治组织也缺乏应有的独立性。

对于中国苏维埃政权建设中的失误,我们应该吸取历史教训,但不能因其存在失误而否定其历史功绩和地位。苏维埃政权在中华大地上毕竟是个新生事物,虽然有共产国际的指导,并以苏联革命经验为借鉴,但面对强大的反革命势力和帝国主义列强,并没有多少可以闪转腾挪的空间,在残酷的革命环境中进行苏维埃政权建设与探索,难免存在各种问题与失误。总体而言,中国苏维埃政权坚持劳动人民当家作主,坚持反帝反封建,坚持维护人民民主专政的国体和苏维埃代表大会的政体,坚持进行社会改革等,可以说在一系列重大原则问题上都是正确的。尤其在分析"左"倾领导人错误的同时,我们不能忽视以毛泽东为代表的一大批中国共产党人因地制宜、因时制宜,结合斗争环境,创造性地把马克思主义的立场、观点运用到苏区政权建设,为创建全国苏维埃政权所作出的重要贡献。只有分清主次、辩证看待,才能客观认识在中国苏维埃政权建设中共产国际所发挥的特殊历史作用,才能客观评价中国苏维埃政权的历史地位。

---

① 《总结历史是为了开辟未来》(1988年9月5日),见《邓小平文选》第三卷,人民出版社1993年版,第272页。

② 《井冈山的斗争》(1928年11月25日),见《毛泽东选集》第一卷,人民出版社1991年版,第73页。

三、共产国际指导中国苏维埃政权的动因
与"我们自己的责任问题"

历史是复杂的、多维度的,任何简单化的评价或标签化的认识,都容易陷入片面化的历史陷阱。共产国际在复杂的国际环境和中国革命形势下指导中国的苏维埃政权建设,无论是指导政策的动机,还是指导方式;无论是共产国际指导和参与中国苏维埃政权建设所经历的复杂过程,还是在建设苏维埃政权中中国共产党人应该担负的责任,都非常复杂,都需要结合当时的时代背景和效果,进行更加历史的、全面的、具体的分析,方有可能得出较为客观的认识。

（一）动机问题分析

十月革命胜利后,无产阶级国际依托苏维埃俄罗斯,第一次有了革命运动的物质基础。在列宁等布尔什维克看来,俄国革命是"全世界社会主义革命的序幕",是"进到全世界社会主义革命的一级阶梯"。① 为在国际范围内推翻资本主义统治,最终"建立统一的世界苏维埃共和国",在俄国布尔什维克的领导下,1919 年 3 月共产国际成立。共产国际就是以"世界共产党"为组织载体来推进世界革命的。在当时的世界革命和国际共运中,由于俄国革命所创造的苏维埃共和国,是世界上唯一的无产阶级的祖国,苏俄不能不承担援助世界革命的主要任务。"为了世界无产阶级革命的最高利益",列宁领导的苏维埃政权,确实"承担而且应当承担最大的民族牺牲",支持世界革命。② 不可否认,苏联作为一个有着长期专制传统和历史文化的国家,不可避免地也会有国家利益的考虑,而且这种国家利益的考虑还有不断实化和强化的趋势。但是,客观地说,共产国际对中国苏维埃政权的指导,很大程度上是出于意识形态的信仰,而且即使是为维护苏联利益,有时也是出于一种意识形态的考虑,因为在他们看来,只有社会主义基地和中心的苏联稳固,对世界无产阶级整体利益才最为有利。

（二）指导方式问题分析

共产国际认为马克思主义经典作家的论述,以及苏联十月革命的模式、

---

① 《列宁全集》第 29 卷,人民出版社 1985 年版,第 90 页。
② 参见《列宁全集》第 35 卷,人民出版社 1985 年版,第 187 页。

经验,具有普遍的世界意义,是必须坚持的行动指南。共产国际指导中国革命的过程中,他们是严格遵循经典作家的理论与俄国革命所取得的成功模式和经验,即使在中国革命力量遭受严重受挫、形势已经转入低潮的情况下,也没有根本改变对这些基本理论和基本模式的坚定信念。但是,共产国际严重脱离了中国革命的实际,也未能充分注意到中国革命与俄国革命的差别。主要表现在三个方面:一是指导中国革命的纲领和政策带有浓厚的苏联色彩,拘泥于以俄国革命经验为蓝本的"三阶段"论。二是在组织问题上片面强调集中制,长期搞"一个中心",各国党之间缺乏独立自主、民主平等的原则。三是"容易犯这种急于求成的错误,夸大主观的力量,夸大群众的觉悟,贬低敌人的力量,夸大敌人的困难,而低估革命取得胜利需要经历的困难",从而误判革命形势。[1] 这一时期年幼的中国共产党所犯的三次"左"倾错误,应该说在很大程度上是因为共产国际的教条主义指导而产生的。

（三）复杂的历史过程

早期的共产国际代表在指导中国革命时,主张中国共产党应把现阶段中国革命的目标和任务,限定在资产阶级民族民主革命的范围内,并要求共产党加入国民党,"从现阶段革命利益出发,竭力维护全民族的统一战线来同帝国主义者和国内的军阀进行斗争"[2]。1927 年七一五清党后,共产国际提出中国的资产阶级甚至小资产阶级已经退出革命队伍,要求中国共产党"现在的任务不仅宣传苏维埃思想,并且在革命斗争新的高潮中应成立苏维埃"[3]。从此,中国共产党完成了从宣传苏维埃到建立苏维埃政权的战略转变。

但共产国际在指导中国苏维埃革命运动的过程中,依然遵循俄国革命的成功经验,把革命希望寄托在中心城市的工人阶级领导的群众暴动方式上。然而,各地接连遭到失败的城市暴动表明,在中国,通过城市暴动取得苏维埃革命运动胜利的苏俄模式是行不通的。但斯大林在 1930 年 5 月与周恩来等人谈话时,已经开始意识到并强调中国革命发展不平衡的特点和意义。1935 年 7 月,共产国际在莫斯科召开了第七次代表大会,正式确立

---

① 参见《胡乔木文集》第二卷,人民出版社 2012 年版,第 170 页。

② 中共中央党史研究室第一研究部译:《共产国际、联共(布)与中国革命档案资料丛书》第 3 卷,北京图书馆出版社 1998 年版,第 618 页。

③ 《关于"左派国民党"及苏维埃口号问题决议案》(1927 年 9 月 19 日),见中央档案馆编:《中共中央文件选集(一九二七)》第三册,中共中央党校出版社 1989 年版,第 370 页。

了建立广泛的反法西斯统一战线的基本策略,并号召中国共产党与国民党建立抗日民族统一战线。以上历史演变告诉我们,共产国际在指导中国革命中也是在不断地进行理论探索,不断地纠正错误,改变策略。因此,共产国际对中国革命虽然犯过错误,但并非知错不改。对以毛泽东为代表的中国共产党人自己探索的"农村包围城市"道路,共产国际给予充分肯定,并从此以后将毛泽东视为中国革命的领袖加以支持。①

（四）"我们自己的责任问题"

20 世纪 20 年代后期和 30 年代前期,把马克思主义教条化、把共产国际决议和苏联经验神圣化的错误倾向,在国际共产主义运动中普遍盛行。在中央苏区,王明"左"倾教条主义错误是这种倾向的直接体现,也是导致中国苏维埃政权建设中错误频出、历经曲折的主要原因之一。王明等人对中国国情和革命的具体实际缺乏深刻的理解,生搬硬套地照搬苏联政权的建设方法和模式,所提出的"全国性的革命高潮已经到来,要在全国范围内实行进攻路线","组织领导工人阶级的经济斗争,真正准备总同盟罢工以至武装起义,是共产党的最主要的任务"等教条主义错误路线,②几乎使中国革命陷入绝境。毛泽东、周恩来曾深刻地指出:"斯大林在中国革命问题上有错误,但中国革命中的错误主要应该由中国同志负责,犯不犯错误主要还是决定于我们自己。"③例如,"教条主义是哪里来的? 是不是从马、恩、列、斯那里来的? 不是的。他们经常在著作里提醒我们,说他们的学说是行动的指南,是武器,不是教条。人家讲的不是教条,我们读后变成了教条,这是因为我们没有读通,不会读,我们能责备他们吗?"④因此,某些中国同志在方法论上是形式主义的、在认识论上是主观主义的,是其教条主义错误的根源所在。

从历史唯物主义的角度看,教条主义的错误不能只用某个人的失误来解释,某种程度上说这在当时是一种群体性的历史现象。最初,中国革命以俄国革命道路为参照,一方面是因为历史本身并没有为中国提供足够成熟

①　参见杨奎松:《毛泽东与莫斯科的恩恩怨怨》,江西人民出版社 1999 年版,第 17—19 页。

②　中共中央党史研究室:《中国共产党历史》第一卷(1921—1949)(上册),中共党史出版社 2011 年版,第 311 页。

③　《共产国际和中国共产党》(1960 年 7 月 14 日、15 日),见《周恩来选集》(下卷),人民出版社 1984 年版,第 302 页。

④　《在中国共产党第七次全国代表大会上的结论》(1945 年 5 月 31 日),见《毛泽东文集》第三卷,人民出版社 1996 年版,第 418 页。

的实行社会主义运动的阶级条件和理论条件,另一方面是苏联(苏俄)、联共(布)、列宁、斯大林在共产国际运动中的地位所决定的。中国共产党在建立苏维埃政权的实践中,其作为共产国际的一个支部,必然要接受共产国际的指导,理所当然,也必然将世界上第一个社会主义国家苏联的政权建设模式奉为唯一正确和仿效的样板。但内因是事物发展的根据,外因是条件并通过内因起作用。作为外因的共产国际和苏联的指导,虽是推动中国革命和苏维埃政权建设的重要因素,但毕竟需要与中国苏维埃革命和农民革命的主体性这一内因相结合,这既是中国革命之所以成功的一条重要经验,也是深刻分析与辩证检讨我们自身在教条主义、"左"倾错误中所负责任的一个途径。

四、启　示

回顾中国苏维埃政权与共产国际关系的这段历史,联系共产国际当时支持和开展的民族解放运动、反帝运动,虽然有成功、有失败,甚至即使获得民族解放的国家或地区,彼此的政权建设与社会革命、经济发展也不尽相同。这是不同的革命理论与当地具体国情相结合的产物。由此,我们深刻地领悟到:"马克思的整个世界观不是教义,而是方法。它提供的不是现成的教条,而是进一步研究的出发点和供这种研究使用的方法。"[①]"任何国家的革命道路问题,都要由本国的共产党人自己去思考和解决"[②]。

土地革命时期,在中国苏维埃政权的建立、发展乃至转型的整个过程中,共产国际都发挥了至关重要的作用,必须给予充分的肯定。但这些作用只是中国革命发展的外部因素,只是促进作用和导向作用。从根本上说,中国苏维埃政权的兴起、发展及取得的成就,是中国社会矛盾发展的必然产物,是中国共产党与中国人民自觉追求和长期奋斗的结果。这一时期,以毛泽东为代表的中国共产党人勇敢突破共产国际的理论模式,开始了探索适合中国实际的革命道路。一方面,他们率领工农武装深入农村,广泛开展游击战争,深入发动土地革命,在异常残酷和艰难的革命斗争中,建立了江西、福建、闽赣、粤赣、赣南等五个省级苏维埃政权和中华苏维埃共和国中央政府,不仅取得了第一、二、三、四次反"围剿"斗争胜利,而且在根据地进行了

---

① 《马克思恩格斯全集》第39卷,人民出版社1974年版,第406页。

② 《建设社会主义的物质文明和精神文明》(1983年4月29日),见《邓小平文选》第三卷,人民出版社1993年版,第27页。

卓有成效的政治、经济、文化和社会建设。另一方面,他们立足于中国实际,在同主观主义、教条主义等错误倾向作斗争的过程中,把马列主义普遍原理与中国革命实际相结合,从革命的客观可能和实际需要出发,研究中国革命的特点和规律,形成了以土地革命为基本内容、以武装斗争为主要形式、以农村革命根据地为战略阵地的"农村包围城市、武装夺取全国政权"的革命道路。历史事实表明,走"农村包围城市、武装夺取全国政权"的革命道路,是中国苏维埃政权赖以存在、发展的唯一正确道路。这是有别于俄国十月革命城市苏维埃政权模式的新理论,不是"移植",而是独立创新的学说。从这个角度来看,中国革命开创了中国式苏维埃政权的道路,也开始了把马克思主义政权学说日益民族化的历程。

马克思主义是科学的世界观与方法论,一旦与中国具体国情相结合,必然能够生根开花结果,焕发出强大的生命力。正是深刻地把握了问题的根本,中国共产党人随着革命发展的不断深入,对共产国际指导中国革命的经验与教训进行了更深刻的总结,并开始形成了马克思主义中国化的正确路线。全面抗战爆发后,他们一是面对民族危亡,顺应历史潮流,审时度势地将苏维埃工农民主政权转变为抗日民主政权。二是在抗日民主政权中,实行了"三三制"原则,不仅政权的阶级基础得以扩大,调动了各阶级、阶层、集团的抗战积极性,为抗日战争和中国革命的胜利奠定了坚实的理论指导、组织保障与实践基础;也"将新民主主义革命时期中国共产党领导下的民主政治建设推向一个新的高度"①,创造了马克思主义政权学说的光辉典范。

抗日战争胜利后,中国共产党人并未停止对政权建设问题的探索。解放战争时期,各根据地的人民民主政权不仅吸取了抗日民主政权的优点,而且在革命任务发生转变的情况下,创造性地建立了"民主集中制的各级人民代表会议制度"②,是包含新民主主义革命的基本动力和其他爱国民主分子的政权。既坚持无产阶级的核心领导,又团结各阶级、阶层反蒋、反帝、反封建;既具有一般无产阶级政权的共性,又具有鲜明的中国特色。与抗日民主政权相比,人民民主政权的性质有所不同,但二者在根本上都是共产党领导的人民政权。

"一切民族都将走向社会主义……但是一切民族的走法却不会完全一

---

① 陈先初:《抗战时期中国共产党民主建政的历史考察》,《抗日战争研究》2002年第1期。

② 《在中共中央政治局会议上的报告和结论》(1948年9月),见《毛泽东文集》第五卷,人民出版社1996年版,第136页。

样,在民主的这种或那种形式上,在无产阶级专政的这种或那种形态上……每个民族都会有自己的特点。"①1949 年 10 月 1 日中华人民共和国成立,开启了中国人民民主政权建设的新纪元。新中国确立的人民代表大会制度,继续坚持和发展了抗日民主政权和人民民主政权的民主共和国主张,不仅从制度上保证了广大人民群众作为国家主人的主体地位,而且使新中国的国家政权获得空前广大和稳固的社会基础,也为人民民主专政国体的巩固和国家的长治久安提供了可靠的制度保障。

当前,我们正处于全面建成小康社会的决胜阶段、中国特色社会主义进入新时代的关键时期。经济建设取得了重大成就,全面深化改革取得了重大突破,民主法治建设迈出了重大步伐,思想文化建设取得了重大进展,人民的生活亦不断改善,生态文明建设成效显著。习近平总书记在中共十九大报告中指出:五年来,我们党以巨大的政治勇气和强烈的责任担当,"解决了许多长期想解决而没有解决的难题,办成了许多过去想办而没有办成的大事,推动党和国家事业发生历史性变革。"②所有这些也给以政治体制改革和民主政治建设为主要内容的政权建设提出了新的更高要求。

因此,我们在加强政权建设中,必须把马克思主义政权学说与新时代的社会发展和时代特点结合起来,才能适应建设社会主义现代化强国和实现中华民族伟大复兴的客观需要。一方面,坚持以马克思主义基本理论和习近平新时代中国特色社会主义思想为指导,保证人民政权的无产阶级性质和为人民服务的宗旨,使政权建设继续沿着正确的轨道进行,防止和平演变;另一方面,政治体制改革和民主政治建设必须与新时代社会主义建设相适应,全面深化改革和积极扩大开放,适应不断发展变化的实践的新要求。唯有如此,才能保持人民政权本色不变,才能推动新时代中国经济社会快速平稳地发展,才能不断创造出新的奇迹和辉煌。

---

① 《列宁全集》第 28 卷,人民出版社 1990 年版,第 163 页。

② 习近平:《决胜全面建成小康社会　夺取新时代中国特色社会主义伟大胜利——在中国共产党第十九次全国代表大会上的报告》,人民出版社 2017 年版,第 8 页。

主要参考文献

一、经典著作

[1]《马克思恩格斯选集》第1—4卷,人民出版社1995年版。

[2]《列宁选集》第1—4卷,人民出版社1995年版。

[3]《列宁全集》第8—23卷,人民出版社1958—1960年版。

[4]《斯大林全集》第1—13卷,人民出版社1953—1956年版。

[5]《斯大林选集》第1—4卷,人民出版社1979年版。

[6]《马克思 恩格斯 列宁 斯大林论政治和政治制度》(上、下),群众出版社1984年版。

[7]《毛泽东选集》第一——四卷,人民出版社1991年版。

[8]《毛泽东文集》第一——三卷,人民出版社1993年、1996年版。

[9]《周恩来选集》(上、下卷),人民出版社1980年、1984年版。

[10]《刘少奇选集》(上卷),人民出版社1981年版。

二、文献资料

[1]中央档案馆编:《中共中央文件选集》第一——十一册,中共中央党校出版社1989—1991年版。

[2]中共中央文献研究室、中央档案馆编:《建党以来重要文献选编》第一——十二册,中央文献出版社2011年版。

[3]中国人民解放军政治学院党史教研室编:《中共党史参考资料》第一——十一册,1979年内部版。

[4]中共中央党校党史教研室选编:《中共党史参考资料》第一——八册,人民出版社1980年版。

[5]厦门大学法律系、福建省档案馆选编:《中华苏维埃共和国法律文件选编》,江西人民出版社1984年版。

[6]韩延龙 常兆儒编:《中国新民主主义革命时期根据地法制文献选编》第一——四卷,中国社会科学出版社1984年版。

[7]江西省档案馆、中共江西省委党校党史教研室选编:《中央革命根据地史料选编》(上、中、下),江西人民出版社1982年版。

[8]江西省档案馆选编:《湘赣革命根据地史料选编》(上、下),江西人民出版社1984年版。

[9]《湘鄂赣革命根据地文献资料》第1、2辑,人民出版社1985年、1986年版。

[10]江西省档案馆选编:《闽浙赣革命根据地史料选编》(上、下册),江西人民出版社1987年版。

[11]《江西党史资料丛书》第1—23辑,中共江西省委党史资料征集委员会、中共江西省委党史研究室1989年6月印。

[12]中共中央党史研究室第一研究部译:《共产国际、联共(布)与中国革命档案资料丛书》第1—17卷,北京图书馆出版社1997—2007年版。

[13]中国社会科学院近代史研究所翻译室编译:《共产国际有关中国革命的文献资料》第一——三辑,中国社会科学院出版社1981年、1982年版。

[14]《共产国际与中国革命资料选辑》第1、2辑,人民出版社1985年版。

[15][匈]贝拉·库恩编:《共产国际文件汇编(1919—1932)》第一——三册,中国人民大学编译室译,生活·读书·三联书店1965年版。

[16][英]珍妮·德格拉斯选编:《共产国际文件》第一——三卷,北京编译社译,世界知识出版社、东方出版社1963年、1964年、1986年版。

[17]安徽大学苏联问题研究所、四川省中共党史研究会编译:《苏联〈真理报〉有关中国革命的文献资料选辑》第一、二辑,四川省社会科学院出版社1985年、1986年版。

[18]孙武霞等选编:《共产国际与中国革命资料选辑》第1、2辑,人民出版社1985年版。

[19]《苏维埃中国》第1集,1933年印行。

[20]《苏维埃中国》第2集,1935年印行。

[21]《红旗周报》第1—6册(影印合订本),第1—64期,1931年3月—1934年3月。

[22]《红旗日报》(影印合订本),第1—182号,1930年8月—1931年3月。

[23]《红色中华》第1册(影印合订本),第1—120期,1931年12月—1933年10月。

[24]《红色中华》第2册(影印合订本),第121—324期,1933年10月—1934年3月。

[25]《斗争》第1册(影印合订本),第1—40期,1933年2月—12月。

[26]《斗争》第2册(影印合订本),第40—73期,1934年1月—9月。

三、学 术 著 作

[1]孔永松等编著:《中央革命根据地史要》,江西人民出版社1985年版。

[2]戴向青等:《中央革命根据地史稿》,上海人民出版社1986年版。

[3]马齐彬等:《中央革命根据地史》,人民出版社1986年版。

[4]舒龙等主编:《中华苏维埃共和国史》,江苏人民出版社1999年版。

[5]余伯流、凌步机:《中央苏区史》,江西人民出版社2001年版。

[6]马起华:《政治学》第1—4册,(中国台北)商务印书馆1978年版。

［7］李进修：《中国近代政治制度史纲》，求实出版社1988年版。

［8］王永祥：《中国现代宪政运动史》，人民出版社1996年版。

［9］黄修荣：《共产国际与中国革命关系史》（上、下册），中共中央党校出版社1989年版。

［10］蒋伯英、郭若平：《中央苏区政权建设史》，厦门大学出版社1999年版。

［11］何友良：《中国苏维埃区域社会变动史》，当代中国出版社1996年版。

［12］刘伟、饶东辉：《中国近代政体发展史》，华中师范大学出版社1998年版。

［13］陈公博：《共产主义运动在中国》，中国社会科学出版社1982年版。

［14］李维汉：《回忆与研究》（上、下），中共党史资料出版社1986年版。

［15］四川省中共党史研究会编：《土地革命战争时期共产国际与中国革命的关系》，四川大学出版社1986年版。

［16］王福曾、杨云若等编译：《米夫关于中国言论》，人民出版社1986年版。

［17］《共产国际与中国革命：苏联学者论文选译》，四川人民出版社1987年版。

［18］石志夫等编：《李德与中国革命》，中共党史资料出版社1987年版。

［19］戴向青、罗惠兰：《AB团与富田事变始末》，河南人民出版社1994年版。

［20］刘秉荣：《魂飘重霄九——苏区“肃反”大纪实》（上、下卷），花山文艺出版社1993年版。

［21］周国全、郭德宏等：《王明评传》，安徽人民出版社1989年版。

［22］谢一彪：《中国苏维埃宪政研究》，中央文献出版社2002年版。

［23］杨云若、杨奎松：《共产国际和中国革命》，上海人民出版社1988年版。

［24］宋洪训等主编：《共产国际的经验教训》，人民出版社1989年版。

［25］翟作君主编：《共产国际与中国革命关系史研究荟萃》，复旦大学出版社1990年版。

［26］杨奎松：《中间地带的革命——中国革命的策略在国际背景下的演变》，中共中央党校出版社1992年版。

［27］杨奎松：《马克思主义中国化的历史进程》，河南人民出版社1994年版。

［28］卢弘：《“洋钦差”外传》，解放军出版社1995年版。

［29］黄修荣主编：《苏联、共产国际与中国革命的关系新探》，中共党史出版社1995年版。

［30］郭德宏主编：《共产国际、苏联与中国革命关系研究述评》，中共党史出版社1996年版。

［31］唐宝林、陈铁健：《陈独秀与瞿秋白》，中国青年出版社1997年版。

［32］刑广程：《苏联高层决策70年——从列宁到戈尔巴乔夫》（1—5册），世界知识出版社1998年版。

［33］杨奎松：《毛泽东与莫斯科的恩恩怨怨》，江西人民出版社1999年版。

［34］张喜德：《中共对国民党政策的三次转变与共产国际》，中共中央党校出版社2000年版。

[35][印度]M.N.罗易:《罗易回忆录》(上、下册),山东师范学院外文系等合译,商务印书馆1978年版。

[36][苏]B.M.莱布索恩、K.K.希里尼亚:《共产国际政策的转变》,求实出版社1983年版。

[37][苏]A.B.巴库林:《中国大革命武汉时期见闻录》,郑厚安等译,中国社会科学出版社1985年版。

[38][美]丹尼尔·雅各布斯:《鲍罗廷——斯大林派到中国的人》,殷罡译,世界知识出版社1989年版。

[39][美]赫尔穆特·格鲁伯:《斯大林时代共产国际内幕》,达洋译,中国展望出版社1989年版。

[40][美]费正清等编:《剑桥中华民国史(1912—1949)》(上、下卷),刘敬坤等译,中国社会科学出版社1994年版。

四、学术论文

[1]王强:《土地革命时期苏联、共产国际对毛泽东的重视和支持》,《俄罗斯研究》1993年第1期。

[2]朱超南:《共产国际"第三时期"理论与王明对国际形势的错误分析》,《中共党史研究》1993年第2期。

[3]尹立功:《中共与共产国际》,《党史文苑》1993年第30期。

[4]郑德荣、彭明榜:《共产国际与马克思主义中国化》,《东北师大学报(哲学社会科学版)》1993年第3期。

[5]陆建洪:《共产国际在第一次国共合作中的失误》,《江苏社会科学》1993年第3期。

[6]齐卫平:《关于中共自六大评价之我见:二十年代后期党内左倾思想的显露》,《华东师范大学学报(哲学社会科学版)》1993年第3期。

[7]王德京:《斯大林与托洛茨基关于中国第一次国共合作问题的分歧》,《中共党史资料》1993年第45期。

[8]高继民:《立三中央何以看重攻占长沙》,《党史文苑》1993年第5期。

[9][俄]格里戈里耶夫:《联共(布)和共产国际领导内部在中国问题上的斗争(1926—1927)》,马贵凡译,《国外中共党史研究动态》1994年第1期。

[10]肖乾利:《共产国际"第三时期"理论述评》,《四川师范大学学报(社会科学版)》1994年第1期。

[11][俄]格里戈里耶夫:《联共(布)和共产国际领导内部在中国问题上的斗争(1926—1927)(续)》,马贵凡译,《国外中共党史研究动态》1994年第2期。

[12]杨奎松:《向忠发是怎样一个总书记?》,《近代史研究》1994年第1期。

[13]马贵凡:《试论共产国际领导体制的演变》,《国际共运史研究》1993年第4期。

[14]武国有:《论肃"AB团"误区的形成》,《中共党史研究》1994年第6期。

［15］王安平:《评〈共产国际、斯大林与中国革命〉》,《历史研究》1994 年第 3 期。

［16］杨云若、姚金果:《共产国际、苏联与中国革命关系研究新动态》,《教学与研究》1994 年第 5 期。

［17］虞崇胜等:《中国苏维埃运动与农村包围城市道路的关系》,《武汉大学学报(哲学社会科学版)》1995 年第 1 期。

［18］东方溯:《共产国际和中国共产党早期的理论探索》,《世界共运研究》1995 年第 1 期。

［19］马贵凡:《前苏联和俄罗斯的中共党史研究(续)》,《国外中共党史研究动态》1995 年第 5 期。

［20］车景华:《论共产国际世界革命理论的演变》,《世界共运研究》1995 年第 2 期。

［21］蔡娟:《试论土地革命战争时期共产党在中国土地政策上的失误》,《世界共运研究》1996 年第 2 期。

［22］［俄］格里戈里耶夫:《联共(布)和共产国际内在中国 1926—1927 年政治问题上的斗争(未完)》,《毛泽东思想研究》1996 年第 3 期。

［23］［俄］索特尼科娃:《负责中国方面工作的国际机构》,《国外中共党史研究动态》1996 年第 4 期。

［24］谢一彪:《关于李德来华与在华身份的探讨》,《中共党史研究》1996 年第 1 期。

［25］王涛:《遵义会议未批评"左"倾政治路线原因新探》,《史学月刊》1996 年第 5 期。

［26］马贵凡译:《共产国际有关中国革命的档案文件选译》,《国外中共党史研究动态》1996 年第 5 期。

［27］［俄］格里戈里耶夫:《联共(布)、共产国际在中国 1926—1927 年政治问题上的斗争(续全)》,《毛泽东思想研究》1996 年第 4 期。

［28］杨奎松:《从共产国际档案看中共上海发起组建立史实》,《中共党史研究》1996 年第 4 期。

［29］张喜德:《共产国际与中共独立自主原则的艰难确立》,《中共党史研究》1996 年第 4 期。

［30］刘诚:《大革命后期党的路线的两次转变》,《中共党史研究》1997 年第 2 期。

［31］刘建平:《苏联、斯大林与中国共产党的人民民主专政理论及其体制的确立》,《中共党史研究》1997 年第 6 期。

［32］郭若平:《中央苏区时期,张闻天摆脱"左"倾藩篱的心路历程》,《福建学刊》1997 年第 5 期。

［33］翟作君、东方溯:《共产国际和中国共产党国民革命理论的形成》,《世界共运研究》1997 年第 2 期。

［34］李蕾:《1926 年前共产国际关于国家政权问题的论述》,《世界共运研究》1997 年第 2 期。

［35］蔡娟:《共产国际对中国资产阶级的策略演变及其得失》,《党史文汇》1998 年

第 3 期。

[36]刘青等:《中共三大关于国共合作的争论》,《炎黄春秋》1998 年第 3 期。

[37]路远选译:《有关罗易给汪精卫看共产国际密电的历史档案》,《中共党史资料》1998 年第 6 期。

[38]钱凡:《试析"四一二"政变后共产国际对中国革命的政策》,《理论探讨》1998 年第 6 期。

[39]赵庚林:《瞿秋白与"左"》,《上海师范大学学报(哲学社会科学版)》1999 年第 1 期。

[40]杨奎松:《陈独秀与共产国际——兼谈陈独秀的"右倾"问题》,《近代史研究》1999 年第 2 期。

[41]唐宝林:《中国革命史料东访纪要》,《近代史研究》1999 年第 3 期。

[42]张玉昆:《试析王明犯"左"右倾错误的根源》,《西南师范大学学报(哲学社会科学版)》1998 年第 5 期。

[43]金怡顺:《如何全面评价共产国际第八次执委会关于中国问题的决议》,《中共党史研究》1999 年第 5 期。

[44][英]本顿:《中国布尔什维克化:从列宁到斯大林到毛泽东(1921—1944)》,王建梅编译,《党史资料研究》1999 年第 9 期。

[45]曹春荣:《中华苏维埃共和国诞生记》,《党史文苑》1999 年第 5 期。

[46]金冲及:《中华苏维埃共和国的历史地位》,《党的文献》1999 年第 6 期。

[47]袁成亮:《从中华苏维埃共和国到中华人民共和国——新中国诞生之路述略》,《党史纵览》1999 年第 5 期。

[48][俄]A.格里戈里耶夫:《共产国际远东局在中国的活动(1929—1931)》,范晓春译,《中共党史研究》1999 年第 6 期。

[49]崔永阁等:《中国共产党旅莫组织始末》,《党史资料研究》1999 年第 12 期。

[50]杨奎松:《50 年来的中共党史研究》,《近代史研究》1999 年第 5 期。

[51]高继文:《布哈林论共产国际"第三时期"的理论与策略》,《河南师范大学学报(哲学社会科学版)》2000 年第 2 期。

[52]《回忆大革命前后——陆定一论中共党史》,《中共党史研究》2000 年第 2 期。

[53]金冲及:《中国共产党在革命时期三次"左"倾错误的比较研究》,《党的文献》2000 年第 2 期。

[54]马贵凡:《有关"江浙同乡会"事件的重要历史文件》,《中共党史研究》2000 年第 2 期。

[55]唐宝林:《重评共产国际指导中国大革命的路线》,《历史研究》2000 年第 2 期。

[56]王开良:《共产国际关于中国革命政权内部转变的策略》,《史学月刊》2000 年第 4 期。

[57]唐宝林:《大革命时期共产国际对国共关系的影响》,《党史研究资料》2000 年第 5 期。

[58]王德福:《新民主主义革命时期国际因素与我党命运的相关性研究》,《山东社会科学》2000 年第 5 期。

[59]刘翠英:《浅论"立三路线"与共产国际》,《江西社会科学》2000 年第 7 期。

[60]李佩良:《大革命失败后中共中央未能及时确立农村中心的原因》,《南京政治学院学报》2001 年第 1 期。

[61]马贵凡译:《有关共产国际执委会远东局与中共中央政治局一场争论的档案文件》,《党史资料研究》2001 年第 2—5 期。

[62]华谱:《〈季米特洛夫日记〉中有关中国革命重大事件的记述》,《中共党史研究》2001 年第 5 期。

[63]曹春荣:《土地革命战争时期我党在穷山沟打出一个红色世界的原因探析》,《上海党史与党建》2001 年第 7 期。

[64]马贵凡:《近十年来俄罗斯史学界对中共党史的研究》,《中共党史研究》2000 年第 6 期。

[65]刘良:《中国共产党与中华苏维埃共和国的建立》,《党的文献》2001 年第 6 期。

[66]黄少群:《中国苏维埃运动的发展与中华苏维埃共和国的建立》,《中共中央党校学报》2001 年第 4 期。

[67]周立军、孙福才:《中国苏维埃共和国成立的前前后后》,《党史博览》2001 年第 5 期。

[68]孔德生:《论共产国际对中共前期的负面影响》,《福建党史月刊》2001 年第 12 期。

[69]穆兆勇:《中国苏维埃政权建设始末》,《党史研究与教学》2001 年第 6 期。

[70]刘若飞:《共和国的前身:中华苏维埃共和国》,《党史文苑》2001 年第 6 期。

[71]罗惠兰:《中国共产党治国安邦的伟大尝试——记中华苏维埃共和国的诞生》,《求是》2002 年第 1 期。

[72]王维礼:《关于九一八事变后王明路线几个问题的探讨》,《长白学刊》2002 年第 1 期。

[73]雷云峰等:《从瑞金到延安——中国苏维埃运动中心转移的曲折历程》,《毛泽东思想研究》2002 年第 1 期。

[74]张喜德:《略论共产国际解散的主要原因及其意义》,《科学社会主义》2002 年第 1 期。

[75]杨奎松:《关于共产国际与中共的关系史研究的进展问题》,《福建论坛(人文社会科学版)》2002 年第 3 期。

[76]吴明刚:《试论联共(布)、共产国际对中国革命的消极影响》,《福建党史月刊》2003 年第 11 期。

[77]何立波:《中共同共产国际恢复电讯联系的前前后后》,《党史博采(纪实)》2003 年第 1 期。

[78]丁言模:《六届四中后共产国际曾要瞿秋白担任新职务》,《上海党史与党建》

2003 年第 9 期。

[79]曾朝夕:《共产国际与中华苏维埃共和国政权建设》,《西南交通大学学报(社会科学版)》2003 年第 1 期。

[80]曹春荣:《试评共产国际在中华苏维埃共和国成立过程中的作用》,《上海党史与党建》2003 年第 1 期。

[81]文道贵:《共产国际和中国共产党关于中国苏维埃政权性质的认识轨迹》,《华中科技大学学报(社会科学版)》2003 年第 1 期。

[82]王新生:《对联共(布)、共产国际与广州起义的再研究》,《中共党史研究》2003 年第 6 期。

[83]《解密档案澄清史实:共产国际支持毛泽东当领袖》,《党的建设》2004 年第 2 期。

[84]李东朗:《王明向共产国际状告毛泽东始末》,《党史博览》2004 年第 6 期。

[85]胡厚荣、王萍:《共产国际的城市苏维埃理论与毛泽东的农村苏维埃战略》,《中南大学学报(社会科学版)》2004 年第 2 期。

[86]罗其芳:《浅析共产国际对中国农民问题重要性的认识》,《党史文苑》2004 年第 2 期。

[87]张雄、苏进球:《共产国际与农村包围城市革命道路新探》,《湘潭大学学报(哲学社会科学版)》2005 年第 S2 期。

[88]帅文洁:《共产国际与长征》,《党史天地》2005 年第 10 期。

[89]黄一兵:《中共驻共产国际代表团与中国抗日战争——以抗日民族统一战线的形成和发展为线索》,《中共党史研究》2005 年第 5 期。

[90]姚金果:《"共产国际与中国革命"等命题的思考》,《百年潮》2005 年第 1 期。

[91]杨奎松:《抗战期间共产国际与中共关系文献资料述评》,《社会科学》2006 年第 2 期。

[92]曹建坤:《共产国际对于中国革命道路的探索——1927 — 1931 年共产国际档案资料评析》,《重庆社会科学》2006 年第 2 期。

[93]李维民:《共产国际与中国抗日民族统一战线》,《炎黄春秋》2006 年第 3 期。

[94]耿显家:《论大革命时期共产国际对中国资产阶级的策略演变及其影响》,《知行论丛》2006 年第 1 期。

[95]张秋实:《共产国际、瞿秋白与中共六届三中全会》,《党史研究与教学》2006 年第 3 期。

[96]项晨光:《共产国际与中国苏维埃运动的兴起》,《华中农业大学学报(社会科学版)》2006 年第 3 期。

[97]王新生:《共产国际与中央红军战略转移的决策》,《中共党史资料》2006 年第 3 期。

[98]曹力铁:《共产国际、联共(布)与中国工农红军的创建》,《江汉论坛》2007 年第 4 期。

［99］耿显家:《中共早期对苏维埃政权理论的认识与共产国际》,《中共南昌市委党校学报》2007年第1期。

［100］姚金果:《充分认识中国共产党加入共产国际的意义》,《上海党史与党建》2007年第9期。

［101］何池:《共产国际与南昌起义》,《党史文苑》2007年第15期。

［102］徐世强:《遵义会议获得共产国际首肯经过》,《党史文苑》2007年第17期。

［103］蒋国海:《论共产国际与秋收起义》,《中共党史研究》2007年第5期。

［104］陈毓述、苏若群:《联共(布)、共产国际与南昌起义》,《中共党史研究》2007年第5期。

［105］吴跃农:《斯大林、共产国际与西安事变》,《文史精华》2007年第5期。

责任编辑：王世勇

图书在版编目（CIP）数据

共产国际与中国苏维埃政权/耿显家 著. —北京：人民出版社，2020.2
（国家社科基金后期资助项目）
ISBN 978－7－01－021971－4

Ⅰ.①共…　Ⅱ.①耿…　Ⅲ.①共产国际-研究 ②苏维埃政权-研究-
中国　Ⅳ.①D16②K269.407

中国版本图书馆 CIP 数据核字（2020）第 044447 号

共产国际与中国苏维埃政权
GONGCHAN GUOJI YU ZHONGGUO SUWEIAI ZHENGQUAN

耿显家　著

人民出版社 出版发行
（100706　北京市东城区隆福寺街 99 号）

北京盛通印刷股份有限公司印刷　新华书店经销

2020 年 2 月第 1 版　2020 年 2 月北京第 1 次印刷
开本：710 毫米×1000 毫米 1/16　印张：16.25
字数：290 千字

ISBN 978－7－01－021971－4　定价：66.00 元

邮购地址 100706　北京市东城区隆福寺街 99 号
人民东方图书销售中心　电话（010）65250042　65289539

版权所有·侵权必究
凡购买本社图书，如有印制质量问题，我社负责调换。
服务电话：（010）65250042